重庆综合经济研究文库
分析宏观形势 · 预测区域发展 · 提供决策服务 · 建设一流智库

重庆绿色发展若干重大问题研究

何靖波
李　权　等著

中国经济出版社
CHINA ECONOMIC PUBLISHING HOUSE
北京

图书在版编目（CIP）数据

重庆绿色发展若干重大问题研究 / 何靖波等著. --北京：中国经济出版社，2022.6

ISBN 978-7-5136-6957-3

Ⅰ. ①重… Ⅱ. ①何… Ⅲ. ①绿色经济-区域经济发展-研究-重庆 Ⅳ. ①F127.719

中国版本图书馆 CIP 数据核字（2022）第 096491 号

策划编辑 姜 静
责任编辑 郑 潇
责任印制 马小宾
封面设计 久品轩

出版发行 中国经济出版社
印 刷 者 北京力信诚印刷有限公司
经 销 者 各地新华书店
开 本 710mm×1000mm 1/16
印 张 17
字 数 250 千字
版 次 2022 年 6 月第 1 版
印 次 2022 年 6 月第 1 次
定 价 78.00 元
广告经营许可证 京西工商广字第 8179 号

中国经济出版社 **网址** www.economyph.com **社址** 北京市东城区安定门外大街 58 号 **邮编** 100011
本版图书如存在印装质量问题，请与本社销售中心联系调换（联系电话：010-57512564）

《重庆绿色发展若干重大问题研究》
总课题组成员

组长/总撰

何靖波　重庆市综合经济研究院副院长、高级经济师

技术负责人

李　权　重庆市综合经济研究院技术经济研究中心副主任、高级经济师

罗宇航　重庆市综合经济研究院资源环境研究室主任、副研究员

蒲昌权　重庆市综合经济研究院高级工程师

主　研

蒋安玲　重庆市综合经济研究院高新产业发展研究室主任、高级经济师

李　霞　重庆市综合经济研究院发展战略规划实验室副主任、助理研究员

黎　慧　重庆市综合经济研究院助理研究员

前 言

发展是永恒的主题，是人类社会创造物质精神财富、持续推动人类文明进步的不竭动力之源。众所周知，人类对于发展的实践和认识经历了一个漫长而曲折的历程——伴随着产业革命的兴起和演进，近现代工业化、城市化的推进在给人类社会带来巨大财富积累的同时，也引发了人与自然及生态环境的各种冲突。因此，人类不得不对“发展问题”进行深刻反思和认真总结，进而向全世界发出“必须研究自然的、社会的、生态的、经济的以及利用自然资源过程中的基本关系，确保全球持续发展”的紧急呼吁，并旗帜鲜明地提出人类的未来“发展”必须走可持续发展之路。

在全球发展的历史进程与大格局中，我国一直进行着生动实践和不懈探索，成功走出中国特色社会主义发展道路，为全人类社会的发展奉献了中国智慧。党的十八大以来，中国特色社会主义进入新时代，创新、协调、绿色、开放、共享的新发展理念为可持续发展注入新的时代内涵，切实将“绿色发展”定义为经济发展、社会发展和资源环境承载力有机协调的一种“发展模式”——由此“绿色发展”广泛成为当今中国的“发展”共识，也历史性地成为新的时代命题。

重庆，始终踏着时代的节拍，坚持推进以生态优先、绿色发展为导向的高质量发展实践，社会各界都在积极开展相应的研究探索。围绕“重庆绿色发展”的问题主线，近年来由何靖波领衔的研究团队对重庆如何在长江经济带绿色发展中发挥示范作用、参与和推动长江经济带城市协作发展、推进生态移民与脱贫攻坚、推动节能与环保产业发展，以及“双碳”目标背景下产业转型升级发展等重大问题开展了一系列系统研究，并在对上述研究成果进一步梳理提升的基础上，撰写了《重庆绿色发展若干重大问题研究》，期待它能为进一步推动重庆绿色发展和高质量发展提供一些参考和帮助。此外，在课题研究和成书过程中，有幸得到重庆市综合经济研究院院长易小光研究员的宝贵指导和支持，在此致以由衷的谢忱。

因作者的研究视角、学识局限性，以及时间跨度等因素，本书内容未必都十分充分、细腻，在此愿与广大读者进一步交流探讨并恳请批评指正。

作者

2022 年 3 月

目　录

第一章

主题概述

发展是全球永恒的主题，人类关于“发展”的实践和认识经历了一个漫长的历程。早期，人们需要通过创造物质财富以满足基本生存需要，生产力的进步推动人们在创造物质财富的同时也进行着物质财富的大量积累，这为人类延续和社会进步提供了必要的物质基础。由此，人类十分看重物质财富量的扩充，在物质财富创造过程中更容易不择手段，有时甚至贪婪无度，而对于物质财富创造过程中给环境和社会带来的负面效应甚至是破坏性影响却不太关注，更是缺少合理预判和规律性认知——当察觉到这些“非经济性问题”有可能成为影响和制约人类社会进步的巨大障碍时，人类终于对“发展”进行了深刻反思和系统总结。在当代，全球各国和经济体都在基于对“可持续”的各种发展模式的认识努力实践着，而中国顺应全球大势正在全方位大力推动绿色发展的宏大实践探索。

一、生态环境与经济发展

（一）增长与发展

1. 经济增长

“增长”（Growth）有两种近似而又有所不同的含义：一是成长、生长、发育；二是增长、增大、发展。早期西方经济学家通常取其第二个含义，将“growth”与“development”（发展）一词混用，不论是指发达国家的经济增长还是不发达国家的发展，都使用“growth”一词。目前多数经济学家认为，“经济增长”意味着更多的产出，是指一个国家或地区的产品和劳务数量的增加，或按人口平均的实际产出的增加，通常以国民生产总值（Gross National Product，GNP）、国内生产总值（Gross Domestic Product，GDP）或国民收入（National Income，NI）来衡量，或以它们的人均数值来衡量。

2. 经济发展

一个国家或地区的经济发展，应当包括：①国民经济总产出的增长，即生产部门的实物增长和服务部门的劳务增长；②国民经济社会和环境的改善，即国民经济结构、社会结构、经济关系和经济管理体制的改良。因此，“发展”不是一个短期的目标，而是一个宏大且长久的系统工程。

3. 经济增长与经济发展的关系

经济增长是一个“量”的增长过程，是对一个国家或地区经济变化的指标的量度，反映的是经济社会的一个方面；经济发展是一个“结构变化”的过程，它既包含对商品和劳务产出量的量度，也包括不发达地区演变成发达地区的全过程，是经济增长与社会进步的汇集。它既有“量”的提高，又有“质”的转变，涉及社会生产关系和社会结构的全部体系。

显然，经济增长是社会进步的条件，而社会进步又会受到经济增长的制约，因此经济增长了，物质数量增多了，就为改善一个国家或地区的经济社会条件提供了物质基础；而经济社会的进步，又会反过来为经济的增长提供宽松、持续的环境。

（二）生态环境与经济发展

生态环境是由生态关系所组成的环境，是密切影响人类生产和生活的各种自然力量（物质和能量）或作用的总和。经济发展是一个国家或地区按人口平均的实际福利增长过程，它既包含财富和经济体的“量”的增加和扩张，也包含“质”的变化，即国民经济结构、社会结构、经济关系和经济管理体制的改良。

在生态环境与经济发展的关系中，生态环境具有基础性作用，它是人类生存和发展最根本的载体和最初始的物质基础，为经济发展提供前提条件。具体来看，一是生态环境为人类提供不可或缺的自然资源，是从事各类生产的物质基础，是人类赖以生存和经济社会向前发展的前提条件；二是生态环境可以对人类经济活动所产生的废物质和废能量，采取物理、化学、生化和生物反应等方式进行消纳和同化，使环境得以“净化”；三是生态环境可以为人类提供舒适的环境。绮丽的自然风光、巧夺天工的生态景观可以使人们的性情得到陶冶，给人以精神享受，并健康愉快地生活，因而优美的生态环境是经济社会文明进步的重要标志。

经济发展往往会滋生生态环境问题。一般来看，生态环境问题往往是因为人类不合理开发利用自然资源，超出了生态环境的承载能力，从而导致生态环境质量恶化或自然资源枯竭等后果，或者因为工业化、城市化的高速发展引起环境污染和生态破坏。

因此，如何正确处理生态环境与经济发展的关系问题，是人类社会无法回避的必答题，我们应当形成以下几点共识：第一，生态环境是经济可持续发展的基石，保持经济增长的前提是确保生态环境得到有效的保护，必须设置生态保护红线，在经济发展过程中，不能够逾越这条红线，打破二者之间的平衡；第二，经济发展的确会对生态环境产生一定的影响，这种影响有些是可修复的，有些是不可逆的，必须给予足够的重视，避免经济发展对生态环境造成毁灭性不可逆的破坏；第三，经济发展与生态环境之间的相互关系，必定会给人类社会带来一定的影响。人类社会活动的内容是庞杂的，这两者之间的关系必须维持一个平衡点，一旦平衡被打破，人类社会生活将会产生连锁效应，不利于人类社会的全面发展。

在以往很长一段时间内，经济学家往往强调保持和提高人类生活水平，生态学家更多强调人们生态环境的适应性及其功能保持，社会学家则将他们的注意力集中于社会和文化多样性方面……尽管他们的目的都是指向进步和发展的，但都不能独立推动人类的未来朝着全面性、系统性和永续性发展。

（三）可持续发展及实质

可持续是指具有持续下去、进行久远的能力。可持续发展是由“可持续”和“发展”两个词组合而成的，通俗地讲，可持续发展是建立在可持续基础上的经济增长和社会进步，在连续的基础上保持或提高生活质量。

人类对可持续发展获得认知的重大转折事件是 1972 年以 D. L. 米都斯为首的美国、德国、挪威等一批科学家组成的罗马俱乐部提出的关于世界趋势的研究报告《增长的极限》，拉响了全球生态环境的警报。由此，人们为了寻求一种建立在环境和资源可承受基础上的长期发展模式，进行了不懈的理论和实践探究。

1980 年 3 月 5 日，联合国向全世界发出呼吁："必须研究自然的、社会的、生态的、经济的以及利用自然资源过程中的基本关系，确保全球持续发展。"

1980 年 11 月，联合国成立"世界环境与发展委员会"，由挪威首相布伦特兰夫人担任主席，委员会由在科学、教育、经济、社会及政治领域的 22 位代表组成，其中 14 人来自发展中国家。1987 年，该委员会把长达 4 年经过充分论证的研究报告《我们共同的未来》提交给联合国大会，正式提出"可持续发展"的模式。该报告对"可持续发展"的概念作出了经典解释——所谓"可持续发展"，是指"既满足当代人的需求，又不对后代人满足其需要的能力构成危害的发展"。

从整体来看，可持续发展是一种特别从环境和自然资源角度提出的关于人类长期发展的战略和模式，涉及经济、社会、文化、技术及自然环境的综合概念，它要求自然可持续、经济可持续、社会可持续，且这三个方面都应相互协调并持续发展，构成一个可持续系统。随着人们对经济发展规律认识的逐渐深入，世界各国或地区都逐渐将经济发展与人口及资源等社会因素结合起来考虑，深刻认识可持续发展思想并付诸自身发展实践中，使之成为被当今世界公认并具有划时代意义的新的发展观。

1992 年联合国召开由各国首脑或政府总理参加的"环境与发展大会"并通过《21 世纪议程》，更是高度凝聚了当代人对可持续发展理论认识的结晶，使得"可持续发展"逐步成为一个影响和改变全球发展的观念，现在更是成为 21 世纪全球性的重大主题。与此同时，中国为适应人类 21 世纪发展趋势，已制定了《中国 21 世纪议程》。就我国而论，现今正承载着推动我国从全面建成小康社会向现代化强国迈进的历史任务，还面临着工业化、城市化加快升级，以及经济社会发展与生态环境的矛盾冲突，但发展的道路上没有现成模式可以照搬，只能遵循世界发展趋势，并结合我国国情，在可持续发展理念的大框架下，深入研究我国当前和未来绿色发展之路。

二、绿色发展的概念及内涵

（一）全球绿色发展思想的演进

1.“绿色发展”的研究起源于西方学者对发展与生态环境的关注

随着工业文明的全球扩张，不同国家和地区都不同程度地陷入日益加剧的资源环境危机，人类开始深入思考和研究资源环境危机产生的根源、传导机制以及解决对策。国际上学界和政界开始研究可持续发展，并普遍认为绿色发展与可持续发展联系紧密，正是可持续发展理论和思潮推动了绿色发展思想的形成。目前，可持续发展研究主要聚集在国家层面，近百个国家和地区设立了与之相关的行政管理机构，数十个国家制定了国家层面的可持续发展战略和实施方案，我国也不例外。

2. 世界各国在“绿色发展”领域广泛开展合作，推动全球绿色发展

世界各国积极开展生态环保的合作，在生态保护方面逐渐建立起对话与协商机制。联合国作为全球权威的国际组织，提出了可持续发展、绿色经济等倡议，逐步在世界范围内形成了绿色发展理念，得到了发达国家和发展中国家的普遍认同。例如，1972 年的《人类环境宣言》、1992 年的《里约热内卢环境与发展宣言》《21 世纪议程》、1995 年的《联合国气候变化框架公约》、2005 年的《京都议定书》等都体现了国际社会对生态环保的实质推动，指导着全球开展绿色发展实践。

3. 全球金融危机爆发后，“绿色发展”得到快速发展

2008 年开始，联合国在世界范围内积极倡导“全球绿色新政”“发展绿色经济”。在这些倡议中，联合国呼吁世界各国加快发展绿色经济，推动经济产业“绿色化”转型。针对绿色新政，提出要努力实现“绿色化”转型。2011 年，联合国环境规划署发布的《迈向绿色经济——实现可持续发展和消除贫困的各种途径》报告提出一个关于经济和社会的绿色设想，即每年将全

球生产总值的 2% 投资于十大主要经济部门以改变发展模式，加快向绿色低碳经济转型。在联合国等组织的倡导下，“绿色发展”逐步从学术研究层面走向国际公约和国家政策操作层面。

（二）中国绿色发展的实践探索

国内对绿色发展的研究实践大致分为四个阶段：

1. 第一阶段：对环境保护的关注阶段

我国对环境问题的关注主要从 20 世纪 50 年代开始，以吴泽的《地理环境与社会发展》、王振德的《地理环境、人口和社会发展的关系》等著作出版为标志。这些学者从马克思主义历史唯物视角切入，研究自然条件和地理环境对人口和社会发展的影响。这一时期环境保护的研究开展得较少，研究角度也比较单一（主要是从地理学角度研究）。改革开放初期，随着生产力的解放和经济社会快速发展，《论环境管理》（于光远等，1980）、《现代化与环境保护》（马世俊等，1981）、《中国环境问题及对策》（曲格平，1989）等一批论著的问世，逐步打开了我国在环境保护研究领域的新局面。但总的来看，这一阶段出于我国生产力较为落后和工业文明不发达等现实原因，环境保护的研究论著尚不丰富。

2. 第二阶段：绿色发展研究兴起阶段

改革开放后，我国将工作重点转移到经济建设上。为加快解决“人民日益增长的物质文化需要同落后的社会生产之间的矛盾”，加之认知上的时代局限性，粗放式的发展方式成为短期内提高生产力和生活水平的主流方式。我国在经历了 20 世纪 80 年代和 90 年代初期的高速发展后，环境污染问题日益突出，局部生态系统遭到人为破坏。人们对发展方式的反思越来越多，环境保护与绿色发展研究也迎来了一个小高峰。尤其是 90 年代后期，可持续发展思想从国际传播到国内，部分学者通过研究西方相关著作，提出了我国生态环境保护、发展方式转型的相关观点。1999 年，中国社会科学院发布《中国可持续发展战略报告》，引起政界、学界和社会大众的普遍关注。

3. 第三阶段：绿色发展研究繁荣阶段

随着联合国《2002 年中国人类发展报告：让绿色发展成为一种选择》的发表，“绿色发展”的概念正式“登堂入室”。此后，国内学者密切关注国际上最新成果，并开始聚焦国内经济社会绿色发展问题，一批有影响力的研究成果相继涌现，例如，刘燕华的《关于绿色经济与绿色发展若干问题的战略思考》、赵建军的《中国绿色发展道路探析》、胡鞍钢的《中国创新绿色发展》、王海芹的《我国绿色发展萌芽、起步与政策演进：若干阶段性特征观察》等。这一批研究成果不仅丰富了绿色发展的基本理论，也推动了我国绿色发展观的形成。

4. 第四阶段：绿色发展广泛实践阶段

党的十八大作出“大力推进生态文明建设”的战略部署，要求把生态文明建设放在突出地位，努力建设美丽中国，标志着绿色发展上升为国家行动。党的十八届五中全会明确将“绿色”列为“十三五”规划的发展理念，将生态环境质量总体改善作为全面建成小康社会的目标之一。2017 年底，我国首次发布绿色发展指数，公布了 2016 年度各省份绿色发展指数和公众满意程度。党的十九大对生态文明建设和生态环境保护进行了系统总结和重点部署，勾画了“绿色路线图”，为建设美丽中国指明了前进方向和根本遵循。2018 年 3 月，“生态文明建设”首次被写入《中华人民共和国宪法》；4 月生态环保部正式揭牌；5 月，全国生态环境保护大会上确立习近平生态文明思想，开启了新时代生态环境保护工作的新阶段。2019 年习近平总书记又明确提出“我们应该追求绿色发展繁荣”等“五个追求”引领全球绿色发展。“绿色发展”在习近平生态文明思想中体现得尤为明显（见图 1－1）。

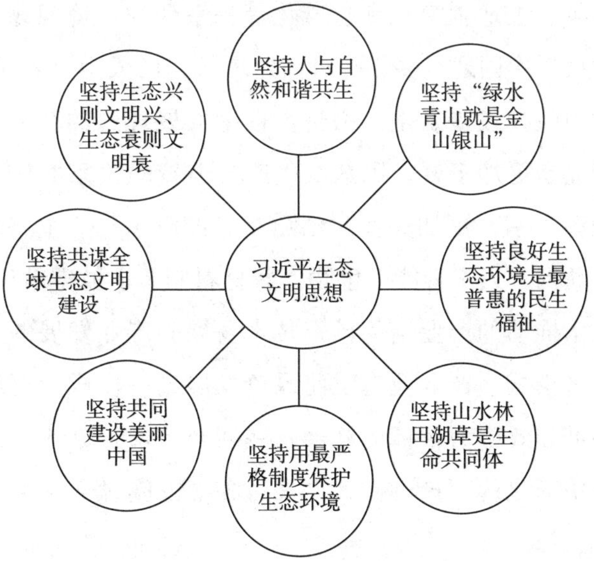

图 1-1　习近平生态文明思想

（三）绿色发展的基本内涵

1. 从全球范围来看，绿色发展源于全球生态保护意识的觉醒

直接原因是生态环境对人类社会发展产生制约。传统工业文明发展模式下，追逐经济增长是人类主要的目标，人类社会与自然生态之间的协调性不被重视，在世界范围内，形成了"高投入、高消耗、低效率"的发展模式。人类对自然资源过度开发利用和污染排放造成了生态环境失衡，进而逐步陷入发展困境。自然资源数量和质量的双降低、地质性气候性自然灾害频发，以及大规模环境污染，都给人类和地球带来了不可预见的损失，生态环境对人类社会发展产生制约。

2. 从我国经济社会发展来看，绿色发展是现阶段我国经济社会发展的必然选择

改革开放以来，我国经济快速发展，创造出"中国奇迹"，但粗放型经济增长模式却产生了如大气污染、水污染、土壤污染、生物多样性降低、

耕地和森林减少、土地荒漠化和盐碱化等一系列的环境问题，严重影响了我国可持续发展。中国通过多年经济高速增长，已成为世界第二大经济体，我国社会生产力快速发展，生产力进步催生发展理念的转变。消费产品更加丰富，消费业态更加多样，民众对生产与消费的关系的认识也日趋理性并逐步走向和谐平衡，更加关注生活质量、健康水平、生态环保。国家将电子信息、互联网、人工智能、生物、新材料制造、航空航天、海洋工程、新能源等以技术推动的产业定为国家技术发展和产业发展的方向，催生了绿色发展的经济模式、产业业态，使绿色发展进一步成为可能。绿色发展是以持续、和谐和效率为目标的社会发展和经济增长方式，是可持续发展思想的继承和中国化的理论创新，也是当今中国应对全球生态环境恶化客观现实的必然选择。

关于绿色发展的概念与内涵，国内外机构和学者进行了许多研究。当今社会关于“发展”多从经济角度进行阐释，因此绿色发展与绿色经济的内涵基本重合。“绿色经济”最早是1989年英国环境经济学家大卫·皮尔斯等在《绿色经济蓝皮书》中提出的，他们认为绿色经济是资源、环境、经济、社会的协调发展。随后众多学者开展了关于绿色经济内涵的研究。目前，国际社会普遍认可2011年联合国环境规划署在《绿色经济报告》中的定义，认为“绿色经济”是“促成提高人类福祉和社会公平，同时显著降低环境风险和生态稀缺的经济”。

绿色发展实质上是一种可持续的发展模式，是将经济发展、社会发展和资源环境承载力有机协调的一种发展模式，在发展过程中应当广泛而充分体现环境治理、生态品质、资源消耗、绿色产业、绿色管理机制、绿色制度保障等领域的融合与共进，是推动人与自然和谐共生、生存与发展协调统一的必然选择。

三、国内外绿色发展的典型模式与启示

（一）典型模式与案例

1. 国外典型模式

美国“杜邦模式”：企业内部低碳循环发展模式。美国杜邦模式是一种以生态经济效益为准绳，将企业的内部组织物料进行循环的模式。这种模式通过重新组织公司内部的各工艺环节，对物料进行循环使用，将生产链条延长，大大减少了生产过程中对能源以及物料的使用量，最大限度地减少有毒物质和废弃物，使可再生资源的利用率得到最大提高，产品的耐用性也得到了提升。20 世纪 80 年代末，杜邦公司在化学工业创造性地融入了循环经济的“减量化、再利用、资源化”3R 原则。例如，在一次性废塑料里面回收化学物质，再开发出耐用性强的新产品，通过 5 年的实践，废弃塑料品减少 25%，空气污染物的排放量也减少 70%。

德国“回收再利用体系”：包装物循环利用与资源化处理。德国是世界上最早一批实施循环经济的国家之一，通过制定废弃物处理法律，建立了回收再利用体系（Duales System Deutschland，DSD）。20 世纪 90 年代初，为了缓解废弃物的填埋和焚烧压力，德国按照循环经济的思路制定出台了《包装废弃物处理法》，要求各生产企业及零售商建立回收再利用体系，对商品包装物做到尽量减少使用并回收利用。之后，德国又制定出台了《循环经济和废物处置法》，进一步将资源循环利用的循环经济思想从商品包装拓展到经济社会相关领域。

日本“循环型社会模式”：从国家立法、企业生产、国民意识三方面共同推进循环经济模式。循环型社会模式，标志着一个国家和地区的环境保护与产业经济发展到一个新阶段，传统的“大量生产、大量消费、大量废弃”的社会发展模式将转变为消耗与污染减少的，具有可持续发展能力的循环经济社会模式。日本重点从三个层面进行了循环型社会的建设：政府层面，积极

建设与循环型社会相匹配的法律体系，相继出台《循环型社会形成促进基本法》《固体废弃物管理和公共清洁法》《促进资源有效利用法》等综合法，《家电循环法》《汽车循环法案》《建设循环法》等具体行业和产品要求回收再进行资源化利用的法律；企业层面，鼓励创新开发高新技术，要求在产品设计的同时考虑资源再利用的问题；国民层面，大力培养环保意识和环保素养，改变国民关于垃圾认识的思想观念，形成了垃圾分类存放与处置就是资源再利用的共识。

哥斯达黎加“森林价值实现的政府支付模式”：通过设立能源税、资源税向碳排放者进行收费。1996 年，哥斯达黎加颁布了《森林法》，专门设立了“森林生态环境效益基金”机构，政府对能源税以及水资源税进行了修改完善，对碳排放者及用水大户进行收费。按照自愿加入的原则，该机构和林地所有者签订森林管理、森林保护、造林、自筹资金植树等四类合同，按约定，林地所有者要履行森林管理、森林保护、造林等义务，由机构向林地所有者支付相应的环境服务费用。通过项目的实施，1986—2012 年，该国的森林覆盖率由 21% 提高到 52%，1999—2005 年的二氧化碳排放量减少 1100 万吨，用水户签订的合同数量得到持续增加，显著改善了林地所有者的生活水平。

法国“水资源价值实现的企业支付模式”：通过净化水源地水质来保护水资源。由于原来的水源地水质被污染，法国伟图矿泉水公司从建设过滤厂、新设水源地、净化水源地水质等三个方案中，选择了净化水源地水质这个成本最低的措施。该公司花 900 万美元在水源的上游地区购买了 1500 公顷农用地，将土地无偿交由农民使用，并按照 320 美元/公顷的标准连续 7 年向农民支付土地补偿金。公司还资助农民修建现代化设施，使土地转向发展集约程度较低的乳品农业，实施处理改良动物废弃物、禁止农用化学品使用等措施。该措施大幅减少了非点源污染，大幅提高了水资源自净能力，管理良好的草场每公顷每年还可以生产约 3000 立方米饮用水。这种做法使饮用水水质得到了保护，为公司节约了成本，当地农民也获得了较大收益。

美国“流域价值实现的综合开发模式”：通过成立专门部门、实施相关优惠政策来促进流域价值开发。在多年对资源进行掠夺式开发利用的背景下，美国成立了田纳西河流域管理局，按照“防洪、疏通航道、发电、控制侵蚀、绿化和发展”的思想，统一规划与治理全流域。该管理局采用对水资源开发工程给予优惠政策、对流域居民就业提供补偿等措施，鼓励流域的居民进行生态保护和绿色生产。电力系统提供廉价的电力给流域居民，农业部门建设肥料研究中心引导农民因地制宜合理利用土地，该管理局设立经济开发贷款基金促进了地区的经济发展。自 1960 年该管理局成功发行运作债券以来，电力系统实现了盈利，流域的自然资源综合开发与管理得到支持，流域价值不断实现增长。

2. 国内典型案例

循环型企业：宝钢集团。循环型企业模式是指企业运用循环经济的“减量化、再利用、资源化”3R 原则来指导企业生产运营。20 世纪 90 年代，我国开始通过工艺的不断改进、清洁材料和能源的采用、经营管理的改善，逐步在企业内部推行清洁生产，提高资源利用率。政府层面制定出台了《中华人民共和国固体废物污染环境防治法》《中华人民共和国清洁生产促进法》等系列法律法规，对全国 5000 多家企业进行了 ISO4000 环境管理体系认证，为几百种产品颁发了环境标志。在这一过程中，企业结合各自特点，开展了许多有益尝试。如宝钢集团大力推行清洁生产，要求实现废物 100% 利用，采取“建造废物回用链”的模式，推动实现污染物排放的减量化；对标 ISO14001 国际标准在企业内建立环境管理体系，对环境实行综合管理。

生态工业园区：广西贵港国家生态工业示范园区。我国的生态工业园区最早是 2001 年成立的广西贵港国家生态工业（制糖）示范园区，该园区是我国发展循环经济、清洁生产的典范。园区遵循生态工业理论，针对甘蔗资源稀缺的局限，以制糖为核心建立了产业生态体系，形成了蔗田、制糖、酒精、造纸、热点联产、环境综合处理六大系统的“资源消费—产品—再资源”工业生态链循环发展模式。园区制糖行业实现了经济发展、环境保护和社会效益的“多赢”，推动了地方工业发展模式的根本转变和生态文明建设。

循环型城市：上海、辽宁、贵阳、江苏、浙江。循环型城市是在更大范围内采用生态理念，通过产业结构调整，转变生产、消费、管理模式，在特定的城市范围内及各产业之间形成生态产业链，整体构建一个生态网络系统。循环型城市的构建实现了产业生态化的延伸和扩展，也是生态理论以及循环经济实践的进一步深化。1998 年上海市引入循环经济概念之后，辽宁、江苏、贵阳等地区也在区域层面上开始探索生态经济的发展，结合各地实际，制订了相应的工作方案。2002 年，国家环保总局批准贵阳市为循环经济生态试点城市。浙江省也将建设以循环经济为核心的生态经济体系作为生态强省建设的首要任务。

生态价值实现机制试验区：浙江、福建、江西、贵州、青海。浙江、福建、江西、贵州、青海五省先行对生态产品价值的实现机制进行了探索。浙江省丽水市积极开展生态系统生产总值（Gross Ecosystem Product，GEP）的核算，对“绿水青山”的价值进行量化，形成了 GEP 的核算模式。福建省积极建立自然资源资产产权制度，开展生态产品的市场化改革，建立环境治理和生态保护的制度体系。江西省和贵州省将生态产品价值实现与打赢脱贫攻坚战深度融合，探索出生态扶贫、绿色共建共享、生态文化培育等机制。青海省按照生态优先的原则，坚持在绿色发展中扩大生态产品供给能力，在保护自然中增值自然价值和自然资本。五省结合各自的省情在自然资源资产产权制度、绿色共建共享、绿色金融、生态脱贫制度等方面取得了成效。

生态旅游：广西壮族自治区桂林市。地方政府依托生态资源发展旅游业，旅游综合收入实现生态资源价值。桂林市实施“两江四湖”工程，集城市环保、基础设施建设和旅游于一体，全市的城市环保、城市功能和旅游得到了根本性的改善与超越，桂林的城市形象与文化品位实现了极大的提升。桂林市政府成立国有控股的水上游乐分公司，主要经营两江四湖环城水系的水上游乐项目，日接待能力6000人，年旅游收入超过5000万元。“两江四湖环城水系游”“内湖渔鹰捕鱼生态游”等旅游线路取得了很好的经济社会效益，“夜游两江四湖”成为桂林市夜游市场新品牌。该工程坚持生态化发展的理念，实现了生态、经济、社会三种效益的有效结合，不仅达到了预期目的，也符合了群众期盼。

生态城镇：贵州省赤水市。贵州省赤水市通过“三聚焦”，推动生态工业集约化发展、山地城镇绿色化发展和生态旅游全域化发展。聚焦园区实现生态工业集约化发展。实施“工业强市”战略，依托经开区，加快结构调整，着力延长产业链，做强竹、药、醋、鸡、酒“五张名片”，做大电子信息、新医药、新能源化工、新型建材、高端装备制造“五大新兴产业”，加快打造竹木加工、特色轻工、新医药大健康和电子信息装备制造“三个百亿级产业集群”。聚焦城区实现山地城镇绿色化发展。坚持以产兴城、以城促产、以景聚人，着力完善城市基础设施，增强城市服务、文化、体验三大功能，打造国内一流、国际知名的休闲旅游度假体验城。聚焦景区实现生态旅游全域化发展。实施生态旅游行动计划，围绕赤水河生态景区，促进农旅、工旅、城旅、康旅、文旅大融合，积极发展智慧旅游，全方位推动旅游大合作，打造全域旅游城市。

（二）主要经验及启示

1. 加快完善基础配套设施，促进生态产品价值实现

以政府投资为主体、带动社会资本参与，加大对基础设施等相关配套建设的投入，是生态产品价值实现的重要保障。例如，瑞士生态旅游业发展离不开发达的道路交通体系，仅4万多平方千米的国土拥有5300多千米的铁路和7万多千米的公路。我国贵州省2013—2015年公路建设飞速发展，全省88

个县全部通高速公路，完善的基础设施带来了旅游业的迅猛发展，接待游客人数和旅游收入在全国均位于前列。因此，应当充分认识到，生态资源是地方经济发展的重要优质资源，需要发挥我们的主观能动性，通过持续完善基础设施，提升公共服务能力，加快实现生态产品价值。

2. 构建市场化生态补偿机制，促进生态产业化

以政府为主导、社会参与的生态补偿机制，是国际上公共性生态产品价值实现的重要方式。世界各国在森林、湿地、流域、自然保护区、生物多样性、矿产开发等领域进行了大量的生态购买、生态补偿、生态系统服务付费等方面的探索，逐步建立了长效的生态保护机制。例如，浙江省首创基层规划与基层国土联合办公、森林公安与地方公安联动执法、矿产资源统一管理的防控机制；创新实施以“限药、减肥、禁烧”为重点的农业面源污染治理，对水源保护地、自然保护区等区域逐步实行彻底封山育林；按照“谁受益、谁补偿”原则，探索建立企业环境污染责任风险金、排污指标有偿使用、排污权交易等制度；探索构建以绿色 GDP 为主导的考核体系，对 15 个乡镇按照发展功能定位，实施分类考核，对重点生态功能区乡镇，安排财政转移支付。因此，有必要通过开征生态税或绿色税等途径，从资金来源上进行拓展，建立专门机构及专项基金，对生态补偿进行专门负责，通过政府的财政转移支付或者市场机制开展生态补偿。

3. 因地制宜发展特色优势绿色产业，促进产业生态化

坚持产业生态化、生态产业化，因地制宜选择发展技术含量高、环境质量高、就业容量大的绿色产业，是探索生态与产业共同发展的新路径。大力发展绿色产业，全力推动工业产业绿色化发展，重点推动先进装备制造业、健康医药等产业发展。加快推进数字与产业有机融合，积极推动大数据同实体经济、乡村振兴、民生服务、社会治理进行深度融合，通过信息技术的推广应用，促使传统产业加快转型升级。例如，浙江省安吉县依托丰富的竹林资源，推广培育竹林栽培技术，打造竹子科技园区，按照“全竹利用”的思

路，发展竹木资源深加工产业，大力培育了竹林旅游以及乡村休闲旅游，用一根翠竹撑起了一方绿色经济，用不到全国1/50的立竹量，为全国竹业产值作出了1/5的贡献。因此，生态优先、绿色发展必须要把发展绿色产业作为优选项，将绿色作为准绳、严格绿色准入，加快推动传统产业实现绿色化改造，不断发展壮大绿色产业，加快构建绿色制造体系。

4. 推进生态农业模式，促进乡村绿色转型发展

继续巩固拓展脱贫攻坚成果同乡村振兴有效衔接，要坚持生态优先、绿色发展，重点聚焦乡村的生态价值、文化价值、休闲价值、经济价值，促进乡村发展全面绿色转型。推进农业生态化，要大力发展绿色有机农业、特色生态种养殖、生物多样性保护与减贫、道地中药材种植、生态立体循环农业等，树立和打造一批富有特色的生态农产品品牌，进一步提高品牌的市场竞争力，实现生态与农业、农村、农民效益的统一。例如，浙江省安吉县、云南省红河州元阳哈尼梯田遗产区等地区依托自身农业资源优势，大力发展生态循环农业、持续提升农业产业化水平、打造特色生态农业品牌，塑造了推进农业生态化的鲜活案例。因此，有必要推进第一、第二、第三产业融合发展的绿色生产方式，将良好的生态优势和资源禀赋资产化，大力发展现代高效农业、优质农产品和全域大旅游，同时延伸产业链条，发展循环经济，推动绿色发展。

专栏1-1　典型绿色发展模式

德国： 实施“村庄更新”计划，举办全国性“我们村庄更美丽”竞赛，激发全国上下开展农村美化运动。

英国： 提出“英国的灵魂在乡村”，乡村成为高品质生活的代名词。

日本： 位于九州的大分县，实施“一村一品”振兴乡村经济，仅有120多万人口的县从落后的贫困县发展成环境优美、经济领先的全球闻名城市。

中国： 陕西商洛市坚持田园景区化，让“八山一水一分田”成为秦岭腹地生动鲜活的田园景观。

第二章

重庆努力在推进长江经济带绿色发展中发挥示范作用研究

站在中华民族长远利益角度谋划长江经济带绿色发展，是新时代的责任和历史的使命。党中央对长江经济带发展的战略定位必须坚持“生态优先、绿色发展”“共抓大保护、不搞大开发”。这就要求坚持新发展理念，正确把握生态环境保护和经济发展的关系，把修复长江生态环境摆在压倒性位置，探索协同推进生态优先和绿色发展新路子。重庆作为长江上游生态屏障的最后一道关口，在全国生态格局中肩负着重大责任。从“建设长江上游重要生态屏障”到“筑牢长江上游重要生态屏障”，从“构建山清水秀美丽之地”到“加快建设山清水秀美丽之地”，再到“在推进长江经济带绿色发展中发挥示范作用”，2016 年和 2019 年习近平总书记两次视察重庆，对重庆绿色发展提出了更高要求、更多期盼。

“十三五”以来，重庆坚决贯彻党中央“共抓大保护、不搞大开发”方针，不断强化“上游意识”，努力担起“上游责任”，保护好长江母亲河，将生态文明建设加速融入重庆经济社会发展的全过程和各环节，“生态优先、绿色发展”已成为全市上下的共同追求和自觉行动。重庆的绿色发展不仅事关重庆一域，更关乎西部地区、长江经济带乃至我国生态文明建设全域、全局。绿色发展是建设成渝地区双城经济圈的战略任务，2020 年 4 月，中共重庆市委五届八次全会审议通过了《中共重庆市委关于立足“四个优势”发挥“三个作用”加快推动成渝地区双城经济圈建设的决定》，指出推动成渝地区双城经济圈建设，是保护我国长江上游、西部地区生态环境的内在要求，更是维护整个国家生态安全的必然要求；强调要在推进生态环境联防联治上下功夫，强化长江上游生态大保护，切实改善区域环境质量。按照重庆推进长江经济带绿色发展中发挥示范作用的新使命与新要求，将绿色发展示范全面融入推进新时代西部大开发、推进共建“一带一路”和长江经济带高质量发展，是落实习近平总书记殷殷嘱托的重要内容。

一、重庆在推进长江经济带绿色发展中发挥示范作用的基础条件

（一）支撑条件

重庆自然资源独特，文化旅游资源丰富，绿色发展的自然资源优势独特，在坚决落实习近平总书记对长江经济带“共抓大保护、不搞大开发”方针指导下，加快生态文明建设，实施生态文明体制改革，绿色产业逐步发展壮大，为推进重庆在长江经济带绿色发展中发挥示范作用创造了良好的基础条件。

1. 绿色发展资源优势独特

重庆是一座独具特色的“山城、江城”，地形地貌独特，可开发资源丰富。

自然资源优势突出。水资源丰富。长江横贯重庆全境，流程 691 千米，嘉陵江、乌江、涪江、綦江、大宁河等数百条大小河流纵横交汇，库、塘、堰、渠星罗棋布，水网密度大。森林资源丰富。重庆地形中山地占比较高，达到 76%。2019 年，重庆地表水总体水质良好，森林覆盖率为 50.1%，高出全国平均水平 27.1 个百分点。重庆森林碳储量超过 6 亿吨。动植物资源丰富，分布有野生维管植物 227 科 1302 属 6000 余种，其中，国家一级重点保护野生植物 9 种、国家二级重点保护植物 39 种；拥有各类动物资源 600 余种，其中金丝猴、华南虎、蜂猴、黑鹳等国家重点珍稀保护动物近 100 种。中药材资源独特，重庆是全国重要的中药材产地之一，现有中药种质资源近 6000 种，几乎各区县均有中药材种植，石柱素有中国“黄连之乡”美誉，酉阳被誉为“世界青蒿之乡”。矿产资源富集，域内发现各类矿产 69 种，查明资源储量矿产 45 种，页岩气、水能、地热能等能源资源丰富，产业化开发自然禀赋较好、前景较广。

旅游资源开发潜力较大。重庆具有“三峡、山城、人文、温泉”等特色旅游资源。2020 年末，全市拥有国家 A 级旅游景区 262 个，其中，5A 级景区 10 个、4A 级景区 121 个。独特的地形地貌孕育大量典型的石林、峰林、溶

洞、峡谷等喀斯特景观。具有武隆喀斯特和南川金佛山两大世界自然遗产。长江三峡国际黄金旅游带享誉世界。温泉资源丰富、类型多样，是我国的“温泉之都”。人文旅游资源方面，拥有大足石刻世界文化遗产，具有磁器口等一大批历史文化古镇、历史街区和最典型山城生活风貌的山城巷子。此外，重庆还有“火锅”“解放碑”“洪崖洞”等城市名片，已成为国内外游客心中的“网红城市”。

2. 绿色经济发展初见成效

近年来，重庆市以绿色发展为主线，不断强化“上游担当”，着力筑牢长江上游重要生态屏障，产业生态化和生态产业化实践探索进展突出。

绿色农业发展稳步推进。农业结构调整步伐加快。大力发展茶叶、特色水果、特色粮油、特色经济林等农林特色产业，积极创建特色农产品优势区和现代农业产业园。智慧农业、循环农业、设施农业等绿色农业新兴模式快速发展，截至2020年8月，全市已建成126个市级智慧农业试验示范基地。2020年底，重庆绿色有机地标产品总数达到3234个，产量1229.69万吨。涪陵榨菜、奉节脐橙等品牌价值逐年升高。农业化肥农药减量化进展突出。截至2020年底，全市化肥使用总量连续5年递减，农药使用总量10年递减，2017—2020年，全市化肥使用总量从95.5万吨下降到89.8万吨，农药使用总量从1.8万吨下降到1.62万吨。畜禽粪污和秸秆综合利用率分别达到90%、87%以上，农膜回收率达到87.7%。积极发展生态健康养殖。积极创建全国畜禽养殖标准化示范场。大力推广池塘绿色健康养殖新模式。全面推广池塘“一改五化”、鱼菜共生、底排污生态化处理三大模式，示范推广底排污、内循环微流水养殖、多级人工湿地、集装箱式循环水养殖等模式。

工业绿色化发展成效显著。循环工业园区、绿色工业园区建设全面推进。2017年以来，重庆积极推进落实国家绿色制造工程，深入开展绿色制造体系示范工作，大力推进工厂、工业园区绿色化转型升级。循环工业园区、绿色工业园区建设扎实有力，累计创建国家级绿色园区3个、国家级绿色工厂35

家，市级绿色园区和绿色工厂示范单位 94 家。能源消费结构进一步优化。2015—2019 年，重庆煤炭消费占能源消费总量比重从 57.7% 下降至 52.8%，碳排放累计下降逾 17.9%。规模以上工业企业综合能源消费量从 2006 年的 0.69 吨标准煤下降到 2019 年的 0.2 吨标准煤。2019 年，单位工业增加值能耗较上年下降 1.8%（见图 2－1）。工业节能减排成效明显。汽车、化工等重点行业加快低碳转型，汽车产业加快从传统燃油车向新能源汽车转型升级。化工产业加快淘汰落后产能，大力发展绿色化工和新材料化工，产业结构稳步优化。环保产业等绿色工业发展迅速。2015 年以来，重庆积极借鉴国内外先进经验，加快推进环境保护事业产业化，环保产业规模逐年扩张，截至 2019 年底，全市入统环保企业达到 1414 家，其中 184 家环保企业被认定为高新技术企业；环保产业实现营业收入 1032.8 亿元，连续 4 年以平均 20% 的速度强劲增长。

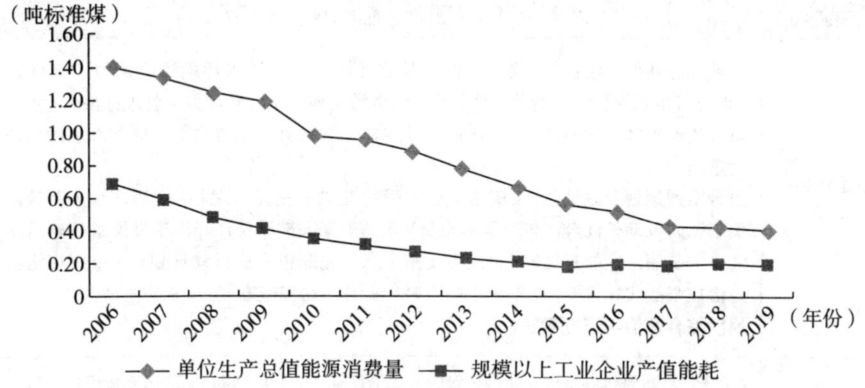

图 2－1　2006—2019 年重庆经济发展能源消耗情况

服务业绿色化加快推进。绿色旅游、绿色餐饮、绿色物流等服务绿色化加快发展。旅游业发展规范化、品牌化，强化旅游景区废水、固体废弃物的收集处理。在餐饮酒店、大型商场等场所推动节能环保技术和设备的使用，严格执行国家“限塑令”要求，实施“光盘行动”，积极创建绿色饭店。大力发展绿色物流，要求物流企业新购置的配送货车必须符合国Ⅳ排放标准。截至 2020 年 8 月，重庆已创建中国绿色饭店（餐饮）企业 17 家，“绿色快递邮政城市”试点推进有力，超过2000个菜鸟驿站、上千个快递网点积极响应和行动，规模化投放了一批绿色化、减量化、可循环利用的快递包装和设备。

3. 绿色发展环境明显改善

自习近平总书记提出创新、协调、绿色开放、共享新发展理念以来，重庆在绿色发展的政策、体制机制，以及实施效果上均取得长足进步。

绿色发展政策环境逐步完善。重庆以改善生态环境质量为核心，制定出台了一系列生态保护修复和推进产业绿色发展政策。召开深入推动长江经济带发展动员大会暨生态环境保护大会，开展《重庆市长江三峡水库库区及流域水污染防治条例（修订）》等地方环保立法，制定了《重庆市实施生态优先绿色发展行动计划》等一系列生态环境保护实施方案，实施多项生态保护修复专项行动（见表2－1）。

表2－1　“十三五”期间重庆出台的绿色发展相关法规及政策

领域	出台的政策文件
生态保护修复	开展地方环保立法：《重庆市长江三峡水库库区及流域水污染防治条例（修订）》《重庆市生态保护红线管理办法》《重庆市污染地块土壤环境保护管理办法》《重庆市自然保护区管理办法》《重庆市建设用地土壤污染防治办法》《重庆市水污染防治条例》等 出台系列规划及意见：《重庆市生态文明建设“十三五”规划》《重庆市人民政府关于深入推动长江经济带发展的意见》《关于深入推动长江经济带发展加快建设山清水秀美丽之地的意见》《重庆市实施生态优先绿色发展行动计划》《重庆市污染防治攻坚战实施方案》《重庆市国土绿化提升行动实施方案》《重庆主城区“四山”地区综合整治实施方案》
绿色经济	《关于创新机制体制推进农业绿色发展的实施意见》《重庆市绿色制造体系建设三年行动计划（2018—2020年）》《重庆市绿色园区和绿色工厂认定管理办法（试行）》

绿色发展体制机制不断优化。重庆初步建立全域覆盖的“三线一单”生态环境分区管控体系。全面推行河长制，“市级—区（县）—镇街—村社”四级河长制、设立河长1.7万余人，实现全市5300余条河流、3000余座水库“一河一长”“一库一长”全覆盖。启动林长制试点，“市级—区（县）”两级林长制持续健全，林长制试点范围从南岸区扩大到全市15个区（县）。2020年，重庆市长江流域10年禁捕制度正式实施。区（县）横向生态补偿机制不

断完善，截至2018年11月，市域内流域面积500平方千米以上且流经2个及以上区（县）的19条次级河流，涉及的33个区（县）全部签订生态流域补偿协议。

生态环境质量持续改善。重庆通过实施“碧水、蓝天、绿地、田园、宁静”等生态环境保护行动和“水环境保护治理”等生态环境修复治理工程，扎实推进污染防治攻坚战，筑牢长江上游重要生态屏障，加快建设山清水秀美丽之地，生态环境质量持续改善，生态文明指数居全国第三位。天更蓝。2019年，空气质量达标天数为316天，比2016年增加14天，主城区环境空气细颗粒物PM2.5平均浓度为38微克/立方米，比2018年下降5%。水更绿。通过推进河道清四乱、长江干流岸线保护和利用等专项行动和长江入河排污口排查整治工作，实施流域综合生态治理，系统推进长江沿线化工厂搬迁。2019年，全市水环境质量大幅改善，长江干流重庆段水质总体为优；42个国考断面水质优良比例达到97.6%；全市监测废水的污染源有266家共计471家次，综合达标率为95.3%。土壤质量更优。中心城区获批“无废城市”建设试点，土壤环境质量总体稳定。加强固体废弃物规范化管理，初步实现原生生活垃圾近零填埋。城市生活垃圾无害化处理率持续保持100%。实施生活垃圾分类管理办法，中心城区生活垃圾回收利用率提高到28%。

（二）问题障碍

虽然重庆绿色发展有较好的基础条件，但由于绿色发展水平未领先，产业绿色转型较困难，科技创新能力不足，以及对生态安全国家战略思想认识上有差距，重庆在推进长江经济带绿色发展中发挥示范作用还将面临较多困难。

1. 绿色发展水平未领先

重庆绿色发展水平在长江经济带11个省（市）排位靠后，经济增长绿化度、资源环境承载力、政府政策支持度等方面发展水平较低，绿色生活、绿色生态、绿色生产发展不平衡。

2006—2016年资料显示，2016年重庆绿色发展水平指数位于长江经济带

11个省（市）第八位，仅位居四川、贵州、云南之前（见表2-2）。

表2-2　2016年长江经济带11个省（市）绿色发展水平指数

省（市）	绿色发展水平	经济增长绿化度	资源环境承载力	政府政策支持度
上海	0.637	0.385	0.114	0.137
江苏	0.543	0.300	0.116	0.127
浙江	0.536	0.302	0.102	0.133
安徽	0.376	0.170	0.082	0.125
江西	0.400	0.145	0.156	0.099
湖北	0.388	0.153	0.125	0.109
湖南	0.348	0.130	0.134	0.084
重庆	0.354	0.159	0.113	0.082
四川	0.470	0.157	0.222	0.091
贵州	0.316	0.130	0.126	0.060
云南	0.375	0.141	0.164	0.070

从具体指标来看，虽然重庆经济增长绿化度在上游4个省（市）中排名第一位，水平从2006年的0.086上升至2016年的0.159，但在11个省（市）中仍只排第五位；资源环境承载力指数和政府政策支持度分别排倒数第二位和第三位，较为落后，说明传统产业生态化、低碳转型不足，发展模式较为粗放，产业结构不够优化，传统制造业“两低三高”①、产能过剩等问题仍较突出。农村面源污染问题未彻底解决，农业产品绿色有机比重低；企业科技研发投入、技术改造投入不足，与沿海地区还存在较大的差距。

2017年重庆绿色发展水平居长江经济带110个城市的第12位，重庆等10个城市进入长江经济带20个重要城市绿色发展的第三梯队。绿色生态指数、绿色生产指数和绿色生活指数分别居第21位、第37位和第29位，绿色生态、绿色生产和绿色生活发展不平衡，生产空间、生活空间、生态空间的协调性比较差、区域的差异性比较大。此外，绿色商业服务业、生态旅游业、现代物流业、绿色公共管理服务等生态服务业发展也不平衡。2020年重庆绿色发

① “两低三高”：指附加值低、技术水平低、能耗高、污染物排放高、安全生产风险高。

展水平跃居第四位，绿色高质量发展指数 2021 年得分 80.21，质量指标是劣势指标，重点突破方向是产业转型升级，绿色高质量发展具有较大潜力。

2. 产业绿色转型较困难

重庆生态产业体系未完全建立，生态农业、生态工业方面都存在较多困难和问题。

生态农业方面：一是技术装备水平较低。由于重庆大农村、大山区的典型特征，山地丘陵地区耕地细碎化、承包耕地分散化，土地难以集中集约经营，同时制约了大型农机装备的推广应用，而适应重庆地理条件的现代农业装备缺乏，总体来看，重庆农业技术装备水平较低。二是市场机制作用发挥不充分。主要表现为投资结构中政府所占比例较大；在运营模式中企业的市场主体作用并不明显；产业链条短，产品价值挖掘不够。三是生态农产品比重较低。由于生态资源利用不足，产业发展滞后，绿色、有机认证比重较低；农业投入品标准、绿色生产标准和规范匮乏。四是农业面源污染问题未彻底解决，“一控两减三基本”目标实现有较多困难。

生态工业方面：一是产业结构难调整。全市劳动密集型、资源型、传统型产业仍比较多，科技密集型、高附加值、战略性新兴产业还比较少的格局短时间内难以发生根本性的变革。建材、化工等已成为沿江区县重要的支柱产业，工业能耗、物耗和污染水平居高不下。二是产业布局不合理。产业布局与资源配置错位，部分沿江区（县）产业布局同质化，区（县）追求大投资、高产出等规模指标而忽视质量指标，造成产业布局与资源、要素和市场现状不相适应。三是工业企业对污染治理的投入不足。与全国平均水平相比，重庆与长江经济带沿线地区一样对污染治理的投资力度大。同时生产成本上升等因素对企业盈利能力造成较大压力，企业对节能减排的投入动力不强。

3. 科技创新能力不足

绿色发展与创新具有明显的相关性，创新是影响绿色发展的重要因素。相关资料显示，长江经济带创新驱动指数一直处于较低水平，2017 年，重庆位居长江经济带110个城市的“科技创新驱动力20强”城市第四梯队（见图2－2）。其中，综合指数0.277，排名第13位，远远落后于上海（0.668）；科技创新投入指数0.303，排名第十位；创新基础投入指数0.458，排名第四位；科技创新载体指数0.242，排名第八位；科技创新产出指数0.221，排名第16位；科技创新绩效指数0.358，排名第32位，对绿色发展的支撑作用明显不足。企业科技研发投入、技术改造投入与长江经济带其他城市、沿海地区还存在较大的差距，在绿色发展中的科技研发投入和技术改造投入差距更大。传统产业生态化、低碳转型不足，发展模式较为粗放，产业结构不够优化。绿色发展的制度“瓶颈”仍比较明显，特别是在吸引产业人才、扶持创新人才等诸多领域还存在一定短板。

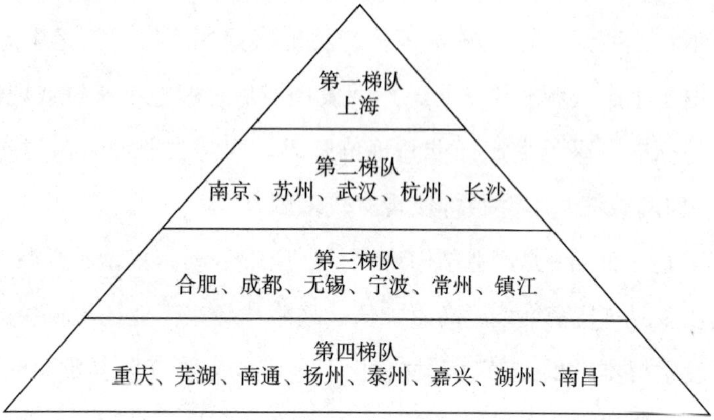

图2－2　长江经济带“科技创新驱动力20强”城市梯队分布

4. 对生态安全国家战略思想认识上有差距

在长江经济带的国家生态安全战略中，认识上与习近平生态文明思想有差距，全局观念不强。一是发展理念不新。表现在思想认识有差距，个别地方思想认识仍然不深，发展理念有待转变，先发展再治理、被动环保的落后意识未完全消除，与习近平生态文明思想有差距。二是全局观念不强。落实到行动上体现在区域生态安全融合互动机制未完全建立。长江经济带沿线地区在生态环境、交通运输、经济发展、市场管理、体制机制等方面，联动发展的工作格局未完全建立，特别是成渝地区生态安全融合互动欠佳，生态安全问题难以统筹解决。三是思想创新不足。重庆虽然建立相对完善的绿色发展政策制度体系，但在支持人才、资金、技术等要素保障方面仍然不够，生态补偿的水平较低，生态补偿创新机制未建立，政策制度体系还需因地制宜地创新。

二、重庆在推进长江经济带绿色发展中发挥示范作用的目标体系

（一）长江经济带绿色发展综合评价指标体系

近年来，国内外各界对绿色发展的评价指标体系研究较多，官方也发布了相应指标体系。2016 年，国家发展改革委、国家统计局、环境保护部、中组部制定了《绿色发展指标体系》，涉及资源利用、环境治理、环境质量、生态保护、增长质量、绿色生活、公众满意程度 7 个一级指标和 56 个二级指标（见表 2－3）。

表 2－3　国家发展改革委、国家统计局、环境保护部、中组部制定的《绿色发展指标体系》

一级指标	二级指标
资源利用	14 个：能源消费总量、单位 GDP 能源消耗降低、单位 GDP 二氧化碳排放降低、非化石能源占一次能源消费比重、用水总量、万元 GDP 用水量下降、单位工业增加值用水量降低率、农田灌溉水有效利用系数、耕地保有量、新增建设用地规模、单位 GDP 建设用地面积降低率、资源产出率、一般工业固体废物综合利用率、农作物秸秆综合利用率
环境治理	8 个：化学需氧量排放总量减少、氨氮排放总量减少、二氧化硫排放总量减少、氮氧化物排放总量减少、危险废物处置利用率、生活垃圾无害化处理率、污水集中处理率、环境污染治理投资占 GDP 比重
环境质量	12 个：地级及以上城市空气质量优良天数比率、细颗粒物（PM2.5）未达标地级及以上城市浓度下降、地表水达到或好于Ⅲ类水体比例、地表水劣Ⅴ类水体比例、重要江河湖泊水功能区水质达标率、地级及以上城市集中式饮用水水源水质达到或优于Ⅲ类比例、近岸海域水质优良（一、二类）比例、受污染耕地安全利用率、单位耕地面积化肥使用量、单位耕地面积农药使用量、森林覆盖率、森林蓄积量
生态保护	8 个：草原综合植被覆盖度、自然岸线保有率、湿地保护率、陆域自然保护区面积、海洋保护区面积、新增水土流失治理面积、可治理沙化土地治理率、新增矿山恢复治理面积
增长质量	5 个：人均 GDP 增长率、居民人均可支配收入、第三产业增加值占 GDP 比重、战略性新兴产业增加值占 GDP 比重、研究与试验发展经费支出占 GDP 比重

续表

一级指标	二级指标
绿色生活	8 个：公共机构人均能耗降低率、绿色产品市场占有率（高效节能产品市场占有率）、新能源汽车保有量增长率、绿色出行（城镇每万人口公共交通客运量）、城镇绿色建筑占新建建筑比重、城市建成区绿地率、农村自来水普及率、农村卫生厕所普及率
公众满意程度	1 个：公众对生态环境质量满意程度

在国家层面出台绿色发展指标体系的同时，学界对长江经济带的绿色发展指标体系也展开了深入研究，比较有代表性的是湖南省社会科学院研究团队做出的研究，该团队在《长江经济带绿色发展报告》中构建了包括由绿色增长度、绿色承载力、绿色保障力 3 个一级指标，结构优化、创新驱动、开放协调、水资源利用、水生态治理、绿色投入、绿色生活等 7 个二级指标以及 34 个三级指标构成的长江经济带绿色发展指标体系（见表 2－4）。

表 2－4　长江经济带绿色发展指标体系

一级指标	二级指标	三级指标
绿色增长度	结构优化	人均 GDP、第三产业增加值占 GDP 比重、工业劳动生产率、万元 GDP 能耗
	创新驱动	R&D 经费投入强度、万人拥有科研人员数、新产品销售收入增速、万人发明专利授权量、技术市场成交额增速、信息产业占 GDP 比重
	开放协调	城镇化率、外商投资企业投资总额增速、地方财政住房保障支出比重、出口交货值相对规模、城乡居民收入比、泰尔指数
绿色承载力	水资源利用	万元 GDP 水耗、七年间工农业用水效率（万元农业增加值用水量、万元工业增加值用水量）、人均生活用水量
	水生态治理	长江流域国控断面三类（水质）以上占比、基本湿地面积占国土面积比重、万人城市污水日处理能力、万元 GDP 化学需氧量排放量、万元 GDP 氨氮排放量、化肥施用强度、农药施用强度
绿色保障力	绿色投入	节能环保支出占公共财政支出比重、水利环境固定资产占全社会固定资产投资比重、万人拥有环保人员数
	绿色生活	突发环境事件次数评分、生活垃圾无害化处理率、建成区绿化覆盖率、公共交通覆盖率（每万人拥有公共交通车辆）、地级及以上（省会）城市空气质量优良天数比重

（二）重庆绿色发展示范目标体系

目前，国内尚没有绿色发展示范作用的指标体系及标准。这里参照国家绿色发展评价指标体系和长江经济带绿色发展指标体系，结合实际提出重庆在长江经济带绿色发展中发挥示范作用的指标体系。指标体系的构建，应从重庆市、长江上游、长江经济带三个维度来考虑：一是要立足重庆实际。要结合重庆资源条件、产业结构等现状，提出重庆尽可能发挥示范作用的指标体系。二是要有长江上游担当。重点是要结合成渝地区双城经济圈发展要求，要重点体现“上游水平、上游责任、上游担当”，合理选择相关指标体系，设定相应标准。三是在长江经济带要有示范效应。重点要结合长江流域绿色发展特点和要求，提出相应的指标体系和标准。初步考虑，重庆在长江经济带绿色发展发挥示范作用的指标体系应包括经济发展质量、资源利用水平、环境治理能力、生态建设成效、绿色生活方式等5个一级指标和28个二级指标（见表2－5）。

表2－5　重庆绿色发展示范指标体系

一级指标	序号	二级指标	单位
经济发展质量	1	人均GDP增长率（%）	—
	2	居民人均可支配收入	万元
	3	全员劳动生产率	万元/人
	4	第三产业占GDP比重（%）	—
	5	R&D投入占比（%）	—
	6	单位GDP发明专利数	个/万元
	7	战略性新兴产业增加值占比（%）	—
资源利用水平	8	人均当地水资源量	立方米
	9	单位GDP水耗	立方米/万元
	10	单位GDP能耗降低率（%）	—
	11	一般工业固体废弃物综合利用率（%）	—
	12	单位GDP工业用电	千瓦·时/万元

续表

一级指标	序号	二级指标	单位
环境治理能力	13	污水集中处理率（%）	—
	14	生活垃圾无害化处理率（%）	—
	15	单位 GDP 二氧化碳排放量	吨/万元
	16	单位 GDP 工业废水排放量	吨/万元
	17	单位 GDP 二氧化硫排放量	吨/万元
	18	单位 GDP 工业烟尘排放量	吨/万元
	19	PM2.5	微克/立方米
	20	环境保护支出占 GDP 比重（%）	—
	21	公众环境满意率（%）	—
生态建设成效	22	森林覆盖率（%）	—
	23	城市建成区绿地率	平方米/人
	24	空气质量优良天数比（%）	—
	25	地表水达到或好于Ⅲ类水体比例（%）	—
	26	长江干流水质达到或好于Ⅲ类水体比例（%）	—
绿色生活方式	27	绿色出行（城镇每万人口公共交通客运量）	人次/年
	28	城镇绿色建筑占新建建筑比重（%）	—

重庆要在长江经济带绿色发展中发挥示范作用，必须发挥长江上游重要生态屏障功能，兼顾发展和保护方面的示范，应力争在经济发展质量、资源利用水平、环境治理能力、生态建设成效、绿色生活方式、绿色空间格局、绿色发展制度创新等方面走在长江沿线前列。到 2025 年，重庆力争在长江上游绿色发展示范作用初见成效；到 2035 年，争取成为国内一流的绿色发展示范区。

1. 经济发展质量西部领先

经济增长质量明显提升，人均 GDP 增长率保持西部前列，居民人均可支配收入大幅增加；现代化经济体系初步构建，全员劳动生产率持续提升，第三产业占 GDP 比重稳步提升；区域创新能力不断增强，研发投入占 GDP 比重快速提高，战略性新兴产业加快发展。

2. 资源利用水平西部领先

能源总量和能耗强度“双控”成效显著，单位 GDP 能耗能效降低水平西部领先；水资源利用能力明显增强，单位 GDP 水耗保持西部前列；产业生态化、生态产业化实现突破，整体发展水平处于西部领先。

3. 环境治理能力国内一流

绿色环境体系加快构建，五大环保行动成效显著，“三水”（水资源、水环境、水生态）共治水平全国领先，污水集中处理率、生活垃圾无害化处理率全国领先；节能减排取得显著成效，单位 GDP 二氧化碳、单位 GDP 二氧化硫、单位 GDP 工业废水、单位 GDP 工业烟尘等排放量持续降低。

4. 生态建设成效国内一流

生态修复成效显著，城市建成区绿地率、森林覆盖率西部领先；水环境持续改善，地表水水质、长江干流水质全国领先；空气质量优良天数比西部领先，实现水更清、天更蓝、地更绿，建成长江上游重要生态屏障。

5. 绿色生活方式深入人心

绿色人文体系加快构建，绿色低碳出行方式实现全民推广，绿色出行、城镇绿色建筑占新建建筑比重在长江上游领先，垃圾分类处理水平全国领先，绿色生活方式成为亮点。

6. 绿色空间格局相得益彰

绿色空间体系加快构建，生产生活生态空间布局合理，建成一批生态城市和美丽乡村，广阳岛长江经济带绿色发展示范作用显著，实现城乡发展各美其美、美美与共。

7. 绿色发展制度创新领先

绿色发展体制机制加快创新，生态共治、生态共保、生态共管等体制机制创新在长江上游领先，生态价值实现、生态补偿机制、绿色评价体系等制度创新走在全国前列。

三、重庆在推进长江经济带绿色发展中发挥示范作用的战略任务

（一）推进绿色经济发展

1. 推进农业绿色发展

着力转变农业生产方式和资源利用方式，推动农业发展更加注重质量效益和可持续发展，探索一条有利于保护环境节约资源、高效益、安全的山地特色农业现代化道路。一是建立现代山地特色高效农业体系。在渝北、永川等区县整村整乡建设万亩宜机化示范基地，推进农田宜机化；在荣昌区、奉节县等地依靠科技发展精品养殖和果业示范，推进种养精细化；在沿长江柑橘带开展生物绿色防控技术示范，推进生产绿色化。探索川渝两地联手共建跨省国家现代农业高新技术产业示范区，以现代农业产业园、乡村旅游精品线路、“一村一品”示范村镇等方式推进丘陵地区第一、第二、第三产业融合示范地，山地特色农业现代化示范。二是推进农业资源持续利用。实施“千年良田”工程，成片规模化推进宜机化改造和高标准农田建设。大力实施石漠化治理、国土绿化、植树造林等工程。统筹推进流域水生态保护与治理。加快推进节水农业发展，完善田间节水设施设备。实施化肥和农药零增长行动，提高有机肥施用比例和肥料利用效率。集成推广种肥同播、化肥深施等高效施肥技术。推进农业废弃物资源化利用，推进畜禽粪污资源化利用。推广秸秆还田或制造有机肥料、微生物腐化和固化炭化等新技术。推广使用加厚或可降解农膜。加快建成农药包装废弃物收集处理系统。三是推进种养业协调发展。重点推广玉米—大豆间（套）作，支持因地制宜开展生态型复合种植。推广果园生草栽培。全面推行农业标准化生产。实施“质量兴农”先进标准专项，培育发展农产品团体标准。积极推广标准化生产技术，强化全程质量控制。

2. 推动制造业绿色发展

加快推进传统工业体系绿色升级。针对全市现有制造业基础，在汽车摩

托车、材料、生物医药、消费品、农副食品加工等传统制造业中加强试点示范与典型模式推广应用，普及数字化设备，打造智能工厂，促进传统制造业与大数据、移动互联网深度融合，实现制造过程智能化、绿色化升级。一是推动信息管理系统集成应用，加强试点示范与典型模式推广应用。加强政府引导支持，推进智能制造和智能服务试点示范与典型模式推广应用。积极参与国家试点示范，强化市级智能制造试点示范，加大数字化车间和智能工厂建设力度。促进智能应用和智能产品应用场景建设。二是加快普及数字化装备。积极引导企业使用数字化、智能化装备改造生产线，加快对非数字化装备采取智能化技术进行改造。广泛开展“机器换人”行动，深入实施智能制造工程，加快制造业生产过程智能化改造。引导重点企业开展智能工厂建设，支持汽车生产、电子信息制造业企业智能化升级。三是大力推进制造业与大数据、移动互联网深度融合。全力推进制造业信息系统集成融合、云化改造和迁移，形成企业级、行业级全环节制造信息数据链或生态，提升工业软件企业对智能制造系统解决方案供给能力，推进企业数字化和网络化，实现智能化升级。推进平台化、网络化升级，大力发展软件与工业 App。开展大规模个性化定制。

大力发展绿色制造业。按照绿色、循环、低碳发展要求，利用先进生态技术，培育发展资源利用高、能耗排放少、生态效益好的新兴产业。重点发展节能环保、清洁生产、清洁能源、新能源汽车等绿色工业。一是大力发展节能环保制造业。在大渡口环保科技产业园等园区大力发展节能环保产业集群。积极引进或加快培育龙头企业，壮大经营主体数量。加快中小微型创新性环保产业企业培育。积极发展污水和污泥处理设备、大气污染防治设备（产品）、固体废弃物收运处理设备、环境修复和环保服务业，打造国内重要的节能环保装备研发生产基地。二是大力发展清洁生产产业。加大清洁原辅材料利用。大力发展无毒无害原料替代使用与危险废物治理、生产过程废气处理处置及资源化综合利用。推进热电联产提供能源。促进使用低毒低害和无毒无害原料，降低产品中有毒有害物质含量。推动工业产品绿色设计及制造。大力推进工业产品绿色设计示范试点，鼓励企业设计开发具有无害化、节能、环保、低耗、长寿命和易回收等特性的绿色产品。三是大力发展清洁能源制造。风电装备方面，继续做大做强风电装备，建立大型风电装备绿色设计平台。光伏制造方面，以万州大全新能源公司为龙头，带动太阳能需要多晶硅、硅片和组件的研发及制造。氢能装备制造方面，力争在制氢、氢气储运、燃料电池及燃料电池汽车、加氢站建设、相关零部件与设备制造等方面形成完整产业链。积极培育页岩气装置制造。四是大力发展新能源汽车。重点完善新能源汽车“大小三电”及氢燃料电池等环节，补齐智能网联汽车的智能感知元件、自动驾驶系统、网联终端等领域的短板。推进纯电动、混合动力、增程式、燃料电池多元发展，促进新能源汽车技术升级。大力引进技术领先的新能源乘用车，包括家庭轿车、新能源 MPV 等项目。大力发展汽车电子，重点突破汽车电子芯片、车载视觉、激光雷达和智能底盘等关键基础技术研发。

3. 推动服务业绿色发展

引导生活性服务业向精细化、高品质、绿色化方向转型升级。顺应品质生活需求和消费升级趋势，推进服务主体生态化、服务过程清洁化。一是大力发展生态旅游业。结合文化历史、自然地理、人文特色等因素，深度挖掘最具特色、最有影响力的旅游资源，培育最具区域特色的旅游精品，推动“旅游 +”纵深发展，构建全域生态旅游格局，打造国际一流生态旅游目的地。二是促进旅游业生态化发展。注重景区开发建设与资源环境保护相结合，加快推进绿色景区建设，利用信息化手段全面提升旅游服务水平，推进无纸化游览。三是大力推进商贸、住宿、餐饮、居民服务业等生活性服务业生态化发展。推广传统服务企业的清洁生产审计、ISO14000 环境管理体系认证、环境标志认证，继续推进绿色市场、绿色饭店、绿色餐厅、绿色酒店创建工作。

专业化、高端化打造绿色服务等生产性服务业。推动生产性服务业向专业化、高端化拓展，突出高技术、创新型服务模式。一是大力发展节能环保服务业。培育一批集系统设计、设备集成、工程施工、系统运维于一体的环保公司，推行环保服务总承包和环境治理特许经营，开展环境污染第三方治理，发展环境投资、环境修复、环境监理、环境标志产品认证、环境金融等新兴环保服务业。推动发展节能评估、节能审核、能源计量审查、碳排放核查、节能低碳产品认证和能源管理体系认证等新型节能服务业。二是大力发展绿色金融。以渝中区重庆绿色金融大道为重点，引导融资租赁、资产证券化、信托公司加大对环保企业的融资支持力度。支持设立绿色发展基金，鼓励符合条件的机构发行绿色债券等产品。大力推动重庆资源与环境交易所、重庆环保投资和重庆环境保护股权投资基金等投融资平台发展。探索发展环保设备设施的融资租赁业务。引导融资租赁、资产证券化、信托公司加大对环保企业的融资支持力度。积极推动“绿色信托”。三是提档升级交通运输及物流业，推进运输节能改造，打造智慧物流大数据平台、多式联运智能化应用工程，促进绿色物流体系和物流标准化建设。

4. 大力发展循环经济

促进第一、第二、第三产业融合，建立循环经济生态链，减少废弃物排放，提高产业经济发展质量和效益。

促进农业经济循环化。一是构建农业循环经济产业链。推进种养结合、农林结合、农牧结合、养殖场建设与农田建设有机结合，推广农林牧渔复合型模式，实现畜禽、鱼、粮、菜、果、茶协同发展。统筹考虑种养规模和环境消纳能力，推进种养结合循环农业。统筹考虑种养规模和环境消纳能力，推进种养结合，推广稻渔共生、鱼菜共生等综合种养技术新模式。二是大力推进农旅融合。以忠县、南川、潼南、梁平等农旅融合试点区（县）为重点，打造农旅融合示范基地，加快培育一批生态游、乡村游、观光游、休闲游、农业体验游等农旅融合产业，开发农业农村生态资源和乡村民俗文化。

构建工业经济循环产业链。推动企业间、行业间、产业间废弃物或副产物交换利用，促进产业循环链接。深度布局全市化工产业循环经济园区，促进危化品装置搬迁改造和退城入园。一是农产品加工行业重点利用稻壳、米糠、麦胚、麸皮等副产物生产稻壳炭、米糠油、米糠蛋白、玉米油、麦胚油、膳食纤维等，利用动物皮毛、内脏、血液等副产物生产医药、生化产品等，利用酒糟、废液、果渣、茶渣等生产饲料、有机肥料等。二是煤电行业重点加强粉煤灰和脱硫石膏的利用，构建煤电—粉煤灰—建材、筑路、建筑工程，发电—脱硫石膏—建材及装饰材料等产业链。三是建材行业重点发展基于建筑废弃物生产绿色建材，在地面材料、混凝土、墙体材料和机制砂石等产品中提高消纳产业废弃物能力，利用农作物秸秆等农林剩余物以及废旧木制品发展生物质建材。

（二）推进生态修复

1. 生态修复技术模式创新

一是充分发挥科研院所的技术创新能力，研究适合三峡库区的生态修复技术和设备。重点推进“生态修复+”的模式，如“土地整治+生态农业生产”“岸线整治+城市品质提升”“矿山修复+地灾防治”“植被恢复+生态旅游”等模式。

二是培育生态修复技术人员和创新团队。以建立市生态修复技术创新研究中心为载体，培育创新团队和技术人员。

三是以生态数据平台为基础的技术创新。以生态信息大数据为基础，建立研究院、研究中心等创新平台，创新生态修复技术、污染治理技术、土壤改良技术等生态技术，解决矿山、河湖、森林与草原、田地等各类生态治理的难点，实现生态环境的智慧监管、保护与治理。

2. 生态修复实现路径探索

针对生态治理推进路径，在生产污废治理方面，从绿色产业、循环利用方向进行生产转型。在生活污废治理方面，从共生城市、绿色交通、消费方面推进。在治理措施方面，推进山水田林湖草综合治理。根据生态修复的作用原理，采取生物修复、物理与化学修复、植物修复等多种方式。在修复主体方面，坚持“谁污染、谁治理”，督促经营主体实施生态修复；坚持“谁受益、谁修复”，引进市场主体参与生态修复。在修复资金投入方面，采取“基金＋生态补偿”多元化资金支持。支持企业、政府、生态组织、金融机构通过设立生态治理、绿色产业、绿色发展等基金来募集社会资本，投资生态产业；政府建立生态补偿金，在生态环保设施、生态移民、生态产业发展等建设方面给予企业和农民直接支持。

3. 生态保护与修复重大工程示范

以生物多样性和水土保持为重点，做好生态保护与修复重大工程示范，进一步增强区域水源涵养、水土保持等生态功能，逐步提升河湖、湿地生态系统稳定性和生态服务功能，加快打造长江绿色生态廊道。

一是明确不同阶段工程示范的重点内容。2021—2025 年，着重抓好国家重点生态功能区、生态保护红线、重点国家级自然保护地等区域的生态保护和修复，解决一批重点区域的核心生态问题；2026—2035 年，各项重大工程全面实施，为建设美丽中国、基本实现社会主义现代化奠定坚实的生态基础。

二是明确不同区域工程示范的重点内容。在三峡库区实施生态综合治理。加强库区及周边天然林保护和公益林建设，稳步推进退耕还林还草、防护林建设和森林质量精准提升，实施土地综合整治；加大水土流失治理力度，探索开展库区消落带生态修复；加强自然保护地建设，保护库区野生动植物及生物多样性。在岩溶地区开展石漠化综合治理，对长江上中游岩溶石漠化集中连片地区，综合开展天然林保护、封山育林育草、人工造林（种草）、退耕还林还草、草地改良、水土保持和土地综合整治等，增加林草植被，增强山地生态系统稳定性。在秦巴山和武陵山区开展生物多样性保护，加强珍稀原生动植物保护，稳定和扩大栖息地，建设生态廊道，保护生物多样性；全面加强天然林保护和公益林建设，稳步推进封山育林、人工造林、退耕还林还草，加强水源涵养林和防护林建设，加强森林抚育和退化林修复。在长江重点生态区开展矿山生态修复，加强历史遗留矿山生态修复，重点解决历史遗留露天矿山生态破坏问题，加强矿山开采边坡综合整治，进行地形重塑、生态植被重建，恢复矿区生态环境。

（三）推进先行示范

统筹生态、生产、生活三大空间，坚持生态优先、绿色发展，加强生态保护与修复，筑牢长江上游重要生态屏障，推动产业生态化、生态产业化，促进全市经济和社会发展实现全面绿色转型，加快建设人与自然和谐共生的现代化。

1. 打造全域生态文明示范空间

构建“一岛两江四岸四山”城市生态大格局。一是构建城市生态治理格局。坚决贯彻“共抓大保护、不搞大开发”方针，强化“上游意识”，担起“上游责任”，运用系统思维，积极推进广阳岛与中心城区“两江四岸”“四山”加快实现融合互动，着力构建“一岛两江四岸四山”的重庆中心城区生态格局，不断为市民提供更多优质的生态产品。二是筑牢长江上游重要生态屏障。大力推进“一岛两江四岸四山”的生态保护与修复，在生态环境保护与修复方面强化科技创新供给，聚焦广阳岛生态修复、两江岸线消落带修复等重大环境问题，打造三峡库区、长江经济带山水环境综合治理样板。全面推行林长制，继续加快推进全市“两江四岸”治理提升、生态廊道建设，实施好“两岸青山·千里林带”等工程，促进全市森林覆盖率持续提高。继续加快推进广阳岛片区开展长江经济带绿色发展示范建设，精心打造“长江风景眼、重庆生态岛”。三是持续改善生态环境。进一步强化河湖长制的实施，对重点河流、湖泊等加强生态保护治理，在长江流域严格落实十年禁渔要求。加强长江生态环境保护修复，按照山水林田湖草系统治理的思路，加快实施水源涵养、水土保持、生物多样性保护等一批重大工程，提升生态安全屏障治理水平。

构建三峡库区绿色生态示范空间。一是健全多维政策支撑。从流域视角出发，精准优化三峡库区的生态治理范围，对生态红线实现精准划定，精准完善由生态补偿、环境税收、环境审计、环境影响评价等共同构成的多维政策支撑体系。对三峡库区加强消落带治理和水土流失综合治理，深入实施三峡库区后续工作。二是构建库区 GEP 核算评价体系。围绕三峡库区生态保护，以自然保护地、生态保护红线等为重点，进一步优化库区生态安全格局。建立库区正、负面清单制度，积极探索生态产品的交易制度，构建高质量绿色发展的制度环境。三是构建三峡库区多层次风险地图。推进“三峡库区绿色发展试点示范区”建设，与四川、陕西、贵州等在嘉陵江、乌江等跨区域的干支流流域地区积极探索开展生态经济合作、生态精准补偿、流域精准扶贫等协同发展，打造共建共治共享的生态治理格局。

2. 构建绿色产业发展示范空间

推进农村产业空间加快实现绿色转型。一是完善生态全产业链。打造一批特色村镇，围绕特色生态农产品发展，加快构建乡村现代生态全产业链。按照新旧共生思路，不断激活农村闲置、破旧农房资源，在经营模式上积极创新，大力发展农旅、民宿等乡村产业新业态，进一步打通城乡要素资源的流转通道。二是大力发展新产业新业态。推动县域经济加快发展，促进农村第一、第二、第三产业加快融合发展，积极培育发展一批龙头农业企业，做大做强农副产品精深加工，加快发展休闲农业、乡村旅游、农村电商等新产业新业态。推进智慧农业建设，加快大数据、智慧气象等现代技术在农业领域的应用。三是加快建设农业现代化示范区。持续深化农业供给侧结构性改革，大力发展现代山地特色高效农业，推进农业品种、品质、品牌建设，建设农业现代化示范区，提升农业发展质量效益。

夯实绿色工业生产空间。一是推进制造业高质量发展。发挥生产空间优势，以大数据智能化发展为引领，更加突出制造业高质量发展，加快培育一批具有国内外竞争力的先进制造业集群，进一步夯实实体经济的根基。二是统筹要素资源配置。推进西部陆海新通道建设，发挥好重庆运营中心和进出口货物集散地的重要作用，将长江经济带的产业、交通运输、国际贸易等资源作为整体进行通盘考虑。三是严控污染行业进入标准。深入开展质量提升行动，提升产业链供应链现代化水平，实施产业基础再造工程和产业链水平提升工程，推进破除“化工锁江”，筑牢绿色生产空间。

优化生态服务业发展空间。一是推动第一、第二、第三产业融合发展。加快建设一批生产性服务业集聚区，推动生产性服务业专业化发展，加快向价值链高端延伸，支持各类服务业市场主体积极参与现代服务供给，加快提升服务业的数字化水平，推动现代服务业与先进制造业、现代农业实现深度融合。二是以高品质、多样化为目标，升级发展生活性服务业。建设一批示范项目，加快发展养老、育幼、健康、体育、文化、旅游、物业、家政等服务业，增加基础性、公益性等服务业的供给。三是加快建设内陆国际金融中心，提升金融服务实体经济能力，推进服务业标准化、品牌化建设。四是推动人工智能等信息技术与传统产业融合发展。利用物联网、大数据、人工智能等新兴技术，加快对传统服务的相关产品及行业开展效能提升工程，形成智能物流、智慧旅游、智能共享等一批新兴生态服务业。

3. 构建城乡融合发展示范空间

推动高品质城乡生活空间重构。一是加快以人为核心的新型城镇化建设。优化完善城镇体系，做强中心城区，建好郊区新城，促进县城扩容提质，建设一批特色小城镇，促进大中小城市和小城镇协同发展。统筹城市规划、建设、管理，加快落实城市更新行动，积极推进一批城市功能完善、生态修复工程，全面提升城市的经济、人文、生态、生活等品质，加快打造国际化、绿色化、智能化、人文化的现代城市。二是推进城乡要素互联互通。坚持多样化、多元化的发展导向，打通城乡之间的信息、物资、交通等相关流通环节，推动特色城乡发展空间实现重构，构建高效的城乡一体化发展空间。推进城乡公共设施和公共服务一体化发展，加强城乡教育均等化，健全完善新型农村合作医疗制度，加快建成覆盖城乡的养老、医疗保障体系。三是构建城乡融合示范空间。围绕生产、生活、生态和安全需要进行统筹，突出“山城”“江城”的特质，加快建立和完善“多规合一”的国土空间规划体系。优化城镇空间布局，提升城镇综合品质，打造绿色示范、结构优化、产城融合的城乡融合发展示范空间。

推动农村绿色生活空间建设。一是全面推进乡村振兴。按照产业兴旺、生态宜居、乡风文明、治理有效、生活富裕的乡村振兴战略总要求，全面推进乡村产业、乡村人才、乡村文化、乡村生态和乡村组织“五个振兴”，绘就好农村美、农业强、农民富的美好图景。探索城乡融合发展体制机制和政策体系，鼓励城市资金、技术、人才等投入乡村振兴实业，推动形成工农互促、城乡互补、协调发展、共同繁荣的新型工农城乡关系。二是推进农村生产生活绿色发展。开展农村绿色活动创建活动，从源头上强化农村污染防治，将农村污染防治精准到“点”，推动园区实现良性集聚，促进乡村产业按照链条式、集群式、配套式等方式实现绿色发展。深化农村集体产权制度改革，积极稳妥推进农村资源变资产、资金变股金、农民变股东“三变”改革，推动农民专业合作社、供销社、信用社“三社”融合发展，发展新型集体经济。三是推进生态环境治理和保护。将三峡库区、重要饮用水水源地及重大工程区域作为重点水污染治理区域，全面实行排污许可制，在重点流域、重点领域深化水污染防治力度，梯次推进城乡黑臭水体治理，保障三峡库区水生态安全。加大土壤污染修复和风险管控力度，大力推行农业生产废弃物资源化利用、农药化肥减量等行动，大力发展循环经济，加快构建废旧资源利用体系，推行垃圾分类和减量化、资源化。

（四）推进绿色体制机制创新

1. 跨区域合作共担，建立生态安全融合互动机制

一是建立区域生态安全融合互动机制。在生态安全国家战略思想上有更高站位，加强区域协同，联动长江经济带沿线地区建立区域生态安全融合互动机制。通过长江经济带各省（市）区域合作，建立区域协同和联动机制，

实现山、水、林、田、湖、草等跨区域污染治理、生态保护与修复。耕地、能源、水能等跨区市场交易，协同解决生态问题，共谋生态经济发展；建立健全跨区域联合执法机制，严厉打击各类非法挤占自然生态空间、破坏生态环境的行为。

二是推动要素资源实现跨区域交易。建立土地使用权、用能权、排污权、产权、技术等各类要素综合性交易平台。强化各类公共资源交易平台合作，深化平台整合，研究构建区域交易合作机制，推进场所、信息、专家等相关资源进行共享，支持市场主体在进行公共资源交易时可以自主选择跨省市平台，促进要素资源实现跨区域流动。联合长江经济带相关省市搭建长江经济带生态资源产权和产品交易平台。建立流域生态补偿的管理、合作平台，探索开发碳排放权交易、排污权交易、水权交易、碳汇交易、生态标志产品交易等市场平台。大力发展生态资源要素交易，建立森林碳汇、碳交易所，发展绿色金融等。

三是探索跨区域财税分享管理制度。联合长江经济带相关省市共同建立长江经济带财政共同投入机制，共同出资设立投资开发基金，统筹用于长江经济带的开发建设。根据项目建设进程，适时开展财税分享机制的探索，研究对新开办企业所形成的相关税收增量属于地方收入的部分实行跨行政区分享，具体分享比例可根据确定的期限结合相关因素变化情况进行调整。

四是建立统一的公共信用管理制度。统一红黑名单认定与信用修复标准，推动结果互认。建立区域信用联合奖惩体制机制。将信用信息嵌入一体化政务服务平台，推动实现事前提供差异化的政务服务，事中进行分类监管，事后进行联动奖惩。围绕食品药品、文化旅游、生态环境、产品质量等相关重点领域，开展统一信用治理，逐步建立起以信用作为基础的新型市场监管的体制机制。

2. 加强生态治理，建立完善管理制度体系

一是加快建立和完善程序规范、多方参与、组织优化、法治完备的生态

环境治理体系。强化自然生态保护领域监管和执法，加快建立生态环境监管体系，建立健全执法监督责任追究制度，遵循依法、公正、透明、专业、可问责等原则，采用控制与命令手段、市场交易、激励措施等多种政策工具，进行有效监管，严格落实生态环境损害赔偿制度，健全环保信用评价、信息强制性披露等制度，引导社会监督，为生态保护和修复工作保驾护航。

二是加快建立和实施国土空间开发保护制度、空间规划体系。以空间规划为基础，实施用途管制等手段，限制自然资源资产产权的行使，以解决无序和过度开发的问题。科学合理布局生产、生活空间，确保经济社会可持续发展。

三是按照公平交易、有偿使用和全面节约的原则，完善资源使用制度。加快建立健全市场机制，让价格信号能够尽可能反映出资源的稀缺程度、供给和需求的关系和对整个生态环境的影响，能够引导资源实现高效配置、进一步降低环境污染、最大力度保护生态环境、加快实现绿色发展。通过总量控制、技术标准等非价格的手段，着力提高资源的利用效率，提升生态环境保护能力。政府还要通过必要的产业、创新、贸易、竞争等相关政策，使用好政府与市场这“两只手”，加快提升绿色创新能力，努力实现产业生态化与生态产业化。

四是以能够充分反映资源消耗、环境损害和生态效益为导向，加快建立和完善生态文明绩效评价考核和责任追究制度。严格执法，对破坏生态环境的行为要依法严厉惩处，让破坏生态环境的相关直接责任人承担相应的法律责任。进一步完善生态文明建设的目标评价考核办法。在政府内部通过自上而下的方式建立和完善纵向问责制度，采取行政问责方式，进一步落实绿色发展的责任。加快建立和完善以群众、媒体和社会组织为主体进行积极监督的横向问责制度，促进生态文明建设和绿色发展的责任进一步落实。

3. 推进产权制度改革，激活生态经济市场资源

一是加快建立和完善自然资源资产产权制度。构建和完善完整的自然资

源资产产权制度，是保障山、水、林、田、湖、草、矿、滩涂、荒地等各类自然资源的有效保护、有序开发和高效利用的基础。

二是推进生态资源市场化。既要按照市场规律配置生态资源，激发市场主体活力，又要推进市场化管理。要激发市场主体活力。在资源环境价格、环境税费制度等领域深化改革，通过综合运用规划、土地、金融等政策工具，引导各类社会主体积极参与区域生态环境的建设。要健全市场化管理制度。建立健全碳排放权、排污权、用能权等初始分配制度，进一步深化碳排放交易的试点工作，加快拓展碳市场的相关功能，全面施行排污许可证制度。大力推行污染第三方治理、合同能源管理等市场化模式。

三是以产权制度改革为重点，激活生态经济市场资源。改革的内容为国有和农民集体所有的土地、森林、山岭、草原、荒地、滩涂等资源性资产。改革的方向是构建归属清晰、权能完整、流转顺畅、保护严格的生态要素产权制度。改革的路径是落实法律法规政策，健全完善登记制度，巩固已有确权成果；对于未承包到户的集体资源性资产，要摸清底数，明确权属，按照已有部署继续开展相关确权登记颁证工作。

4. 完善政策保障，建立落地实施机制

一是建立和完善严格执法机制。要不断对国土空间、森林草原、自然保护地、湿地保护、河道管理、应对气候变化生态保护补偿等相关法律法规制度进行完善，不断提高法律的可诉性，支持和鼓励各类社会主体采取法律保护形式让自己或大众的环境权益不受侵犯。

二是建立有效的市场机制。通过价格信号，采用经济激励等方式，促使各类社会主体能够自觉践行资源节约和环境保护的责任。

三是改进完善行政干预机制。不断改进和完善行政干预的方法及程序，以依法依规为前提，持续提高行政干预机制的有效性及效率，树立行政机构的专业、高效、合法、合理的信誉和声望。

四是建立和完善公众监督机制。对生态文明建设与绿色发展的各类相关信息要及时准确公布，鼓励群众及社会组织对各种破坏生态环境的违法行为进行监督、举报和诉讼，促使政府的专业部门、法律部门能够及时采取相关行动。

（五）推进绿色人文发展

1. 推进绿色低碳出行

打造公交优先的城市公交线网。大力推广使用新能源汽车，加大充电桩、换电站、加氢站配套设施的建设力度，积极推广应用清洁能源、新能源公交车和出租汽车。将干线铁路、城际铁路、市域铁路、城市轨道“四铁融合”，在主城都市区内实现城乡公交一体化。加快轨道交通建设，尽快形成密度更大的轨道交通网络。加快完善和提升城市及新建城区城市公共交通网路，提高公共交通路网密度，确保主体地位。建立完整高效的市域公交线网，大力推进主城都市区内部各区的互联互通，打造“一日生活圈”“一小时通勤圈”。

引导居民绿色低碳出行。合理制定城市公共交通票价，提高城市公共交通工具的利用效率。打造城市慢行交通系统。高新区等新开发建设区域，规划建设自行车车道。完善自行车、步行等通道设施，大力发展绿色交通。进一步规范落实错峰上下班政策，降低通勤者同时到达和同时离开的数量。沙坪坝中梁山以西片区、高新区、渝北、南岸区茶园等地势平坦区域，大力发展共享单车。实现“人、车、站”一体化服务，及共享单车的在线统一监管、监控，确保共享单车有序发展。

2. 大力倡导绿色生产及绿色消费

广泛开展绿色生活行动，引导城乡居民逐步养成绿色低碳、勤俭节约、文明健康的消费理念以及生活方式。

深化实施垃圾分类。注重垃圾分类投放、分类收集、分类运输、分类处理全流程系统化管理的智能化建设。在前期建制度、建系统、建基地的基础上，切实注重提升垃圾分类效果。在有条件的城区逐步实施强制分类。提高中心城区生活垃圾回收利用率，扩大中心城区外城市生活垃圾分类范围。推进全市农村生活垃圾分类和资源化利用全国示范县（区）、农村生活垃圾分类市级示范村建设，扩大农村垃圾分类的覆盖范围。

提倡生产及使用节能环保家居产品。强化企业绿色消费责任，积极推动绿色节能产品的需求整合，加大绿色环保产品的生产和开发力度。健全生产者责任延伸制，鼓励企业使用可回收包装盒或纸质包装袋，简化包装。鼓励消费者购买和使用节能环保产品，购买低能耗家电，减少使用一次性用品，抵制过度包装产品。鼓励消费者自备购物袋，使用环保可降解塑料袋。

提倡绿色餐饮消费。继续倡导“光盘行动”，引导消费者适度点餐。抵制餐饮浪费。培育“节约食物、杜绝浪费”“适量点餐、剩餐打包”的绿色餐饮消费理念。减少厨余垃圾，推进餐厨垃圾集中化处理。

3. 培育形成绿色生态文明价值观

弘扬低碳节约节能社会新风尚。鼓励集约节约利用资源，倡导绿色简约生活。围绕“绿色生产、绿色包装、绿色流通、绿色经营、绿色消费”全产业链环节，加大媒体宣传力度，加快树立绿色消费理念。深入开展全民节能行动，引导居民生活节水、节电、节气，完善电力峰谷分时电价办法，每年组织好全国节能宣传周和全国低碳日活动。建设节水型社会，鼓励中水循环利用，倡导勤俭节约的生活方式。开展创建节约型机关、绿色社区活动，在全社会营造绿色生活良好氛围。每年组织开展绿色消费家庭、绿色社区、绿色乡村评选活动。

强化绿色监管和服务。严格污染排放、强化污染责任、加强环境执法、健全环保评价、强制信息披露，构建系统环境治理体系。强化绿色考核评价制度建设。加强公共建筑、商业建筑能耗、水耗监测体系建设。提高政府绿色环保产品采购比重。完善环境状况公布及重大事项风险评估制度，强化公众参与和社会监督。大力开展示范创建活动，设立生态文明宣传员，扩大环保志愿者队伍。

4. 积极开展绿色示范创建活动

在全域范围内广泛开展绿色示范区（县）、示范社区（镇村）、示范企业（家庭）等创建工作，在示范区（县）、镇、村等范围内建立健全多元共治机制，积极探索生态文明实践模式。积极创建绿色示范区（县），探索大生态协同创新模式，建立生态保护、建设与补偿的体制机制。积极创建绿色示范社区（镇村），结合农村新民居建设和社区建设，重点在建筑节能改造、新能源和可再生能源利用、社区（镇村）绿化等方面开展示范。积极创建绿色示范企业（家庭），重点在清洁生产、绿色出行、节能节水、资源综合利用等方面进行示范，推动电子政务和电子商务加快发展，倡导无纸化办公。

四、重点保障举措

（一）加强组织协调与监督

完善工作领导小组的职能。发挥重庆市人民政府推动长江经济带发展领导小组的协调职能，落实领导干部任期生态文明建设责任制，严格生态环境损害责任终身追究制；强化部门沟通协调，完善自然保护区建立、调整评审等工作机制；建立定期工作会议机制，每年召开1～2次工作会，规划协调绿色发展重点工作和省际合作，实施绿色指标导向的政绩考核制度。区（县）级人民政府加强对自然保护区建设管理工作的领导，结合推深做实林长制、河（湖）长制、山长制，强化网格化管理，加强流域内生态环境联防和联合执法，实现保护责任全覆盖。

加强绿色发展监督。推动环保督察法制化建设，形成完善的环保督察法律法规制度体系。加大对中央环保督察和市级环保督察整改工作支持力度，完善生态环保督察机制，落实督察整改各个环节之间衔接，按时完成整改问题。全面接受社会和主流媒体监督，更好地发挥新媒体的监督作用，畅通民意通道，完善市长或区长（县长）公开邮箱等互动交流平台，鼓励媒体和公众参与全市绿色发展监督和建设工作。

（二）加强人才和资金保障

创新人才培育机制。建立生态领域科技创新人才培养机制，制订落实新型工业、现代高效农业、大旅游产业、大健康产业、水生态文明建设等生态领域科技创新人才建设计划。依托高等院校和职业院所，加大生态领域创新型人才和应用型人才培育力度。鼓励在渝科研院所与市外绿色技术研发、应用机构开展合作，加大生态领域人才联合培养力度。高标准实施“英才计划”，推进高层次绿色发展人才快速集聚。

拓展资金来源渠道。进一步加大财政转移支付力度，加强农村公路、水利、市政等基础设施和教育、卫生、养老等公共服务设施建设。鼓励和引导各类新型金融机构来重庆设立分支机构，加快发展中小金融机构。落实国家鼓励社会投资的政策措施，鼓励社会资金建立市场化运作的长江流域生态保护补偿基金，采取自愿协商等方式开展生态保护补偿或绿色产业发展，拓展PPP 模式投资规模和范围。大力发展直接融资，鼓励金融机构发行绿色债券，引导符合条件的绿色企业发行绿色企业债券和公司债券。支持担保和保险机构开展环境污染强制责任保险，开发多样化的绿色保险品种。

（三）加强法治和制度保障

提升绿色发展的法治能力。一是贯彻落实《中华人民共和国长江保护法》，重庆市人民政府定期向重庆市人民代表大会常务委员会报告长江流域的生态环境状况及保护和修复工作等情况；区县人民政府定期向本级人民代表大会报告本级人民政府长江流域生态环境保护和修复工作等情况；清理与绿色发展相悖的规章制度，建立健全配套制度，做好法制宣传。二是完善生态绿色发展领域的地方立法。市人大组织修订《重庆市环境保护条例》，把生态建设、生态修复、绿色产业发展，以及国家级生态保护区、广阳岛生态区等重点生态功能区纳入法律保护范围。三是加强绿色发展执法和推广。提升绿色产业链发展质量，在农业种植养殖、农副产品加工、工业品制造、物资流通、城乡服务等领域，加大流通环节的环保执法力度，加强生态养殖、绿色制造、清洁配送等绿色标准推广实施。

完善绿色发展制度。一是争取国家绿色税收制度或政策试点。试点建立绿色税收制度，设置科学合理的各类资源税种，例如争取国家水资源、矿产资源、林业资源等深化资源税改革试点。符合绿色产业目录的企业，实施企业所得税减免。绿色技术创新企业，享受研发加计扣除政策。二是生态补偿制度全覆盖。推动建立长江流域横向生态补偿机制，支持重庆市与周边省在长江、乌江、嘉陵江流域建立省际横向生态补偿制度示范。扩大主城都市区与重点生态功能区（县）签订森林横向生态补偿协议。深化生态环境损害赔偿制度试点，提高赔偿金额，试行刑法处罚。在城市片区实施生活垃圾处理生态补偿制度。在高标准农田基地实施耕地轮作休耕制度。三是完善生态环境衍生品交易制度。重庆牵头建立全国生态补偿交易中心，主要包括省际流域生态补偿、森林补偿等交易。配合上海市牵头建立全国统一的碳排放交易所，配合南京市牵头建立全国工业排污权交易市场体系。四是实施绿色金融制度。对符合绿色发展的企业给予绿色信贷支持。

（四）扩大对外开放程度

扩大对外开放，提升重庆国际化水平。一是深入推进中国（重庆）自由贸易试验区改革创新。扩大自由贸易试验区科技创新国际合作，把中国西部（重庆）科学城纳入自由贸易试验区。加大自贸试验区人才集聚，对科技、外贸领域外籍人才放宽准入、延长工作许可年限等。二是畅通国际运输通道。国际空运方面，加密重庆市直达东南亚国家、亚洲国家、非洲国家、欧洲国家重要城市的国际航班和国际货运航班，支持重庆第二国际机场建设。国际海运方面，提升重庆港和万州港国际化水平，全面推行多式联运。班列方面，利用多式联运优势，为“中欧班列”“中亚班列”“东盟专线”等客户提供定制化的全程物流供应链解决方案，创新开展国际铁路联运“一单制”，增加运行路线，不断提高境外服务能力。

（五）树立绿色发展意识

做好长期开展习近平生态文明思想宣传工作。大力倡导绿色生产、绿色生活和绿色消费。深化实施垃圾分类。注重垃圾分类投放、分类收集、分类运输、分类处理全流程系统化管理的智能化建设。提倡生产及使用节能环保家居产品。强化企业绿色消费责任，积极推动绿色节能产品的需求整合，加大绿色环保产品的生产和开发力度。继续倡导“光盘行动”，提倡绿色餐饮消费。围绕“绿色生产、绿色包装、绿色流通、绿色经营、绿色消费”全产业链环节，加大媒体宣传力度，加快树立绿色消费理念，积极培育形成绿色生态文明价值观。在市域范围广泛开展绿色示范区（县）、示范乡镇、示范企业等创建工作，积极探索生态文明实践模式，建立健全多元共治机制。

第三章

碳达峰碳中和目标下重庆推动产业转型升级发展策略研究

2030年前实现碳达峰、2060年前实现碳中和，是我国向世界作出的庄严承诺。实现碳达峰、碳中和的中长期目标，既是我国积极应对气候变化、推动构建人类命运共同体的责任担当，也是我国贯彻新发展理念、推动高质量发展的必然要求。通过多年的努力，重庆初步构建了以先进制造业、现代服务业和现代农业为主的产业体系，但与此同时，产业也成为全市碳排放的主要来源之一，迫切需要加快绿色低碳转型发展，实现产业发展新升级，适应我国碳达峰碳中和新要求。借鉴国内外“双碳”目标下产业转型升级的经验，分析碳达峰碳中和目标对重庆产业发展带来的机遇和挑战，结合全市产业碳排放现状及存在的主要矛盾和问题，提出碳达峰碳中和目标下全市推动产业转型升级的思路、主要策略、重点任务及对策建议，是当前重庆立足新发展阶段，完整、准确、全面贯彻新发展理念，积极融入服务新发展格局，实现经济高质量发展值得深入研究的问题。

一、碳达峰碳中和理论与实践

（一）碳达峰碳中和的概念及内涵

世界范围内关于碳排放、碳达峰、碳中和的研究均是为了应对全球气候变化。首先各国国家和联合国相关机构，对全球温室气体排放现状进行了长期的跟踪、研究。近年来，碳达峰碳中和逐步成为研究的热点。

1. 碳达峰

碳达峰是一个时间点的概念，是指一个碳排放组织（可以是国家或地区，也可以是行业、企业或者个体）在某一时间节点，二氧化碳的排放量达到峰值且不再增长，之后排放量将逐步回落。基于现行经济发展范式，碳达峰可以分为自然达峰型、经济达峰型（含经济衰退型和经济波动型）、政策驱动型三种类型。从我国碳达峰碳中和工作实际看有三层含义：一是经济领域含义，指某国或某区域的经济社会发展需要的化石能源消费总量（折合成标准煤的碳排放）达到绝对排放上限，其GDP增长与碳（化石能源）脱钩。二是管理领域含义，指国家对地方的碳排放（实质为煤、石油、天然气等化石能源使用量）从实行单位 GDP 排放的“强度”管控，转为“强度”考核和“总量”封顶的双重管控，外加可再生能源利用比例增长。三是社会领域含义，指人类生活生产方式不再依赖新增煤、石油、天然气等化石能源，只能转向非化石（太阳能等可再生能源、核、氢）能源增长。

专栏 3-1　碳达峰的类型

自然达峰型：是指不考虑能耗双控和碳排放相关指标约束，在不改变既有政策环境、延续既有发展趋势的情况下实现碳达峰的情景。

经济达峰型：一种是经济衰退型。由于经济增速的放缓或者经济逐步衰退，苏联的加盟共和国、东欧等计划经济体制的国家的碳排放量下降，实现碳达峰。另一种是经济波动型。在经济转型或者经济危机的冲击下，美国、日本等国家的经济增速出现了不同程度的放缓并伴随着碳达峰。

政策驱动型：以中国为代表的后发国家根据全球气候变化形势超前提出了碳达峰、碳中和等目标后，面对比工业化完成国家时间更为紧张、强度更大的减排要求，需要中央政府强力介入与地方政府主动创新，通过政策驱动碳达峰目标得以实现。

2. 碳中和

各界专业人士普遍认为“碳达峰”是“碳中和”的基础和前提。目前国际上与“碳中和”相关的概念有“碳中和”“气候中和”“净零碳排放”“净零排放”4 种。这几种概念都是世界各国为了应对气候变化提出的，目前，多数国家提出以“碳中和”为目标。

国际上比较公认的是联合国政府间气候变化专门委员会（IPCC）审议通过的《全球 1.5℃增暖特别报告》中对“碳中和”的定义，“指人类活动造成的 CO_2 排放与全球人为 CO_2 吸收量在一定时期内达到平衡”。因此，碳中和的概念等同于“净零排放”，而不是二氧化碳“零排放”。净零排放的概念就是人类可以排放一定数量的二氧化碳，但这个排放量中的一部分被自然过程吸收而固定，余下部分则通过人为努力而固定（如通过生态系统建设吸收二氧化碳，或把二氧化碳收集后转为工业品或封存于地下），排放量与固碳量相等，则为碳中和。评价一个国家、一个地区甚至一家企业碳中和与否或碳中和程度，看的就是其排放量和固碳量之比。

专栏3-2　我国院士对“碳中和”内涵的研究观点

杜祥琬院士（国家气候变化专家委员会名誉主任）：认为“碳中和是指将全球温升稳定在一个给定的水平，意味着全球‘净’温室气体排放需要大致下降到零，即在进入大气的温室气体排放和吸收的汇之间达到平衡”。

谭天伟院士：认为“碳中和简单地来看，就是我们释放出来的二氧化碳与被利用和吸收了的二氧化碳，两者持平时，便达到了碳中和”。

王金南院士：认为“碳中和是指某个地区在一定时间内（一般指一年）人为活动直接和间接排放的二氧化碳，与其通过植树造林等吸收的二氧化碳相互抵消，实现二氧化碳净零排放”。

（二）全球推进碳达峰碳中和的探索与行动

1. 全球碳达峰碳中和的宏观背景

众所周知，化石燃料是工业革命以来人类得以发展进步的重要物质基础。人类大量利用化石燃料，向大气排放二氧化碳，是工业革命以后的事，但大气中二氧化碳浓度有实质性增加，则主要是近100年来出现的现象。根据国际权威数据库提供的基本信息，1850—2019年，全球共排放了16100亿吨二氧化碳，其中，传统西方七国集团（G7）国家整体排放7340亿吨，占比45.6%；美国排放4100亿吨，占比25%以上；中国排放2200亿吨，占比13.7%。

虽然国际上对“碳达峰碳中和”的定义及内涵有所差异，但均认为“碳达峰碳中和”是源于“应对全球气候变化”。“二氧化碳是大气中含量最高的温室气体；地球大气中温室气体浓度直接影响全球平均温度；工业革命以来，温室气体浓度持续上升导致全球平均温度随之上升；气候变化可能导致粮食生产面临威胁，导致海平面上升引发灾难性环境事件，影响现有生态圈的稳定性”等观点获得科学证实并被各国公认。为应对气候变化这一全球重大挑战，各国家和民族、各类机构和组织、企业和个人都开始行动起来。

2. 全球碳达峰碳中和实践探索情况

全球碳排放情况。2010 年以来，全球温室气体的排放总量每年平均增长 1.4%，到 2019 年，创下历史新高，不包括土地利用变化的排放量为 524 亿吨二氧化碳当量，含土地利用变化的排放总量为 591 亿吨，全球人均温室气体排放量达到 6.8 吨二氧化碳当量。

全球碳达峰实现及碳中和规划情况。截至 2020 年底，全球有 50 个国家已经实现碳达峰，其排放量约占全球碳排放总量的 40%。碳排放排名前 15 位的国家中，美国、俄罗斯、日本、巴西、印度尼西亚、德国、加拿大、韩国、英国和法国已经实现碳排放达峰。实现碳达峰的典型国家，其产业结构大多进入稳定阶段，农业在经济结构中占比低，服务业在经济结构中占比达到 50% 以上，产业结构呈现“三二一”的特征。目前虽然已有很多国家实现碳达峰，但全球范围内还没有任何一个国家实现碳中和。截至 2020 年底，全球共有 44 个国家和经济体正式宣布了碳中和目标。其中，英国 2019 年 6 月 27 日新修订的《气候变化法案》生效，成为第一个通过立法形式明确 2050 年实现温室气体净零排放的发达国家。2020 年 2 月，芬兰政府宣布其计划在 2035 年率先实现碳中和。紧随其后的是奥地利和冰岛，预计 2040 年实现碳中和。

专栏3-3 典型国家碳达峰及产业发展特点

一、碳达峰会有一定时间的平台期

根据对目前已实现碳达峰的典型国家的碳排放数据分析，虽然绝对意义上的碳排放峰值（最高点）是在某一年份出现，但是碳达峰年份前后碳排放会呈现一种平台波动特征。

二、碳排放的峰值年份受到经济周期及具体时间的影响

如20世纪实现碳达峰的法国、德国、英国的峰值年份集中出现在1973年，同年资本主义世界经济危机爆发。美国、西班牙、日本的峰值年份集中出现在2007—2008年，2008年全球金融危机爆发。这些经济领域的大事件也使得这些国家的经济增速出现下降，从客观上也起到降低碳排放的作用。

三、碳达峰时典型国家的产业结构特征

一是从GDP增速的变化情况来看，典型国家的历史经验表明，碳达峰的进程往往会伴随GDP增速进入较低阶段。也就是说，经济增长和碳排放的“脱钩”需要在经济增速相对较低的情况下完成。二是从产业结构来看，典型国家实现碳达峰时已经进入“后工业化时期”，大多数典型国家的产业结构进入稳定阶段，法国碳达峰时农业增加值占GDP比重为7%左右，服务业增加值占GDP比重为53%左右。意大利、西班牙、日本、巴西碳达峰时农业增加值占GDP比重在5%以下，服务业增加值占GDP比重在60%以上，美国碳达峰时服务业占比更高，达到70%以上。

四、碳达峰时典型国家社会发展水平特征

碳达峰时，典型国家的人口增长速度大多处于低速增长期，而城镇化率则达到较高水平。从人口增长速度看，在碳达峰时，除西班牙外其他国家的人口年增速均不超过1%。从城镇化水平来看，典型国家碳达峰时城镇化率均在70%以上，21世纪碳达峰的美国、巴西、日本在达峰时城镇化率在80%以上。

（三）我国推进碳达峰碳中和的实践

1. 我国碳达峰碳中和的宏观背景

中国从 19 世纪后半叶开始发展工业，但由于社会动荡不安，工业化进程十分缓慢，一直到新中国成立以后，才开始系统性工业化。因此二氧化碳排放开始进入快速增长时期是 1978 年改革开放尤其是 2001 年加入世界贸易组织（World Trade Organization，WTO）以后。有关研究认为，从 1850 年以来约 170 年，中国二氧化碳排放总量占全世界总量的 13.7%、人均累计二氧化碳排放量仅占全球平均值的 47.2%，总体上中国在全球的“碳贡献”的占比不高，但当前全世界每年总共排放约 400 亿吨二氧化碳，中国大约占 1/4 即 100 亿吨左右，年度人均排放已经超过全球人均水平，尤其是中国加入 WTO 以来二氧化碳排放量的快速增长，是同我国过去的压缩式发展分不开的。因此，在中国未来的发展进程中，如何逐步摆脱对化石燃料的依赖，真正向低碳社会转型，将是一项十分严峻的挑战，因为中国是工业化过程的后来者，并没有像一些发达国家那样，进入能源消耗已呈下降趋势的后工业化时期。

“2030 年实现碳达峰、2060 年实现碳中和”是我国为了积极应对气候变化提出的。2006 年以后，我国成为世界第一大碳排放国家，根据联合国环境规划署（United Nations Environment Programme，UNEP）《排放差距报告》的数据，近十年（2011—2020 年）中国温室气体排放量占全球的 25%；人均温室气体排放量方面，我国在全球主要的经济体中低于美国、俄罗斯、日本，高于全球平均水平。我国近十年（2011—2020 年）全国温室气体排放总量平均增长约 2.3%，高于全球平均水平。单位 GDP 碳排放量处于世界中位水平，较发达国家仍有较大差距。“双碳”目标的提出是我国实现可持续发展的内在要求，也是我国作为一个负责任的大国向世界履行国际责任，推动构建人类命运共同体的责任担当。

2. 我国碳达峰碳中和实践探索情况

构建起碳达峰碳中和“1 + N”政策体系。“1 + N”中的“1”指《中共

中央 国务院关于完整准确全面贯彻新发展理念做好碳达峰碳中和工作的意见》（以下简称《意见》），覆盖碳达峰、碳中和两个阶段，是管总管长远的顶层设计，阐述了党中央对碳达峰碳中和工作进行的系统谋划和总体部署，主要发挥统领作用。“N”的首部政策文件指《2030 年前碳达峰行动方案》，在目标、原则、方向等方面与《意见》保持有机衔接，更加聚焦在 2030 年前实现碳达峰目标的路径部署，相关指标和任务更加具体化。此外，“N”还包括科技支撑、能源保障、碳汇能力、财政金融价格政策、标准计量体系、督察考核等多种保障政策。

我国碳减排的实践及成效。我国最早在“十一五”规划纲要中就提出要节能减排，随后的每个五年规划都对节能减排提出了明确要求。“十一五”期间，我国政府不断推行电机系统节能工程、燃煤工业锅炉改造工程等十大节能工程。实施了“千家企业节能行动”；印发《节能减排综合性工作方案》（2007 年），建立起节能评估审查制度；成立以国务院总理温家宝为组长的国家应对气候变化及节能减排工作领导小组（2007 年），开启了中国应对气候变化工作的崭新纪元。这一阶段主要提出的是节能减排，减排中未明确提出二氧化碳减排，全国单位 GDP 能耗下降 19.1%。“十二五”期间，我国将单位 GDP 二氧化碳排放量下降作为约束性指标，纳入国民经济和社会发展规划纲要，并在后续的每个五年规划中延续。实施“万家企业节能低碳行动”；进一步实施煤炭消费总量控制机制，要求北京市、天津市、河北省、山东省、上海市、江苏省、浙江省和广东省的珠三角地区等重点地区严重过剩行业新上耗煤项目要严格实行煤炭消费等量或减量替代政策。全国各地区认真落实能源消费强度和总量双控决策部署，全国单位 GDP 能耗下降 18.2%，实现碳强度累计下降 20%左右。“十三五”期间，我国加快能源消费结构的低碳化转型，有序推进水电、风电、光电等清洁能源开发。进一步组织开展了重点用能单位“百千万”行动，将各地区能耗总量控制和节能目标分解到重点用能单位；出台了《关于煤炭行业化解过剩产能实现脱困发展的意见》等政策，推动高耗能高排放产业低碳转型，启动全国碳交易市场建设，开展用能权有偿使用和交易试点工作，全国单位 GDP 能耗下降 15%，节约能源约 6.5 亿吨标准煤。

二、碳达峰碳中和目标对重庆产业发展的机遇和挑战

（一）碳达峰碳中和目标对重庆产业转型发展的要求

国家已经提出应对碳达峰碳中和的发展路径。实现碳达峰、碳中和，是中国向世界作出的庄严承诺，也是一场影响经济社会广泛深刻且系统性变革的持久战。《世界能源统计年鉴（2021）》显示中国的碳排放总量占全球碳排放比重达 30.7%，总量达到 99 亿吨，其中因能源消耗产生的碳排放占比接近 80%。我国能源消费结构中高排碳的化石能源煤炭占比较高，二氧化碳减排压力更大。2021 年中央财经委员会第九次会议强调，“十四五”时期是我国碳达峰、碳中和的关键期和窗口期，要实施构建清洁低碳安全高效的能源体系、实施重点行业领域减污降碳行动、推动绿色低碳技术实现重大突破、完善绿色低碳政策和市场体系、倡导绿色低碳生活等五大碳减排发展路径。同时，国家已经出台的《省级二氧化碳达峰行动方案编制指南》，为各省（市）二氧化碳相关基础数据测算提供了方法指导。

重庆二氧化碳减排与能源供给结构高度相关。碳排放强度下降与能耗强度下降、单位能耗碳排放下降高度相关，因此，碳达峰碳中和目标需要同步降低能耗强度和单位能耗碳排放强度。但是，重庆和全国一样，与能源活动相关的二氧化碳排放量是地区二氧化碳排放的主体，2019 年能源消费碳排放占比 80.4%，工业生产过程碳排放占比 17.9%。通过持续不断的能耗双控，自 2012 年以来重庆的二氧化碳排放量处于高位平稳期。对应国家要求，结合重庆优质能源资源储量相对不足的具体实际，科学预测全市经济社会发展所需能源消费总量，推动化石能源消费率先达峰后有序退出，提高非化石能源占比，加快构建现代产业体系，推进经济社会绿色低碳转型，是重庆实现“双碳”目标持久战的主要途径。针对产业转型升级，需要大力发展清洁能源产

业，继续推进高耗能工业节能减排，推进工业制造过程的绿色化、智能化、循环化，提升建筑业节能标准，推进交通物流运输业绿色低碳转型。

重庆二氧化碳达峰目标及时序受国家统一调控。《中华人民共和国国民经济和社会发展第十四个五年规划和2035年远景目标纲要》中提出"广泛形成绿色生产生活方式，碳排放达峰后稳中有降"的发展目标。"十四五"以来，各项后续政策措施陆续出台，尤其是2021年10月国家出台的《2030年前碳达峰行动方案》提出贯穿于经济社会发展全过程和各方面的"碳达峰十大行动"，对全国各地区梯次有序碳达峰、工业领域力争率先实现碳达峰等提出国家层面指导性意见，预计后期将会有定量指标。由于二氧化碳排放是一项科学性、规范性、复杂性兼备的工作，为科学系统测算二氧化碳排放基础数据，做好目标预测，对接国家工作部署，制定重庆市碳达峰碳中和工作方案，重庆有关市级部门对全市产业发展的二氧化碳峰值及新增排放需求进行了自然达峰及强约束两种情景下的区间预测。

专栏3-4 重庆能源需求总量及一次能源需求结构预测

一、2030年能源需求总量预测

重庆的能源消费结构中煤炭消费相对低，低碳化石能源消费占比相对高。参照清华大学气候变化与可持续发展研究院何建坤教授团队的《中国低碳转型发展战略与转型路径研究》成果对我国的能源预测模型结果类推，重庆在2030年前实现碳达峰，能源消费总量比2019年约有17%的增长空间，达到9000万吨标准煤左右。

二、2030年重庆一次能源需求结构预测

综合运用何建坤教授团队及国家能源基金会《中国碳中和综合报告2020》用多种模型对我国的一次能源消耗需求结构预测：2030年，重庆一次能源消费结构应调整为：煤炭消费比重下降为30%，油气消费保持不变约为35%，非化石能源上升为35%。2050年，煤炭比重约为10%以下，非化石能源占比提高到70%以上。

专栏 3-5　重庆二氧化碳排放峰值及增量预测

自然达峰条件下：总量方面，二氧化碳排放总量于 2033 年达峰。根据历史数据并按延续“十三五”趋势和政策情景进行测算，预计重庆市在 2033 年左右自然达峰并进入峰值平台期，增量排放需求约 4100 万吨。分行业看，以国家明确的 6 个重点行业领域（即农业、工业、建筑、交通、新基建、能源）为重点，至 2033 年，二氧化碳增量需求占比最高的为工业领域，达到 61%，其次为交通和新基建，分别为 16.6%、14.3%，建筑、农业分别为 6.5%、1.6%。

强约束目标情景下：国家拟下达重庆市的“十四五”强约束目标为碳排放强度下降不低于 19.5%、能耗强度下降 14.5%、能耗总量增量控制目标为 810 万吨标准煤。依据国家强约束目标，按照“十五五”延续“十四五”目标约束趋势，在统筹考虑全市碳排放趋势、GDP 增速（“十四五”“十五五”分别设为 6%、5.5%）、能源消费总量、能耗强度、碳排放强度、能源结构等因素，产业结构和能源结构深度调整，能效水平大幅提高，减排潜力充分挖掘的情景下，模拟测算出全市 2029 年左右达峰并进入峰值的平台期。

综合多个研究成果，重庆二氧化碳达到峰值的排放增量区间为 800 万～4100 万吨。虽然国家关于碳排放的测算方法尚在完善中，当前测算数据不完全准确，但可以确定的是，重庆与全国趋势基本一致，在 2030 年要实现碳达峰，二氧化碳的增量空间比自然达峰条件下达峰的碳排放增量少很多，尤其是工业、交通、能源新基建增量需求较大。要确保如期达峰，必须严格执行国家下达的强约束目标，采取更有力的减排降碳措施，压增量、挖潜力。

（二）重庆产业转型发展的新机遇与新挑战

1. 机遇

一是能源产业升级调整及新能源产业开发利用机遇。我国将会全面提高天然气在一次能源中的比例，天然气作为低碳化石能源具有新一轮开发及利用的发展机遇。重庆常规天然气和页岩气非常丰富，大力开发天然气，以及推进天然气下游运用将是重庆能源结构向低碳、无碳能源过渡的最优选择。另外，可再生能源将进入大发展阶段，风电、光伏、氢能等新能源产业将迎来黄金发展期。重庆新能源发电利用效率高，消纳能力强，新能源投资与电损相对较小，基本不会有弃风弃光现象。重庆可因地制宜开发风电、光伏发电、生物质能发电、地热发电等新能源，还可尝试示范发展农光互补等多种"光伏+"模式，推进分布式光伏与农林渔畜结合。重庆垃圾发电技术全国领先，生物质能原料充足，农村沼气普及率高，生物质能发电发展空间大。

二是绿色低碳类战略性新兴优势产业发展机遇。新能源汽车、节能环保、电子信息等重庆优势战略性新兴产业将快速发展。发展新能源汽车是推进节能减排的重要抓手，助推行业加快推进新能源汽车技术创新，特别是推进电动化与网联化、智能化并行发展，推动新能源汽车动力电池回收利用，倒逼新能源汽车生产和消费低碳化，努力接近并最终达到"净零排放"。节能环保产业将迎来新一轮重要窗口期。碳达峰、碳中和的目标，为实现绿色低碳发展指明方向，全市节能环保产业将迎来新发展机遇和空间，传统节能环保产业将逐步由增量市场转入存量市场，现代服务业特性进一步凸显，产业转向以核心技术、核心产品和核心服务能力三大硬核驱动，促进全市节能环保综合服务领域、资源综合利用领域、节能环保技术装备领域产业等集群化发展。

三是政策环境及技术进步将加快推进产业绿色低碳转型。区域合作将有助于使用非碳能源发展产业。建立绿色低碳的政策体系、标准、法律法规，重庆仍有很大的进步空间。已经出台的《成渝地区双城经济圈碳达峰碳中和联合行动》正式启动，推进区域能源绿色低碳转型、区域产业绿色低碳转型、区域交通运输绿色低碳将是重点内容。重庆利用四川等西部地区的绿色能源，发展产业具有良好机遇。同时，技术进步推进产业绿色低碳转型。技术进步推进能源发展动力变革，加速数字化赋能传统产业实现碳减排。工业领域对生产线实施数字化、智能化改造，智慧交通将推进工业及服务业低碳化发展。能源技术进步有助于新能源资源匮乏地区能源有效利用，重庆可采用分布式能源系统、新能源新兴技术，大量发展小型新能源，满足用户侧自发自用。

2. 挑战

一是产业发展所需的能源尤其是清洁能源供给不足。重庆的能源储量为“贫煤少水，富气无油”，短期优化能源消费结构难度较大。因重庆煤矿全部关停，未来重庆需全部外购煤炭用于火电生产。重庆页岩气资源丰富，但受国家统一调配，自主开发及应用能力有限。可供开发的水电、太阳能、风能、地热能等清洁能源资源少，自身新增新能源供给能力有限。同时，外购电若为煤电，同样要算作重庆的碳排放。

二是高排放传统产业碳减排的压力较大。重庆提前释放碳减排空间，碳排放强度已经低于全国平均水平 30% 的现状与未来继续保持碳排放快速下降矛盾突出。“十三五”期间，重庆实际完成碳排放强度累计下降约 22%，超额完成国家对重庆碳排放强度下降 19.5% 的控制目标。同时，未来重庆经济增长必然需要能源消费增长，加之重庆的公路运输方式比重高，规模以上的火电、钢铁、水泥、有色、化工、物流运输等高排放行业节能减排压力十分严峻。

三是现代服务及新兴产业领域高耗能不可避免，发展与应用先进低碳技术与欠发达地区财力不足的客观实际矛盾突出。5G、工业互联网、人工智能均需建设大量的数据中心，是耗能大户。根据预测，重庆新基建在自然增长状态条件下将会新增碳排放 595 万吨，增幅 76%，占全市碳排放的比重提高到 14.3%。重庆整体属于欠发达地区，财力不足导致低碳发展相关的政策性引导资金投入有限。重庆市可再生能源产业，氢能、零碳、储能等先进技术发展滞后，未掌握比较成熟的碳中和技术。减碳降碳技术成本偏高，企业主动性不强。

三、重庆产业碳排放现状及主要问题

（一）“十三五”期间产业碳排放现状

1. 传统重工业是碳排放的主要来源

“十三五”期间，以高耗能工业为代表的传统重工业是产业碳排放最主要的来源，其碳排放量呈减少趋势。电力蒸汽热水的生产和供应、非金属矿物制品、铁金属熔炼和压制、煤炭开采及选矿、化工原料和化工产品、有色金属的冶炼和加工六大行业碳排放量占全部产业碳排放量的比重从2015年的90.0%下降到2019年的77.5%，其中非金属矿物制品、铁金属熔炼和压制、煤炭开采及选矿、有色金属的冶炼和加工四大行业碳减排显著，电力蒸汽热水的生产和供应与化工原料和化工产品碳排放量增幅明显（见表3-1）。

表3-1 重庆六大高耗能行业碳排放量变动幅度

行业	2015年（万吨）	2019年（万吨）	增幅（%）
电力蒸汽热水的生产和供应	4924.7	5960.6	21.0
非金属矿物制品	3077.0	2660.1	-13.5
铁金属熔炼和压制	1912.4	1233.6	-35.5
煤炭开采及选矿	1380.9	827.2	-40.1
化工原料和化工产品	385.1	471.3	22.4
有色金属的冶炼和加工	378.1	245.9	-35.0
六大行业占三次产业碳排放量比重（%）	90.0	77.5	减少12.5个百分点

数据来源：中国碳核算数据库。

2. 碳排放结构与三次产业产值结构变动差异比较大

“十三五”期间，重庆产业碳排放总量持续下降，三次产业碳排放结构变动幅度远小于产业产值结构变动幅度，但人均碳排放量处于较低水平。三次产业碳排放总量从2015年的15534万吨下降到2019年的14704万吨，碳排放结构从2015年的1.1∶85.2∶13.7演变到2019年的1.4∶83.2∶15.4。第一产业碳排放增长了0.3个百分点，第二产业碳排放降低了2个百分点，第三产业碳排放增长了1.7个百分点。三次产业产值结构从2015年的6.7∶44.9∶48.4调整到2019年的6.6∶39.8∶53.6。第一产业产值比重下降0.1个百分点，第二产业产值比重下降5.1个百分点，第三产业产值比重上升5.2个百分点。在第二产业中，重庆能源产业依然延续煤炭主导的格局，但是煤炭和一次性电力消费占比不断降低，天然气、油料消费占比持续增长。另外，重庆人均碳排放量在全国处于较低水平，从2015年的5.4吨下降到2019年的5.0吨，低于全国7.1吨的平均水平。“十三五”期间重庆能源消费结构变化见图3－1。

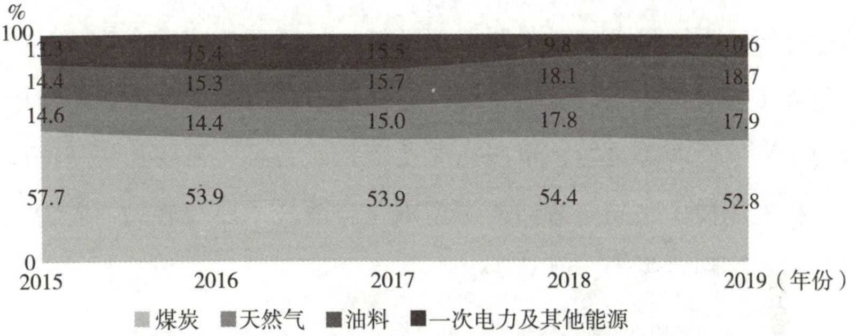

图3－1　“十三五”期间重庆能源消费结构变化

3. 城市化快速发展带动服务业碳排放量较快增长

课题组发现，重庆城市化进程与服务行业碳排放量呈高度正相关关系。“十三五”期间，重庆城镇常住人口增加340万人，城镇化率提高了8个百分点；运输仓储邮政和电信服务、批发零售贸易及餐饮服务、建筑业三大服务业碳排放量增幅8.3%（见表3－2）。三大城市服务业碳排放量增幅与城镇化率呈近似1∶1的正相关关系。随着城市生活需求的增长，以传统能源为支撑的交通运输、餐饮业、信息基础设施，将持续推动服务业碳排放达峰。

表 3-2 “十三五”期间城市型行业碳排放量增幅

行业	2015 年（万吨）	2019 年（万吨）	增幅（%）
建筑业	179.9	197.3	9.7
运输仓储邮政和电信服务	1785.1	1847.9	3.5
批发零售贸易及餐饮服务	233.4	334.7	43.4
合计	2198.4	2379.9	8.3

数据来源：中国碳核算数据库。

（二）主要矛盾问题

1. 重庆经济发展与碳减排相对脱钩还有较大的距离

保证经济增长速度的同时实现碳排放强度的大幅下降将是碳排放达峰面临的核心问题。中国科学院科学与资源环境所一项研究表明，重庆经济发展与碳排放处于弱脱钩状态，面临高碳锁定（化石能源型重化工业路线依赖）、碳排放脱钩稳定性弱等难题。重庆市要实现控碳目标，需要加快从高碳化石能源型重化工业技术路线向清洁能源型重化工业技术路线转型，着力促使经济发展与碳排放相对脱钩、稳定脱钩。

2. 能源工业结构调整压力比较大

从能源供给结构看，煤炭依然是保障重庆能源供给安全的最重要品种，从市外输入压力持续高位增长。“十四五”期间，重庆煤炭输入量为 4500 万吨/年，水运和铁路运输压力将进一步增大。需要重庆加强与国家发展改革委、中国铁路总公司、三峡通航管理局等部门沟通衔接，加大铁路、水路等运力的协调力度，确保煤炭供应。同时，重庆虽然有丰富的天然气储藏量，但是没有采气权，清洁低碳天然气的供给能力受到国家政策的限制很大。

从能源消费结构看，煤炭和成品油这两大类高碳能源消费占比 71.5%，水电、风电、太阳能等清洁能源消费受自然地理、商业成本高等制约因素影响比较大。另外，在工业能源消费中，煤炭开采和洗选业、化学原料及化学制品制造业、非金属矿物制品业、黑色金属冶炼和压延加工业、有色金属冶炼和压延加工业、电力热力的生产和供应业六大行业要降低高碳能源消费的比重，需要着力破解节能技术、清洁能源技术等重大工艺应用难题。

3. 高排碳工业产值能耗水平上升

“十三五”期间，除非金属矿物制品业下降外，黑色金属冶炼和压延加工业、电力热力的生产和供应业、化学原料及化学制品制造业、煤炭开采和洗选业、有色金属冶炼和压延加工业五大工业产值能耗上升幅度较大，单位工业产值的碳排放增加，碳减排难度加大。例如，重庆火力发电行业碳排放总量占比40%，再加上建材、石化等高耗能企业自备火电厂燃煤，碳排放量很大。2018 年和 2019 年重庆火电行业单位供电碳排放比分别为 1125 克二氧化碳/（千瓦·时）和 1074 克二氧化碳/（千瓦·时），超出国控 550 克二氧化碳/（千瓦·时）水平，远高于欧美发达国家的 450 克二氧化碳/（千瓦·时）平均水平。重点高耗能工业产值能耗比较见表 3－3。

表 3－3　重点高耗能工业产值能耗比较

行业	2015 年（吨标准煤/万元）	2019 年（吨标准煤/万元）	增幅（%）
煤炭开采和洗选业	0.42	0.49	16.7
化学原料及化学制品制造业	1.03	1.21	17.5
非金属矿物制品业	0.76	0.56	－26.3
黑色金属冶炼和压延加工业	0.46	0.71	54.3
有色金属冶炼和压延加工业	0.34	0.39	14.7
电力热力的生产和供应业	1.00	1.23	23.0

数据来源：《重庆统计年鉴（2017）》《重庆统计年鉴（2020）》规模以上工业企业。

4. 新兴产业促进产业转型的基础比较薄弱

加快建立现代产业体系是“双碳”目标下产业转型升级的重要路径。近年来，重庆的现代产业体系建设取得一定成效，但是以控碳为导向的产业基础还比较薄弱。一是新型信息基础设施能耗需要引起重视。5G、工业互联网、数据中心等新型基础设施对电力能源依赖很大，需要提前谋划绿色集约的一体化运行格局。二是以绿色低碳为支撑的高技术制造业规模尚未占据主导地位。目前，重庆高技术制造业占全市规模以上工业增加值的比重为20%，尚未在工业发展中占据主导地位，需加快培育以新一代信息技术产业、新能源汽车、节能环保为核心的绿色低碳产业。三是重庆碳排放权交易流动性缺乏，交易不活跃。2021 年重庆碳排放权交易总额仅 3.4 亿元，难以激发企业参与积极性，难以培育碳交易产业体系。

5. 未抓住碳排放权交易试点机遇布局低碳产业

2011 年，重庆争取到碳排放权交易试点的国家政策。经过十年的试点，由于碳交易的所有权、使用权、收益权主体不明确，碳排放产权的界定和法律地位不清晰，交易激励机制和碳金融体系支撑不到位，导致参与碳减排的主体极少，没有抓住发展机遇提前布局有竞争力的低碳产业。

四、碳达峰碳中和目标下重庆推动产业转型升级发展总体思路

（一）总体思路

以习近平新时代中国特色社会主义思想为指导，全面贯彻党的十九大和十九届历次全会精神，深入贯彻习近平总书记对重庆提出的营造良好政治生态，坚持“两点”定位、“两地”“两高”目标，发挥“三个作用”和推动成渝地区双城经济圈建设等重要指示要求，立足新发展阶段，完整、准确、全面贯彻新发展理念，积极融入服务新发展格局，聚焦实现碳达峰碳中和目标，以产业高质量发展为主线，以改革创新为动力，以产业结构升级、低碳技术应用、能源结构调整为抓手，着力发展战略性新兴产业和绿色低碳产业，促进传统高耗能产业加快低碳转型，推动现代服务业、现代农业绿色低碳发展，大力促进经济社会全面绿色低碳转型，在长江经济带绿色发展中更好发挥示范作用。

（二）基本原则

双碳引领，发挥优势。贯彻落实国家、重庆碳达峰碳中和工作目标要求，处理好发展和减排、整体和局部、短期和中长期的关系，发挥产业优势和技

术优势，促进产业低碳转型发展。

政府引导，市场主导。围绕产业低碳转型发展，强化政府规划引领和政策供给，营造良好的营商环境，充分发挥市场在资源配置中的决定性作用，使市场主体成为产业低碳转型发展的中坚力量。

龙头带动，集群发展。发挥龙头企业在产业绿色低碳转型发展中的带动作用，充分调动配套企业的积极性，形成产业链上下游企业共同推动产业低碳转型发展的局面，打造一批绿色低碳产业集群。

创新引领，改革赋能。重视创新在产业低碳转型发展中的重要作用，加快建设技术创新平台，着力突破产业发展低碳关键技术，加快构建绿色低碳技术创新体系，强化低碳转型发展模式创新，增强产业转型升级动力。

先立后破，有序推进。先期以新型电力系统建设、碳市场建设和绿色技术示范应用为引领，大力发展新兴产业，提升新兴产业比重，同时逐步降低过度依赖传统化石能源发展的传统产业比重，实现产业转型升级。

（三）战略目标

到2025年，全市产业低碳化转型取得初步成效，高新产业和战略性新兴产业占比不断提升，能源结构调整步伐加快，低碳技术应用水平得到进一步提升。

产业转型升级成效显著。低碳产业经济占比大幅提升，高碳产业经济占比逐步降低，初步形成持续推动产业低碳发展的产业结构。服务业增加值占地区生产总值比重达到58%左右，战略性新兴制造业增加值占规模以上工业增加值比重超过35%，高耗能产业产值占规模以上工业比重降低到18%以下。

能源结构更加低碳化。可再生能源得到大力发展，化石能源生产和消费比重逐步降低，非化石能源使用占比提高到30%，初步构建以绿色能源为主的能源供给体系。交通行业低碳转型取得新突破，新能源汽车在新车中的销量占比提高到20%。绿色建筑方式得到广泛推广，城镇绿色建筑占新建建筑比重达到100%。

低碳技术应用更加广泛。建成一批低碳、零碳、负碳技术研发平台，碳捕集、碳封存等技术研发及应用实现突破，能源供给的降碳脱碳技术改造深入推进，高耗能行业的降碳技术应用进一步巩固强化，基本形成支撑产业绿色低碳发展的低碳技术体系。

到2030年，全市产业低碳化转型取得显著成效，高新产业和战略性新兴产业占比超过40%，以绿色能源为重点的能源体系基本建立，产业绿色发展水平在西部领先。

"双碳"目标下重庆产业转型发展主要指标预测见表3-4。

表3-4 "双碳"目标下重庆产业转型发展主要指标预测

序号	指标名称	2020年	2025年
1	人均地区生产总值（万元，2020年价）	7.9	10.2
2	规模以上工业总产值（万亿元）	2.28	3.0
3	数字经济增加值（亿元）	6375	9000
4	全员劳动生产率（万元/人，2020年价）	14.7	19
5	非农产业占GDP比重（%）	92.8	94.5
6	服务业增加值占GDP比重（%）	52.8	58
7	现代农业占GDP比重（%）	—	5.5
8	战略性新兴制造业增加值占规模以上工业比重（%）	28.0	35
9	高耗能产业产值占规模以上工业比重（%）	20.6	<18
10	非化石能源消费占比（%）	20.9	30
11	新能源汽车在新车中的销量占比（%）	—	20
12	城镇绿色建筑占新建建筑比例（%）	57.2	100
13	碳技术研发平台数量（个）	—	5~10

五、碳达峰碳中和目标下重庆推动产业转型升级主要策略及重点任务

（一）推动能源供给结构调整，建立低碳清洁型能源产业体系

推动能源供给绿色化、煤炭利用清洁化，加快新型电力系统建设，促进

能源产业按期实现碳达峰目标。

1. 大力发展绿色低碳能源产业

立足重庆实际，加强与长江上游地区合作，把非化石能源供给能力建设放在优先位置，建立多元清洁能源供给途径，努力提升绿色电力供给结构。一是扩大水电供给规模。加强与四川省、西藏自治区在金沙江、雅砻江、大渡河等水电基地开发合作，通过参股、援藏等方式，建设2～3个重庆水电供给保障基地。在重庆市域内，加大优质抽水蓄能站址资源储备，推动建设一批抽蓄电站。二是因地制宜发展光伏、风电和垃圾焚烧发电。在自然地理条件较好的区县，因地制宜发展光伏、风电，满足城乡居民生产生活用电需求或城镇普通照明需求。积极推进未来十年具有百万级人口规模的区县建设垃圾焚烧发电厂，促进废弃物资源化利用。三是建设氢能供给基地。推动川渝氢能合作，利用四川水电富集的优势，开展电解水制氢装示范项目，促进川渝氢能产业链一体化发展。立足重庆页岩气开发优势，建设页岩气制氢基地。四是支持企业和科研院所开展化学储能技术探索合作。预计到2030年左右，重庆水电、风电、光伏等绿色低碳能源供给比重占55%左右。

2. 建设清洁安全高效的火电产业

从重庆工业发展效能看，火电输出的稳定性在安全生产中具有不可替代的作用，因此以煤炭为主的火电供给结构不会改变，中长期要做好煤炭清洁高效利用，逐步提升天然气发电能力，减少单位供电碳排放比，积极推动火电高质量发展。一是改造升级燃煤机组。应用先进煤电技术、节能减排技术、碳捕集技术等，对现有的机组进行升级改造，力争到2025年全市火电行业单位供电碳排放比达到国控550克二氧化碳/（千瓦·时）水平，到2030年达到国内先进水平。二是全面实施燃煤电厂热电联产改造。加大落后燃煤小热电的退出力度，积极推动用电厂余热、工业余热及清洁能源等方式替代煤炭供热（蒸汽）。三是建设天然气、页岩气发电厂。利用重庆天然气开发优势，在重点产业园区或涪陵、南川、开州等天然气主产地建设分布式天然气发电厂，天然气发电项目并网不上网，直接向园区企业用户、县城居民供电。预计到2030年左右，重庆火电厂碳排放量达到峰值。

3. 建设多元新型能源基础设施体系

紧抓新型能源基础设施建设机遇，推动以高碳能源为主的电力系统向以绿色低碳智能能源为主的新型电力系统转变，构建电力多元供给保障体系。一是建设特高压电力系统。推动川渝特高压电网一体化，积极争取哈密北—重庆支流特高压通道、四川白鹤滩—浙江直流工程纳入国家能源电力规划，争取早日竣工四川雅中—江西、四川白鹤滩—江苏直流工程。大力改善重庆消纳四川、西藏、新疆、甘肃清洁能源的网架结构，推动重庆主城片区老旧小区电网改造。二是建设智能化数字化电网。深化重庆能源大数据中心建设，加快建设新能源汽车充电站、电力物联网、智能变电站等项目，加强新型电力系统数字技术支撑体系建设，更好地与智慧交通、工业互联网、5G应用、人工智能等新一代信息化基础设施融合。三是打通多元供给通道。促进跨省市风、光、水、生物等新能源电力网互通互联，鼓励发电单位与用电单位直联交易。

（二）加快推动高耗能工业行业转型发展

聚焦钢铁、水泥、有色、化工等高耗能行业，调控产能并提高准入门槛，加快关键工艺与装备技术创新，降低对化石燃料的依赖，推动重点行业用能过程和生产过程节能减排。

1. 推动钢铁行业低碳循环发展

一是推动行业绿色布局。进一步优化钢铁行业布局，继续淘汰落后产能，严格控制新增产能，加大绿色物流，推广全生命周期绿色产品。推行钢铁行业超低排放，加快出台超低排放地方强制性标准，合理规划超低排放实施路径，积极借助大数据、工业互联网、5G等先进信息技术，搭建智能化监测监管系统。

二是推动生产全过程管控。系统构建钢铁行业低碳发展全面支撑体系，以节能与能效提升、用能及流程结构优化、降低钢材消费及提高利用率、突破性低碳冶炼技术及CCUS（碳捕获、利用与封存）为深度脱碳主要路径，推动实现钢铁生产全过程碳管控及评估。加强电炉装备技术研发，逐步推动电炉炼钢替代高炉炼钢。优化长、短流程炼钢结构布局和工艺过程控制，推动氧气高炉、氢能炼钢等前沿技术研发。

三是构建行业发展循环经济产业链。优化用能及流程结构路径，推进原燃料结构优化、废钢资源回收利用、发展新能源及可再生能源，加快推动区域能源整合、固废资源化利用和推动钢化联产。

2. 推动水泥行业绿色高质量发展

一是持续推动行业结构优化。充分发挥大型骨干企业在环境保护、智能工厂、绿色生产等方面的示范引领作用，促进企业产能利用率基本回到合理区间，推动水泥行业绿色化、智能化发展，提升行业的质量水平，增强高性能产品的供给能力。积极发展特种水泥，加快实现服务型制造。鼓励行业内的优势企业积极采取多种模式兼并重组，进一步整合资源，依法提高产业集中度。

二是推进行业进行低碳技术改造。积极鼓励企业加大创新力度，加大先进节能减排及综合利用技术的采用力度，持续提升水泥行业的能源资源利用效率。继续强化污染物减排，大力推进清洁生产，实施清洁生产的审核及技术改造，对先进成熟的清洁生产技术工艺加快推广应用，不断降低污染物的排放强度，形成以技术进步为基础的清洁生产高效推行模式。对水泥行业的有组织、无组织污染物排放进行深度治理，推动有条件的区域实施超低排放改造。

三是推动水泥行业绿色发展。鼓励企业将碳排放信息进行披露，逐步建立并实施环境及能源管理体系，鼓励对水泥低碳产品进行认证和标识，继续开展绿色供应链、绿色工厂创建，促进水泥行业加快实现绿色发展。继续加强行业数字化转型升级，培育一批集智能生产、智能运维和智能管理为一体的智能工厂，促进水泥行业生产方式的自动化、智能化、无人化变革。

3. 推动有色行业加快节能减排

一是优化产业布局及用能结构。推进行业结构调整，合理控制产业规模，推进城市矿山开发利用，加强上下游产业间的跨界合作、融合发展，挖掘新的增长点和发展新动力，提升产业发展质量和效益。铝行业等有色行业积极利用川渝地区水电资源优势，推动原铝生产由火电依赖向水电转移，从源头削减二氧化碳排放。

二是提升再生有色金属产业发展水平。继续完善相关产业政策，加快推动再生铝、再生铜等再生有色行业发展，完善绿色供应链，推进再生有色行业企业规范化、规模化发展。积极参与全球再生资源回收体系建设，加快推进战略性金属资源的再生利用。

三是推动有色行业技术创新。推动余热回收等综合节能技术创新，提高智能化管理水平，减少能源消耗环节的间接排放。提升短流程工艺行业占比，持续优化工艺过程控制，进一步降低能耗、物耗，降低行业碳排放强度。

4. 推动化工行业绿色低碳发展

一是积极融入和规范碳交易。积极融入全国碳排放交易市场，开展碳排放核查和数据收集，建立产品碳足迹，加强碳资源管理，实现碳资产价值，应对可能的碳关税。

二是推动行业向高端化精细化发展。围绕行业补链、延链、强链，持续推动化工行业原材料和技术路径向高端化、精细化发展，进一步延伸化工产业下游产业链，提升产品附加值，降低单位产值的能耗成本。

三是推动行业节能技术创新。研发和应用碳减排技术，推动化工行业节能降排，推进传统业务低碳化转型升级，提高能源消费清洁化水平。加快化工行业的智慧监管平台建设，完善生态环境监测网络，推动数字化技术在化工企业的运用，实现产品设计、生产工艺选择、废料处理回收等全产业链的精准化发展。

（三）大力推动绿色低碳建筑发展

1. 大力发展节能低碳建筑

一是完善绿色建筑统一标识制度。开展绿色建筑、节约型机关、绿色学校、绿色医院创建行动，持续完善新建建筑的节能标准，不断提升建筑的能效水平，实施绿色建筑的统一标识制度。二是加快发展装配式建筑。重点推动钢结构装配式住宅建设，不断提升建筑构件的标准化水平，构建完整的产业链，促进智能建造与建筑工业化实现协同发展。三是全面推广绿色低碳建筑。在规划建设管理各环节全面落实绿色低碳要求，加快推进超低能耗、近零能耗、低碳建筑规模化发展，大力发展零碳建筑。

2. 加快优化建筑用能结构

一是大力推动可再生能源建筑应用。推广光伏发电与建筑一体化应用，鼓励智能光伏与绿色建筑融合创新发展，提高建筑终端的电气化水平，建设集光伏发电、储能、直流配电、柔性用电于一体的“光储直柔”建筑。因地制宜推进热泵、燃气、生物质能、地热能等清洁低碳供暖。二是加快提升建筑的能效水平。对建筑节能、市政设施等标准进行更新，逐步提高建筑节能降碳的要求。研发和推广适用不同气候条件和不同建筑类型的节能低碳技术，积极推动超低能耗建筑、低碳建筑等实现规模化发展。提升城镇建筑及基础设施运行管理的智能化水平，加快供热计量收费及合同能源管理的推广，逐步实施公共建筑能耗的限额管理制度。

3. 推进建设模式低碳转型

一是推进工程建设实现全过程绿色建造。积极开展绿色建造示范工程创建行动，大力推广绿色化、智能化、集约化、产业化的建造方式，加大技术创新与集成力度，积极利用新技术做到精细化设计及施工。二是推进建材绿色循环利用。进一步完善绿色建材产品的认证制度，加快推进绿色建材认证及推广应用，推进绿色建材产品集成化、系统化、装配化。强化建筑材料的循环利用，推动建筑垃圾实现减量化，严格管控施工扬尘，对施工噪声采用综合降噪措施进行管控。三是推进建设管理模式低碳转型。促进传统建筑业加快转型升级，不断完善工程建设的组织模式，积极推行工程总承包，大力推广全过程工程咨询，在民用建筑工程中推进建筑师负责制。

（四）推进交通运输业节能降碳

交通运输业是国民经济和社会发展的基础性、先导性和服务性行业，也是世界各国、各地区节能减排和应对气候变化的重点领域。重庆将围绕客流运输（市民出行）和货物运输两大重点，通过行业能效提升、清洁能源替代、运输结构优化、绿色出行推广，全方位全过程推进公路、铁路、水运和航空等交通运输业的车辆运输、设施运营等环节低碳转型升级。

1. 持续提升交通行业能效

一是稳步推进传统交通工具淘汰。加快淘汰更新高排放老旧柴油火车、汽车、轮船等交通工具，根据全市燃油机动车保有量等情况，优化传统燃油机动车限行限号政策。二是提升汽车等交通工具能效。一方面，传统汽车节能化改造和新车制造领域能效提升。通过动力系统优化升级、提升传动效率、加强整车热管理、轻量化等节能技术持续推动传统能源汽车节能化。新车制造领域落实《乘用车燃料消耗量限值》强制性国家标准（GB19578－2021）等新标准，推动传统燃料乘用车、传统燃料商用车能效下降，持续提升汽车产业能效，加快汽车产业转型升级。另一方面，通过提升发动机能效不断提升航空运输、水路运输的能效。三是开展交通基础设施绿色化提升改造。将绿色低碳的理念融入全市交通基础设施提升计划中，强化前期规划、选址、建设、运营和维护等各环节的节能减碳。充分发挥重庆在大数据智能化领域的优势，推进智慧交通建设。

2. 加快推进清洁能源替代

一是进一步加大新能源汽车推广力度。贯彻落实国家《新能源汽车产业发展规划（2021—2035）》等政策，出台年度重庆市新能源汽车推广应用工作方案及相关措施，落实汽车消费金融支持等优惠政策，鼓励新能源汽车使用。

制定完成重庆市燃油机动车保有量控制计划及实施方案，逐年提高新能源小客车购置比例，逐步提高新能源汽车在城区公交、出租、市政环卫、市政工程、轻型物流配送、乘用车队、公务用车等领域的占比。二是进一步加大大型客货车、重型船舶、飞机、铁路等交通工具（长途交通）的电气化水平。如鼓励小型船舶、小型支线飞机使用电池驱动，提升铁路电气化水平。探索纯电动化、燃料电池技术、可再生燃料技术等低碳、零碳替代技术的运用。三是完善新能源的配套基础设施。落实《重庆市支持氢燃料电池汽车推广应用政策措施（2021—2023）》，在城市建成区加快布局和建设充电桩、氢能"加油站"、天然气加气站等新基建设施。加快机场和港口清洁能源基础设施建设，鼓励机场提高电力、天然气、外购热力的占比，增加全市港口的岸电设施覆盖泊位，鼓励船舶靠港使用岸电，稳步提升重点口岸能源清洁化水平。

3. 进一步优化运输结构

一是积极调整运输结构。切实推进大宗货物运输"公转铁、公转水"，进一步提升水路、铁路承担大宗货运运输量占比。加快重庆港口型、陆港型、空港型三种类型国家物流枢纽建设，进一步发挥重庆作为全国唯一"水陆空三型"国家物流枢纽城市的优势。大力发展公—水—铁—空、空—铁—水、空—水、空—铁等多式联运和建设城市绿色物流体系等。开展城市生产生活物资的公铁接驳配送试点，形成"外集内配、绿色联运"的公铁联运城市配送新体系。二是构建绿色低碳物流体系。以绿色低碳发展为向导，加强对现有的公路、铁路、水运、航空基础设施的升级改造和新建交通基础设施的投资力度。在运输环节中依托现有的综合型运输体系，增加相对低碳的交通工具的使用，推广多式联运工程，强化运输过程的降碳。通过推广创新材料、优化包装结构等方式降低包装过程中的碳排放量。在货物运输中加大物流管理运筹技术，大数据、云平台等信息技术，应用货物跟踪定位技术、无线射频技术等现代化物流技术等多种物流产业技术运用，推动绿色智慧物流平台建设。

4. 稳步推广绿色低碳出行

一是完善绿色低碳交通体系。坚持公交优先发展理念，合理引导小汽车使用，进一步提高公共交通分担率，构建以绿色交通方式为主导的综合交通体系。一方面，构建以轨道交通为主的公共交通体系，优先发展城市公交及城际高铁，对成渝等铁路进行公交化改造，初步建成江津、九龙坡和大渡口等13个车站的重庆市市域铁路通勤圈，在全市范围内探索铁路公交化运营这一新模式。加快推进重点区域城际铁路建设和主城都市圈城市轨道交通建设，带动中长距离客流逐步从公路转向高铁。另一方面，打造城市低碳慢性交通体系和推广微型出行共享服务。在地势相对平坦的适宜地区新修城市绿道，打造自行车等慢行交通的出行系统，加快布局共享单车、电动自行车和电瓶车等个人化的交通等，鼓励运用大数据智能化等手段配置共享单车，在中心城区划设低碳交通示范区，在城市建成区不断强化“公交＋轨道＋慢行”融合发展，提高常规交通的“最后一公里”覆盖能力和通勤效率。二是出台鼓励市民绿色出行的相关政策。合理引导小汽车使用，优化传统能源汽车限行限号政策，构建公交车优先的路权分配机制，推广实施不同区域、不同时段、不同标准的差别化停车收费等鼓励绿色出行的政策，进一步提高中心城区绿色出行比例。

（五）大力发展减排支撑型节能环保产业

碳达峰、碳中和目标的实现需要为节能、降碳、固碳提供技术支撑的新兴产业，节能环保产业将迎来新发展空间。应认识传统环境治理类产业将逐步由增量转入存量市场的环境变化，促进全市节能环保综合服务、资源综合利用、节能环保技术装备等领域集群化发展。

1. 大力发展节能产品与综合节能服务

加快发展能源、交通、建筑、工业、智能电网等高耗能行业绿色低碳所需的节能装备及零部件、仪器仪表、绿色节能建材等节能产品，通过节能产品降低能源消费量，进而减少二氧化碳排放。一是大力发展节能产品。大力发展高效节能锅炉等节能通用设备制造，电动机、风机、泵、空压机等通用耗能设备以及余热余气余压利用设备。大力发展智能流量仪表、智能传感器等高效节能工业控制仪器仪表和高效节能变压器、智能开关等高效节能仪器仪表控制设备。推进家居产品绿色节能，完善高效节能照明产业链，大力发展基于可穿戴设备、车载显示、AI 等界面的小尺寸、高亮度新型显示产品。大力发展开发适应“海绵城市”建设需求的低碳、绿色、环保的外墙保温材料、新型墙体材料、节能玻璃、新型透水地面建材等绿色节能建筑材料。二是积极培育节能服务业。突出工业、建筑、交通等重点行业节能服务，提高节能工程施工服务水平。继续推进钢铁、化工、有色金属、造纸等高耗能工业节能技术改造，锅炉节能环保综合提升、电机系统能效提升、能量系统优化等服务。鼓励用能设备企业，利用合同能源管理等方式实施节能技术改造。加强节能工程施工服务，鼓励节能装备生产企业、重点用能企业利用自身技术，积极开展服务化转型，提供诊断、设计、融资、建设、运营等能源管理“一站式”服务，为用能单位提供前期设计、中期施工、后期运维系列服务。加大节能诊断、节能审计等多项节能服务，推动节能服务公司整合上下游资源，推动节能服务内容由单一设备、单一项目改造向能量系统优化、区域能效提升拓展。

2. 壮大资源循环利用设备制造与综合服务

提高资源循环利用设备研发与制造水平，通过加强资源循环利用技术装备应用，以减少资源消耗降低能源消耗，从而降低二氧化碳排放量。一是提高资源循环利用相关装备、再制造等资源综合利用制造水平，减少固废、废气、废水产生量。培育发展工业固体废弃物、城镇生活垃圾、建筑垃圾等各类废弃物资源循环利用装备。面向汽车零部件、工程机械、机模、重型机床、医疗影像设备等再制造装备发展，加快推动形成旧件回收、整机再制造、关键件配套、再制造产品销售及售后服务的产业链。二是加强固态、液态和气态等各种形态废弃物减量化、资源化。加快推进粉煤灰、煤矸石、尾矿、冶炼渣、工业副产石膏等大宗工业固体废物规模化高值化综合利用。加强再生资源循环利用，增加高品质再生金属原料供给，提升废钢本地利用量，加快引育再生铜、再生铝等再生金属龙头企业。加强电镀污泥、废弃印刷电路板、废矿物油等贵金属危险废物的回收、再处理、再利用。加快推进废旧塑料、废旧橡胶（轮胎）、废合成纤维、玻璃纤维等再生非金属资源循环利用。注重城市生活垃圾、餐厨垃圾、建筑垃圾、污泥、污水等城乡废弃物资源化利用。

3. 积极培育碳减排装置制造与低碳综合服务

加强二氧化碳捕集、利用与封存等固碳技术研究与应用，大力发展与二氧化碳减少紧密相关的低碳产业。一是推动碳收集、碳循环利用。积极参与二氧化碳捕集、利用与封存（CCUS）技术研究研发，积极推广开展 CCUS 技术在电力、钢铁、水泥、化工、能源等重点行业中的试点，助力高耗能工业行业实现深度脱碳。鼓励企业、研究机构和高校积极开展 CCUS，进一步完善激励政策，积极参与完善相关标准体系建设。大力促进生态固碳技术应用，系统开展减碳、零碳、固碳、碳汇、规模化储能、碳捕集利用与封存等技术和装备的研发、集成和应用。二是积极培育低碳服务业。依托重庆石油天然气交易中心等平台，推进全市低碳技术创新及服务加快发展，积极融入全国碳交易市场建设。探索推进碳排放权的总量及配额等交易，不断促进各行业企业主动加强碳排放管理。加快建设用能权、碳排放权交易市场，健全碳汇补偿和交易机制。

4. 积极培育低碳金融及绿色金融服务

一是支持金融机构开展绿色信贷、绿色债券、绿色担保、绿色保险等绿色金融业务。支持商业银行丰富绿色信贷业务。鼓励商业银行、证券投资公司、产业基金等金融机构对节能环保企业开展股权投资、股权质押等业务，探索开展新型节能环保设备融资租赁业务试点。二是推动金融科技创新促进绿色金融发展。鼓励金融机构通过金融科技创新，如通过金融平台与危险废弃物的管理平台、再生能源管理平台等方面的合作，构建绿色金融平台。积极参与国家及国际绿色金融标准体系建设。

（六）推动产业结构升级降碳

1. 以信息技术改造提升传统产业，促进传统产业低碳高效

推动传统产业全生命周期降碳。借助于各种先进制造技术、制造工艺、管理技术，将绿色发展理念贯穿于制造产品从设计、生产、包装、运输、使用到报废处理为止的全生命周期。一是打造产业一体化降碳减排体系。促进电子、汽车摩托车、装备制造、消费品、材料等支柱产业循环化发展，推进产业上下游产业链企业共同研制降碳减排综合性解决方案。以各种工业产品“设计、供应、制造、使用、服务、回收利用”等全生命周期、全维度、系统化碳减排为目标，推进终端产品极致减排、上游材料绿色化、废旧产品循环回收利用或再制造。如汽车产业应打破产业边界，加强与其他产业的协同，通过车辆智能化、道路智能化和 AI 云平台的建设，构建车路云一体的智慧交通体系。二是加强工业产品绿色设计。大力鼓励企业设计开发具有无害化、节能、环保、低耗、长寿命和易回收等特性的绿色产品。大力推广安全绿色生产工艺技术和装备。三是推动制造业供应链绿色化。加快建立以资源节约、环境友好为导向的采购、生产、营销、回收及物流体系，大力使用绿色物流技术与设备，推广绿色、低碳、环保包装，推动制造企业上下游共同提升供应链绿色化水平。

推进制造过程智能化、绿色化升级。一是打造智能化绿色化工厂。推动产业数字化发展，针对全市现有制造业基础，在汽车摩托车、材料、生物医药、消费品、农副食品加工等传统制造业生产过程中普及数字化设备、高效节能装备，打造智能工厂，大力推动自主可控工业软件推广应用，提高企业软件化水平。广泛开展“机器换人”行动，深入实施智能制造工程，加快制造业生产过程智能化改造。二是大力推进制造业与大数据、移动互联网深度融合，推进能源消耗、碳排放的精准检测预测。全力推进制造业信息系统集

成融合、云化改造和迁移，形成企业级、行业级全环节制造信息数据链或生态，推动工业互联网、大数据中心等高耗能环节集中布局建设，推进余热利用。提升工业软件企业对智能制造系统解决方案供给能力，推进企业数字化和网络化，实现智能化升级，开展大规模个性化定制，减少无关能源消耗。

打造循环经济产业园区。通过园区企业间、产业间的密切合作，形成产业价值链和生态链，在园区内形成区域整体性节能降碳，促进产业发展、节能降碳和环境改善。一是推行园区及区内企业实施清洁生产。促进园区内企业在生产工艺各环节之间的物料循环和能源转换。从原料采购、产品制造、销售流通和消费使用到产品使用后的处理与循环利用的整个产品生命链条。二是推动企业间、行业间、产业间废弃物或副产物交换利用，促进产业循环链接。打造制造工厂能源“内循环”系统。加快传统产业低碳技术创新和产业化，围绕电力、建材、建筑等重点行业的低碳排放发展需求目标，强化技术研发和应用示范，积极开展重点行业领域的清洁生产工艺、节能减排、温室气体排放控制等相关方面的技术创新，实施低碳技术创新及产业化示范工程。

2. 大力发展高技术及战略性新兴产业，推进新兴产业提质低碳

大力发展高技术和战略性新兴制造业。抓住新一轮技术革命和产业变革机遇，发展壮大优势突出、特色鲜明的新兴产业集群。一是做大新一代信息技术产业。重点培育壮大集成电路、新型显示、智能终端、物联网、信息安全、软件和新兴信息服务等领域，提升电子产业核心零部件等硬件和软件配套能力。二是建设国家重要的新能源及智能网联汽车产业集聚区。围绕碳达峰、碳中和目标制定汽车产业实施路线图，加快新能源汽车补链强链，加快纯电动、插电式混合动力、增程式等汽车开发，加强氢燃料电池汽车技术储备，加快高强度、轻量化、高安全、低成本、长寿命的动力电池新品开发，推动汽车电子快速发展，尽快完善新能源汽车充电桩体系。三是积极培育减碳降耗等高端装备制造业。要瞄准高端化、智能化、成套化方向，重点在工

业机器人、数控机床、轨道交通装备、新能源装备、航空航天装备等领域进行培育壮大。壮大新材料产业。围绕先进基础材料的市场需求，重点在轻量化材料、合成材料等领域形成规模。生物技术要围绕大健康需求，重点在医药器械、生物药、现代中药等领域进行培育发展。四是积极谋划发展未来通信、生命健康、前沿材料、氢能产业等一批未来产业。

推动数字经济集群发展。一是加快培育数字产业集群。抢抓新一轮产业变革机遇，统筹建设一批数字产业特色园区，加快培育一批数字产业龙头企业。加快培育大数据、云计算、人工智能、物联网、软件及信息服务、网络信息安全等产业，推动人工智能核心技术研发，打造人工智能创新高地。加快引进软件企业和软件人才，创建中国软件名城。同时，瞄准区块链等新兴技术，探索发展数字经济新业态，形成新增长点。二是提升产业数字化水平。以规范发展平台经济为牵引，大力发展智能制造，推进生活性服务业数字化，加快发展数字农业，充分利用新技术新模式新业态全方位、全角度、全链条赋能传统产业。加快培育一批工业互联网平台，推动企业“上云上平台”，积极创建一批数字化车间、智能工厂和智慧园区，形成数字化生产新模式。以智能建造为引领，大力发展装配式建筑，提升建筑产业现代化水平。积极探索云会展、智慧旅游、数字金融等新业态，促进服务业线上线下深度融合发展。三是优化数字经济发展生态。进一步加大力度深化“云长制”改革，完善数字化发展统筹协调机制，建立健全智慧城市建设推进机制，优化数据资源管理体制。适应生产生活发展新趋势，围绕数字产业化、产业数字化发展需求，持续推动数据共享、场景应用等工作，促进数字经济深度融入实体经济发展。推动数据标准化建设，促进数据资源交易，打造具有活力的数据要素资源高地。

加快信息等新型基础设施建设。一是加快建设高速泛在、天地一体、云网融合、智能敏捷、绿色低碳、安全可控的智能化综合性数字信息基础设施。推进全国一体化算力网络枢纽节点建设。全面升级至5G通信网和千兆光纤网，推动工业互联网标识解析国家顶级节点（重庆）扩容增能，逐步推进低轨卫星移动通信、空间互联网和量子通信网建设，提升两江水土、长寿云计算中心和巴南腾龙5G产业园核心承载能力和聚集效应。二是促进传统基础设施和新型基础设施融合。以智慧城市智能化中枢为核心，促进基础设施融合智能化升级。数据中心耗电量巨大，支持数据中心应用绿色低碳技术，开展余热回收利用，提高能效水平。促进支持引导数据中心相关企业应用绿色低碳技术，促进能效水平稳步提升，电能利用效率（PUE）逐步降低，可再生能源利用率逐步提高。

（七）推进农业绿色低碳发展

以减排降碳增汇为目标，着力转变农业生产方式和资源利用方式，推动农业发展由数量增长为主转到数量质量效益并重上来，由主要依靠物质要素投入转到依靠科技创新和提高劳动者素质上来，由依赖资源消耗的粗放经营转到可持续发展上来，走产出高效、产品安全、资源节约、环境友好的现代农业发展道路。

1. 突出区域优势特色，优化农业主体功能与空间布局

围绕成渝地区双城经济圈现代农业发展的战略定位，按照全市“一区两群”城镇空间布局，突出区域优势和特色，优化全市农业主体功能和空间布局。

一是建设成渝现代高效特色农业带。紧紧围绕成渝地区双城经济圈建设“一极一源两中心两地”目标定位和布局，综合考虑农业资源禀赋、产业发展基础和潜力，构建“一轴三带四区”空间格局。

二是优化调整农业功能区规划。落实国家主体功能区战略，立足全市特有的水土资源，将农业发展区域细分为优化发展区、适度发展区和保护发展区，明确各区域发展重点和生产功能。落实主要农产品生产保护区和粮食生产功能区划定方案。

三是优化农业生产力布局，建立现代山地特色高效农业体系。着力解决空间布局中的资源、供给错配和错位的结构性矛盾，优化农业生产力布局，

促进资源稀缺与市场供求矛盾化解。优化现代山地特色高效农业生产布局，推动主城都市区农业农村高质量发展，主城片区重点发展林果花卉和都市观光休闲农业，渝西片区重点建设一批生态高效的标准化农产品生产基地。推动渝东北三峡库区城镇群生态优先绿色发展，重点发展以特色资源转化、生态旅游为重点的特色生态经济。推动渝东南武陵山区城镇群农文旅融合发展，重点发展山地特色农业产业，培育高山休闲纳凉、乡村生态民俗文化旅游等独具特色的优势产业。

2. 推进农业绿色生产，提升绿色优质农产品供给能力

优化农业内部结构，推行标准化生产技术，提升绿色优质农产品供给能力，全面推进农业绿色生产，提升绿色优质农产品供给能力。

一是优化调整农业结构。在稳定粮食播种面积和产量、保证粮食基本供给的前提下，以产业振兴促进农民增收为目标，以种养业协调发展为重点，减少资源消耗多、工业化学品投入大的农作物种植面积，推广种植高产、抗逆农作物品种，合理调整粮经饲结构，适当调减低质低效山区水稻种植，重点发展青贮玉米等优质饲草料生产，发展油菜、花生及大豆等油料作物，促进地力培肥和种养循环发展。加强草场和草地建设，发展草食牲畜，促进种养业结构不断优化升级。

二是全面推行农业标准化生产。执行国家肥料、农药和兽药残留等标准要求，实施“三个一批工程”，即清理和制（修）订一批生产规程和地方标准，建设一批全程标准化生产示范基地，示范推广、组装集成一批高质高效的标准化技术模式。实施“质量兴农”先进标准专项，培育发展农产品团体标准。积极推广标准化生产技术，强化全程质量控制。

三是发展生态健康养殖。推广畜禽清洁生产技术和养殖工艺，继续实施兽用抗菌药使用减量化行动；推进水产养殖尾水治理，重点发展池塘循环水养殖工厂化、工程化，因地制宜发展稻田虾蟹、稻渔、稻鸭等生态种养，鼓励发展碳汇渔业。

四是培育绿色优质的生态产品。积极推动有机产品认证，重点在“两群”发展有机农业，推进国家有机产品认证示范区建设。严格准入门槛，强化证后监管及目录动态管理，稳步发展绿色食品，提高品牌公信力。培育农产品地理标志产品及品牌样板，打造一批乡土品牌。

3. 净化农业产地环境，降低碳资源投入排放水平

通过农业废弃物资源化综合利用，全面减少温室气体排放总量，降低碳排放水平；通过推进农业生产方式转变，降低碳资源投入水平，全面净化产地环境。

一是推进农业生产方式转变，降低碳资源投入水平。通过推广资源节约技术，推广节能机械设备，全面降低碳资源投入水平。持续推进化肥、农药减量增效，支持高效新型肥料发展，提高肥料利用率，增加有机肥的施用比例。集成推广种肥同播、化肥深施等高效施肥技术。推广休耕轮作等生产方式，降低资源的综合投入量。推广使用新能源农业机械设备，如太阳能泵站和太阳能杀虫灯，蓄电池割草机和施药机等设备，减少能源投入。推广节水灌溉、水肥一体化、病虫害生物防治等节能生产技术，减少水、肥和药等资源投入。严格农膜市场准入，全面推广标准地膜，推广使用加厚或可降解农膜。

二是推进农业废弃物资源化综合利用，降低碳排放水平。实施“五化”策略，重点实施农作物秸秆气化、家畜粪污沼气工程，推进农业废弃物“能源化”利用。重点推广快速腐熟还田、堆沤还田、加工有机肥等技术，减少化学肥料的投入，推进农业废弃物“肥料化”利用。重点以植物源农业废弃物为原料，通过青贮、微贮、氨化等措施制作动物饲料产品，推进农业废弃物“饲料化”利用。将农业废弃物作为工业生产原料，重点利用方向是制作生物碳、新型建材等，推进农业废弃物“原料化”利用。将农业废弃物作为动植物及微生物的有机固体养料，主要利用途径有动物饲养垫料、植物育苗及栽培基质、食用菌生产栽培基质、微生物制剂吸附物料，推进农业废弃物

“基料化”利用。此外，要强化农膜等投入工业品的回收再利用，加快建成农药包装废弃物的收集处理系统。

4. 保护利用农业生态，推进农业资源持续利用

加大对农业水土等生态资源的保护和节约利用力度，全面推进农业资源持续利用，提高资源利用效率。

一是加强耕地资源污染修复与保护利用。强化耕地土壤污染管控与修复，严格划分耕地土壤环境质量类别，并分类管理。对重度污染耕地进行严格管控，继续实施退耕还林还草工程，深化调整种植结构，推进休耕、轮作制度。加强以秸秆、地膜、农田氮磷排放、土壤重金属为重点的监测评价与预警制度。继续实施耕地轮作休耕制度，坚持轮作为主、休耕为辅。推广水稻—油菜轮作，玉米—大豆带状复合种植，因地制宜开展生态型复合种植，推广果园生草栽培。

二是加快推进节水农业发展。实施“千年良田”工程，成片规模化推进宜机化改造和高标准农田建设。在生产条件较差的“两群”山区，完善田间节水设施设备，以玉米、蔬菜、红薯、马铃薯、瓜果等作物为重点，推广膜下滴灌水肥一体化、全膜（半膜）覆盖等旱作节水农业技术，提高地表水和灌溉水的利用效率。在全市“一区”和“两群”选择农田基础设施完备、灌溉条件较好的地区，采用微灌模式，推广水溶性肥料，实现水肥耦合。

三是加强生态修复与农业生物多样性保护。鼓励发展林业碳汇、草地碳汇、渔业碳汇，全面提高碳汇能力。统筹推进流域水生态保护与治理，全面推进全市重点水域禁捕工作，巩固增殖放流成果，依法打击各类非法捕捞行为。对重点保护物种开展资源调查，强化农业珍稀濒危特种资源的抢救收集，综合防控防止外来入侵物种。大力实施石漠化治理、国土绿化、植树造林等工程，多渠道营造经果林和生态公益林。

六、重点保障措施

（一）提升减排降碳认识

“碳达峰、碳中和”是党中央、国务院作出的重大战略决策，是经济社会发展全面绿色转型的根本遵循，也是一场经济社会系统性变革。

一是深刻领会“双碳”目标的重大意义，提高全民低碳发展意识。转变经济发展方式，紧紧围绕成渝地区双城经济圈建设“一极一源两中心两地”目标定位和布局，重塑“一区两群”区域发展新格局，进一步优化产业和能源结构，加快建立绿色、低碳、循环发展的新经济体系。全市必须深化对“双碳”目标的认识，提高政治站位，根植绿色发展理念，积极倡导绿色低碳的生产生活方式，将“双碳”目标纳入全市经济社会发展全局进行统一安排，走生态优先、绿色发展道路。

二是认清“双碳”目标实现面临的形势，准确把握总体要求。气候变化具有复杂性和长期性，“双碳”影响因素众多，实现“双碳”目标任务艰巨，需要做好充足的、长期的思想准备。切实转变产业发展方式，以绿色低碳发展为核心，加快推动产业结构和能源结构的战略性调整，大力促进产业绿色转型，统筹兼顾经济、社会、生态效益，促进产业发展与气候资源环境全面协调可持续发展。

三是坚持“双碳”的“问题”“目标”导向，善于取长补短。重庆地处三峡库区腹心，是移民集聚区，与其他省（市）相比，重庆实现“双碳”目标时间更紧、困难更多、任务更加艰巨。但“双碳”目标已定，工作刻不容缓。在能源结构和产业结构调整中，既要因地制宜突出优势和特色，又要善于取长补短。

（二）规范制度保障

碳达峰、碳中和是社会治理的首要选项，也是经济社会发展的基础和底线，理应有规范的制度保障，通过用法律、制度的思维和方式，推动全市优势、特色产业绿色低碳发展。

一是加强法制保障。全面清理不利于“双碳”目标与社会经济协调发展的地方性法规和部门规章，通过废除、修订、制定与节能、减排、降碳、固汇有关的法律和规章制度，统筹“双碳”目标与社会经济协调、可持续发展。继续深化生态环境领域的行政执法体制改革，对污染环境、破坏自然资源的违法犯罪活动进行严惩。建立健全生态环境损害赔偿制度、责任追究制度、行政执法与刑事司法的衔接机制。

二是建立考核制度。通过探索建立以化石能源控制为主的能源消费考核体系和差异化清洁能源消费的考核机制，完善考核激励机制。将绿色低碳发展纳入干部培训，进一步提高干部队伍和各级领导班子的专业化水平。强化政治监督及督促检查，将“双碳”目标与经济社会发展挂钩，建立统筹兼顾、分工明确的精细化管理工作机制，确保各项决策部署落地见效，并作为部门、区县年度考核的重要内容，逗硬考核奖惩。

三是建立监测评价制度。建立完善绿色低碳统计指标体系，加强跟踪分析，设计产业绿色低碳发展指数、“税电指数”等绿色能效指标。强化动态监测和节能监察，细化、量化企业 CO_2、N_2O 等排放量的红线标准，严格监测评价，大力扶持低碳环保的产能输出，及时纠偏发展中出现的问题。

（三）突出政策引领

积极争取国家统筹生产力布局、实施差异化的“重庆”政策，清理、出台配套财税、金融、人才、资源、市场等精准支持政策，助力“双碳”目标与产业协同发展。

一是财税支持政策。设立绿色低碳产业发展引导基金，统筹专项补助资金、政府债券和其他投资引导基金，撬动、引导绿色低碳项目建设和社会资本，加大绿色低碳优势产业发展。积极推进税收共治，继续落实好国家出台的资源综合利用、节能节水环保、环境污染第三方治理、合同能源管理等相关政策，确保税收优惠政策应享尽享。在国家法律、政策框架下落实税收优惠政策，最大限度地对新能源、绿色低碳改造等项目建设的土地使用税、一般耕地占用税等进行优惠，对增值税、企业所得税实行减、免、缓等税收政策。对产业用电、用气、用水等实行优惠，进一步清理针对企业的不合理收费，强力推进《保障中小企业款项支付条例》的实施，切实降低绿色低碳企业生产成本。

二是金融支持政策。推动碳金融市场创新发展，整合金融资源、优化融资结构、强化财金互动，开发绿色信贷、绿色基金、绿色债券、绿色信托和绿色保险等绿色低碳金融产品及服务。运用人民银行重点支持的清洁能源、节能环保和碳减排技术三个碳减排支持工具，多渠道获得充足的成本低、期限长的绿色低碳项目资金。大力支持绿色低碳企业上市融资和发行债券。加快推动中欧绿色金融标准研究和实践，支持有条件的区（县）创建国家绿色金融改革创新试验区。以两江新区国家级试点为重点，充分发挥促进中心平台作用，常态化推动气候投融资，支持有条件的区（县）建设零碳示范项目或零碳示范园。

三是要素支持政策。加大绿色低碳优势特色产业发展相关要素支持。加强国土空间规划管理，深化多规合一，加大绿化用地指标支持力度，重点解决光伏、风力发电等需要的土地问题，调整不合理的土地设定，做到耕地、园地、林地、生态保护、优化利用等与新能源产业发展相协调。加大用能指标支持力度，加快完善分类支持性电价政策，进一步优化绿色低碳企业用能方式。落实绿色低碳产业首台套（首版次、首批次）等支持政策。大力引进高层次人才和培养创新创业团队，支持市内中高等院校结合产业发展优化绿色低碳学科、专业设置，培育一批绿色低碳产业领域的技术、技能人才。建立战略科学家智力支持机制，积极争取国家统筹生产力布局和差异化的实施政策。

（四）强化技术创新

技术创新是“双碳”目标能否如期实现或提早实现的关键。要构建起碳中和前端应用、中端技术、末端成果转化的创新网络体系。

一是全面突破“硬实力”。在绿色低碳的优势特色产业领域，通过研发、集成组装对节能减排产生直接作用的高端技术产品，大幅提高资源利用效率和保护生态环境，全面突破技术“硬实力”。

二是着力提升“软实力”。在技术研发、集成等方面，立足碳达峰、碳中和的重大科技需求，依托西部（重庆）科学城、与四川省联合创建的绿色技术创新中心和绿色工程中心等高端创新资源，通过促进产业转型升级，提供必要的基础研究、技术研发和成果分享，突破关键共性技术，促进技术推广应用和产业数字赋能，引领绿色低碳技术创新突破，为产业绿色低碳发展保驾护航。

三是加快成熟技术推广应用。通过创新平台，选择绿色低碳产业、生产区域和企业，大力示范推广绿色低碳设备和技术。在农业领域推广农业农村减排固碳十大技术模式。在钢铁、建材、有色、炼油石化、煤化工等行业及能源、建筑、交通等领域，推广应用关键工艺流程的低碳化改造、企业和园区的循环经济改造、系统节能改造、低碳和零碳建筑、新能源车等。鼓励市内高校、科研机构、企业积极参与绿色技术交易。

（五）改革开放协同

围绕国家“双碳”战略，发挥好重庆的特色和优势，不等不靠、率先发展。同时还要放开思维，加强川渝协同、长江经济带协同，着力构建开放、包容的大格局，实现区域发展与治理共荣共享。

一是深化市场机制改革。发挥电力市场对清洁能源低碳转型的支撑作用，深化适应能源结构转型的电力市场化改革。提高能源资源开发就地就近转化利用水平，推进能源资源开发和利益共享机制改革。积极参与建设全国碳排放权交易市场，探索碳排放权市场化交易改革，推进重点领域核证减排量交易、碳排放配额。建立、完善新增电力装机发展机制、用能权有偿使用和交易制度、页岩气重点富集区勘查区块投入退出机制、碳排放追踪溯源机制。

二是加强对外交流与合作。依托中欧班列和西部陆海新通道，参与“一带一路”绿色建设，深化绿色基础设施、装备、技术和服务等方面的交流合作，建设国际产能合作示范省（市）。加强与东部沿海地区，特别是长三角、京津冀、粤港澳大湾区的合作。开展碳足迹的认证及应用，发挥重庆自贸试验区等开放平台的作用，大力发展绿色低碳外贸，建设国家绿色外贸示范区。探索多渠道招商方式，加强绿色低碳领域重大项目和龙头企业的招商力度，促进龙头企业和配套企业全产业链集群发展。

三是推进长江经济带和成渝地区双城经济圈绿色低碳产业协同发展。加强长江流域绿色生态廊道建设，打造沿江绿色能源产业带。与四川省共建西南地区百亿级储气基地等重大项目，推动渝东北和川东北地区能源资源一体化发展，支持高竹新区建设川渝合作新能源汽车配套生产基地。

第四章

重庆“十四五”节能环保产业发展战略及路径研究[①]

① 重庆市发展和改革委员会林莉、陈茜及重庆市环境保护产业协会赵绪云、何建飞等参与本研究。

发展节能环保产业是培育发展新动能、推进高质量发展的重大举措，是应对资源环境约束、转变发展方式的有效路径，是推动实现碳达峰、碳中和，加快建设生态文明、践行“绿水青山就是金山银山”科学论断的战略选择。

重庆节能环保产业规模已经突破千亿元大关，产业发展水平在西部总体领先，但是对比东部沿海发达地区还存在较大差距，迫切需要找到一条适合自身的产业升级发展之路。本研究所指的节能环保产业是广义上的，是针对环境污染可能产生的全过程，即生产、使用及废物的环境安全处置与再利用而言的，除包括狭义上的环保产业，即污染控制与减排、污染清理及废弃物处理等方面提供产品与服务的行业内容外，还包括涉及产品生产过程中的洁净技术与产品使用过程中的洁净产品、节能技术与工艺以及绿色设计。由此，课题组主要根据《重庆市国民经济和社会发展第十四个五年规划和二〇三五年远景目标纲要》《重庆市制造业高质量发展“十四五”规划》等政策开展研究，重点分析研究“十四五”期间重庆节能环保产业发展的主要目标、基本原则、重点任务和保障措施等一系列问题，为切实推动产业高质量发展提供相应参考。

一、重庆节能环保产业发展基础

（一）主要发展成就

1. 营业收入突破千亿元，产业发展初具规模

“十三五”期间营业收入、营业利润实现翻番，产业发展增速明显。全市节能环保产业营业收入 2019 年突破千亿元大关，2020 年达到 1038.55 亿元，与 2015 年的 503.23 亿元相比，实现了翻番。2015—2020 年，营业收入年均增长率达到 15.59%，略高于全国年均增长率。2020 年，全市节能环保产业实现营业利润 126.44 亿元，约为 2015 年（46.55 亿元）的 2.7 倍，2015—2020 年年均增速 22.12%；产业增加值占全市国内生产总值（GDP）的比重达到 1.55%（见图 4－1）。

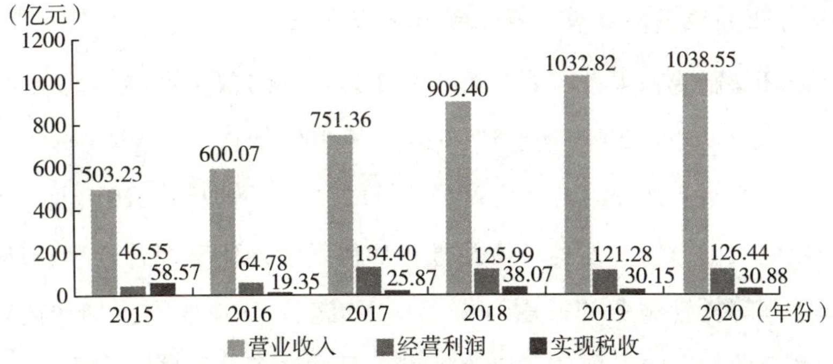

图 4－1　2015—2020 年重庆节能环保产业收入、利润及税收情况

节能环保产业就业的贡献呈上升态势。2020 年，重庆市从事节能环保产业的人员为 11.5 万人左右，与 2015 年相比增长 45%。节能环保产业对全市就业的贡献呈逐步扩大的趋势，2020 年节能环保产业从业人员占全市就业人员年末人数的 0.68%，比 2015 年提高 0.2 个百分点，也高于 2020 年全国平均水平 0.25 个百分点（见图 4－2）。大中型节能环保产业吸纳就业能力强，营业收入 1 亿元以上的企业吸纳就业能力最强，"十三五"期间约 7% 的节能环保企业吸纳了 50% 以上的就业人员。

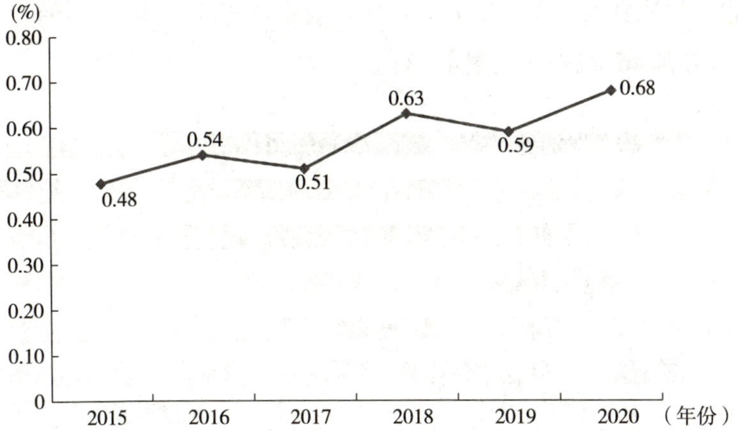

图 4－2　2015—2020 年重庆节能环保产业从业人员占全市就业人员的比重情况

2. 行业领域不断拓展，产业结构不断优化

节能环保制造和服务产业门类不断丰富。环境保护产品生产制造业涉及的产品从2015年的120项增加到2020年的300余项，产品类别增长2.5倍；节能产品生产制造涉及的产品从2015年的90余项增加到2020年的150余项，产品类别增长1.5倍。各类环境服务业加快发展，环境综合治理、环境污染第三方治理等托管服务的探索取得了一定成效；环境监测业加快向社会化、市场化和企业化方向发展；环境治理需求日益增多，环境咨询服务业发展进入快车道；随着大数据和物联网技术的进步，环境信息业稳步发展。

节能环保服务业较快发展，占比接近全产业的50%。从各板块来看，2020年，资源综合（循环）利用产品及服务业占比最高，达到34.31%，其次为环境服务业，占比31.92%。与2015年相比，环境保护产品生产制造业、环境服务业、节能服务业三个板块营业收入占比有所上升，增幅最大的是节能服务业，营业收入占比增加11个百分点，环境服务业营业收入占比增加7个百分点。资源综合（循环）利用产品及服务业和节能产品生产制造业营业收入占比有所下降。总体来说，以环境服务业和节能服务业为主的节能环保服务业得到快速发展，在全市节能环保产业中的占比从2015年的28.50%提高到2020年的46.64%（见图4-3）。

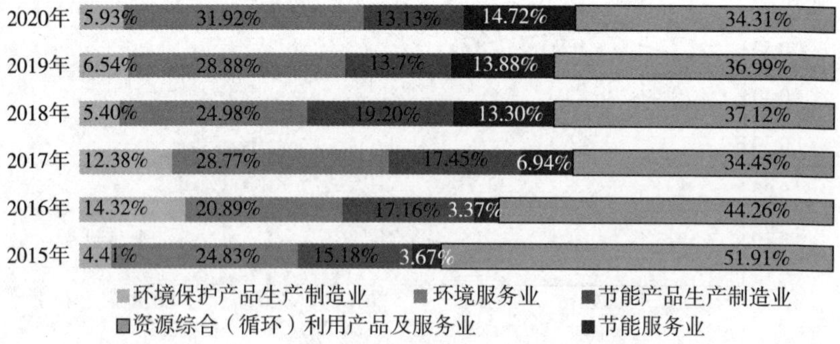

图4-3 2015—2020年重庆节能环保产业各板块营业收入占比情况

3. 研发能力持续提升，部分领域优势明显

节能环保产业研发投入保持增长态势，产业研发能力持续提升。2020 年，全市节能环保产业科技研发投入达到 10.46 亿元，占全市 R&D 支出的比例接近 2%，较 2015 年提升了 0.3 个百分点，重庆节能环保企业技术创新共 410 件。全市拥有国家环境保护垃圾焚烧处理与资源化工程技术中心、国家环境保护危险废物处置工程技术（重庆）中心、烟气脱硫国家地方联合工程研究中心、复杂煤气层瓦斯抽采国家地方联合工程实验室等国家级工程技术中心和实验室，有重庆市环保工程技术中心、污染防治与废物资源化重点实验室等市级创新平台。以中国科学院重庆绿色智能技术研究院、重庆大学、西南大学等为主的一批科研院校，在污水处理、空气净化、饮用水净化、新材料技术、土壤修复、水土保持、新能源技术、新能源动力装置及系统等领域为全市节能环保产业提供了人才支撑。重庆市生态保护领域主要国家级研发平台见表 4－1。

表 4－1　重庆市生态保护领域主要国家级研发平台

序号	平台名称	依托单位	审批部门（单位）	审批时间
1	国家环境保护垃圾焚烧处理与资源化工程技术中心	重庆三峰环境集团股份有限公司	原环境保护部	2017 年
2	生活垃圾焚烧技术国家地方联合工程研究中心	重庆三峰环境集团股份有限公司	国家发展改革委	2015 年
3	复杂煤气层瓦斯抽采国家地方联合工程实验室	重庆大学	国家发展改革委	2010 年
4	国家环境保护危险废物处置工程技术（重庆）中心	新中天环保股份有限公司	原环境保护部	2009 年
5	烟气脱硫国家地方联合工程研究中心	国家电投集团远达环保股份有限公司	科技部	2011 年
6	危险废物综合处置国家地方联合工程研究中心	新中天环保股份有限公司	国家发展改革委	2020 年
7	汽车噪声振动和安全技术国家重点实验室（企业）	中国汽车工程研究院股份有限公司、重庆长安汽车股份有限公司	科技部	2010 年

续表

序号	平台名称	依托单位	审批部门（单位）	审批时间
8	国家海上发电装备工程技术研究中心	中船重工（重庆）海装风电设备公司	科技部	2009 年
9	三峡库区生态环境与生物资源省部共建国家重点实验室培育基地	西南大学	科技部	2009 年
10	替代燃料汽车国家地方联合工程实验室	中国汽车工程研究院有限公司	国家发展改革委	2011 年
11	中国四联仪器仪表集团有限公司技术中心（国家企业技术中心）	中国四联仪器仪表集团有限公司	国家发展改革委	1998 年
12	中电投远达环保工程有限公司技术中心（国家企业技术中心）	国家电投集团远达环保工程有限公司	国家发展改革委	2008 年
13	西南资源开发及环境灾害控制工程教育部重点实验室（教育部研发基地）	重庆大学	教育部	2000 年
14	三峡库区生态环境教育部重点实验室（教育部研发基地）	西南大学	教育部	2003 年
15	废油资源化技术与装备教育部工程研究中心（教育部研发基地）	重庆工商大学	教育部	2007 年

环境综合服务、资源综合利用、环保技术装备等领域优势较为明显。总体来看，全市节能环保产业在烟气脱硫脱硝、城镇污水处理及运营、危险废物处置、机动车尾气净化等环境综合服务领域，在生活垃圾焚烧发电、建筑垃圾再利用、废旧橡胶再利用等资源综合利用领域，在环境监测仪器制造、环境应急装备、医疗废物处置装备等环保技术装备领域，处于全国领先水平，具有一批骨干企业，打响了“重庆环保品牌”。重庆市节能环保产业优势领域

见表4-2。

表4-2 重庆市节能环保产业优势领域

领域	龙头企业	优势
供排水一体化经营	重庆水务集团	水务环境居环保产业国内上市公司市值第五位，供排水一体化经营在全国位居前列
烟气脱硫脱硝	国家电投集团远达环保工程有限公司	起草并编制了国家及行业相关标准20余项。公司在国内已累计签约脱硫、脱硝、除尘EPC项目300多个。科研能力强，建有国内最大的“原烟气净化综合实验基地”、国内首套万吨级烟气二氧化碳捕集装置等
城镇污水处理	重庆康达环保产业集团有限公司	是中国环保产业骨干企业，“中国环境50强”企业，是中国环保及水务行业领军企业之一。城镇污水处理覆盖范围已扩展至16个省（市）。企业拥有10余件技术发明专利
危险废物处置	重庆新中天环保股份有限公司	专注于危险废物焚烧处置系统的研究、设计、集成及调试。公司近三年市场份额为19.9%，在中国危废焚烧处置系统解决方案提供商中排名第三位
机动车尾气净化	重庆海特环保（集团）有限公司	公司致力于汽车排气环保催化剂的研发、生产、销售和服务。2020年，公司催化剂产品在汽车排气系统细分市场占有率为40%，排名全国第三位
生活垃圾焚烧发电	重庆三峰环境集团股份有限公司	生活垃圾焚烧规模居全国第五位，增量居全国第二位。科研能力强，技术装备返销德国。在国家17个垃圾焚烧行业标准中，三峰制定了6个，参与制定11个
建筑垃圾再利用	重庆重交再生资源开发股份有限公司	公司主导产品再生沥青混合料在道路建筑绿色环保材料领域拥有核心技术，其技术水平全国领先
废旧橡胶再利用	重庆九橡化大橡胶科技有限责任公司	拥有100多件专利技术，其中发明专利24件，在废轮胎高质化利用领域技术上处于领先水平
环境监测仪器制造	重庆川仪自动化股份有限公司	在仪表制造领域全国排名第一，占全国环保领域仪表设备销量的25%
环境应急装备	重庆耐德工业股份有限公司	具有国际领先的核心技术和上百个成功运用案例
医疗废物处置装备	重庆智得热工工业有限公司	我国医疗废物处理成套设备制造龙头企业，拥有数十件核心专利，国内市场占比约25%。产品出口五大洲20多个国家，占国内同类产品出口量的90%

4. 企业实力不断增强，产业集聚效应初显

国家节能环保产业骨干企业数量领先西部。全市节能环保产业现有上市公司22家（主板上市12家、新三板10家），其中重庆水务、中节能太阳能、理文造纸、重庆三峰环境等4家企业市值超过100亿元。近年来，重庆节能环保企业持续加强技术研发等核心竞争力，截至2020年底，全市共有88家节能环保企业成为重庆市科技创新基地。有效期内国家高新技术企业共有222家。根据全国工商联环境商会公布的“2020中国环境企业50强”榜单，重庆水务集团股份有限公司（排名第19位）、重庆三峰环境集团股份有限公司（排名第25位）、国家电投集团远达环保股份有限公司（排名第30位）和康达国际环保有限公司（排名第45位），进入榜单的企业数量居西部省（市）第一。

国家环保产业发展重庆基地建设取得较好成效。重庆节能环保产业已形成以大型骨干企业为龙头、中小企业配套的产业良性发展格局，处于国内环保产业发展的第二梯队。目前共有6个区（县）启动了环保特色产业园建设，其中大渡口、万州、荣昌、垫江等区（县）园区被重庆市政府授牌为环保产业特色园区，积极发挥产业的集聚性优势。同时，全市节能环保产业在渝中区、江津区、两江新区等区域较为集中。

专栏4-1　重庆节能环保产业园区情况

1. 国家环保产业发展重庆基地大渡口环保科技产业园

该园区是目前全市节能环保产业园区发展的标杆园区。2014年开始建设，2015年获批“国家环保产业发展重庆基地”。产业园位于建桥工业园区，总体规划面积14.4平方千米。园区定位：中国环保产业西部核心区的关键节点、三峡库区环境保护技术研发及装备制造基地、重庆环保产业核心区和对外展示窗口区。规划主导产业：节能环保高端装备制造业（主要布局在建桥C区）、节能环保综合服务业（主要布局在建桥

A 区）。园区建设情况：污水处理领域已引进中渝环保、清禧环保、丝路源环保、晰峥环保、百环环保、亚领环保等水处理项目。环境监测领域集聚了太可环保、佳兴环保等龙头企业。土壤修复和大气治理领域推动德润新邦开展业务运营；科蓝环保与盎瑞悦科技开展烟气治理项目合作。生态环保新材料领域聚集了国际复合、长征重工、特瑞电池等企业。生态环保综合服务领域大力推进环境污染第三方治理基金项目建设，引进了重庆 E20 环境平台公司以及远达环保节能（分布式能源）改造、能汇电力工程、子下环保等企业。

2. 国家环保产业发展重庆基地万州环保产业园

该产业园主要依托万州国家级经开区，采取多组团发展模式，在新田园、九龙园、高峰园建设国家环保产业发展基地，其中再生资源综合利用产业园布局在新田园、九龙园，环保装备制造产业园依托九龙园建设，环保服务产业集群与高峰园产城结合。2015 年，“国家环保产业发展重庆基地”授牌。

3. 国家环保产业发展重庆基地荣昌节能环保产业园

该产业园成立于 2015 年，2015 年 6 月授牌“国家环保产业发展重庆基地（A 区）”，园区规划面积 5 平方千米，目前基本形成荣昌节能环保产业园、广富工业园产业集聚区和板桥工业园学研区。

4. 国家环保产业发展重庆基地垫江资源综合利用环保产业园

该产业园成立于 2016 年 1 月，规划面积 4 平方千米，其中县城组团 2 平方千米，重点布局再生金属铜、铜加工产品等相关产业；澄溪组团 2 平方千米，重点布局新型材料、玻璃建材、墙体装饰、建筑节能材料等相关产业。

5. 重庆大足高新技术产业开发区（含邮亭工业园）

节能环保是大足高新技术产业开发区（原重庆大足万古工业园区）重点发展的五大产业之一。2012 年由重庆市再生资源（集团）有限公司投资的重庆再生资源产业园项目落户邮亭工业园区，2013 年，被市政府授牌“市级循环经济产业园”。园区审批面积 8.2585 平方千米，已建成面积 5.3 平方千米。循环经济是园区主导产业之一，已形成蓄电池循环利用产业链、废旧钢铁循环利用产业链。

6. 永川港桥工业园

该工业园是 2002 年经重庆市政府批准设立的省级特色工业园区，是国家生态工业示范园区、国家沿江承接产业转移示范区。园区规划面积 36 平方千米，重点发展纸业、木业和新型材料产业。

（二）主要差距与问题

1. 产业规模有待提升，平台建设较为滞后

产业规模较小。2020 年全国环保产业营业收入约 1.95 万亿元，位于全国环境保护产业第一梯队的广东、北京、湖北、浙江、江苏、山东 6 个省（市）贡献了全国超过 67% 的环保产业营业收入，而重庆约占全国环保产业营业收入的 5%。从市内看，2020 年，重庆节能环保产业营业收入虽然达到 1038.55 亿元，但与新一代信息技术产业（超过 7000 亿元）、新材料产业（超过 1300 亿元）等战略性新兴产业相比，规模仍然较小。

产业集聚平台建设总体滞后。环保产业园区是环保技术产业化载体。目前，全市环保产业园区布局分散，缺乏市级层面总体布局的统筹引导。大部分园区产业规模小，主导产业优势不明显，配套能力差，园区未形成上下游产业链，难以形成产业集群效益；大部分节能环保产业园总体发展较慢，其发展目标、重点方向、功能布局、主导产业等的发展落地情况与其总体规划相比较滞后。全市发展规模最大的大渡口环保科技园 2020 年环保产业规模以上企业营业收入 58.3 亿元，以固废资源循环利用和环保友好型新材料为特色，但是由于位于中心城区，园区未开发工业用地规模十分有限，导致很多环保制造业企业难以落地。

2. 骨干龙头企业偏少，产业发展质量不高

产业缺乏带动能力强的百亿级、五十亿级龙头企业。根据全国工商联环境商会和全国环保产业协会的统计，重庆没有营业收入超过50亿元的环保企业。一是大型环保企业数量少。目前，全国营业收入超过4亿元的环境保护大型企业约有3500家，重庆只有近50家。有影响力、带动力强的龙头（骨干）企业少，固定资产少于2000万元的生态环保企业占比近80%，年营业总收入超过20亿元的企业仅有10家，半数以上为国有企业。二是龙头企业本地带动能力不足。全市节能环保企业总体“小、散、弱”，缺少集研发、设计、工程总承包、设备制造、运营服务于一体，带动本地相关中小企业发展能力强的大型龙头企业。龙头企业多数具有国有资源或者央企背景，民营龙头企业较少。具有央企背景的远达环保等龙头企业大多依赖上级集团资源开展业务，龙头企业的本地带动能力弱。

优势领域不多，行业短板突出。由于重庆一直是全国的制造业重镇，重庆环保产业在工业污染防治领域具有一定的技术优势，但随着工业产业转型升级，部分优势领域市场逐步萎缩。如“双碳”目标下，原来优势领域如燃煤电厂超低排放技术等市场需求持续下降。节能环保制造短板明显。一是环保产品制造业是突出短板。目前，江苏的环保产品制造企业营业收入已超过500亿元，浙江已超过200亿元，四川、山东、辽宁、北京等4个省（市）已超过100亿元，上述6个省（市）已超过全国环保产品制造业营业收入的60%。重庆市目前的环保产品制造企业营业收入仅61.6亿元，且环保装备产品设计制造总体上仍以低端为主，尚未完全掌握相关领域核心技术，产业高端技术有待突破。二是节能制造规模小、产品能级低。2020年，全市节能产品制造占行业比重仅为13.1%，排除疫情影响，连续两年处于负增长状态；营业收入仅比2017年多4.7亿元，比2018年规模降低38.3亿元。同时，全市节能制造产品层次较低，其中，仅水泥制品一项规模就超过50亿元。其他节能产品如发电机及发电机组、照明灯具、太阳能器具、黏土砖瓦及建筑砌

块等规模超过 10 亿元。

3. 产业创新能力不足，产业竞争力有待提高

创新能力不强，制约产业竞争力提升。一是研发投入强度不够。2020 年，重庆市节能环保产业科技研发投入仅占产业营业收入的 1.01%，明显低于全国平均水平（3.2%）。二是企业自主研发能力较差。缺乏自主知识产权的核心技术，在污泥干化和焚烧装备、污水处理高效节能曝气设备等污水处理领域的关键设备和核心产品的技术水平、可靠性等与国内发达地区相比存在较大差距。三是对本地的环境问题解决能力弱。研发实体对本地针对山地城市大气复合型污染、黑臭水体、三峡库区部分支流“水华”、历史遗留场地修复等重庆面临的主要生态环境问题成因、污染过程及演变规律、污染物传输和控制途径等研究不足。四是科技成果转化不畅。产学研结合不够紧密，全市 109 家研发能力较强的节能环保企业中仅有 37 家实现了科技成果转化应用，多数企业技术成果转化效果不好、推广应用困难。

技术人才资源相对匮乏，从业人员总体素质有待进一步提升。一是中高级技术工人占比低。2020 年，重庆节能环保产业从业人员中普通工人占比达到 51.79%，全国平均占比为 38.2%。一般普通工人的文化层次较低，导致全产业从业人员总体素质及技术能级不高。二是高技术专业人才缺口大。各类节能环保产业人才都存在缺口，特别缺少拥有重大、关键核心技术的人才和创新性人才以及既懂行业前沿技术又懂投资、熟悉市场开拓的综合性应用型环保人才。

4. 政策体系不够健全，产业生态亟待改善

产业扶持政策相对不足。节能环保产业是典型的受政策驱动的产业，与重庆的汽车、摩托车、电子信息等其他产业相比，全市对节能环保产业特色园区扶持力度有限，产业扶持政策相对不足，尚未形成一套较为完整的促进节能环保产业发展的政策措施体系。近年来，重庆出台了一系列推动生态绿色发展的政策，政策都有涉及节能环保产业，但与北京、江苏等其他省（市）

相比，扶持细则等较少。如重庆出台了《重庆市实施生态优先绿色发展行动计划（2018—2020年）》，未提出涉及环境保护产业的具体扶持方式；北京出台了《关于推动生态涵养区生态环保和绿色发展的实施意见》，提出了对各区的财政支持形式及规模。“十三五”期间，全国多个省（市）出台了节能环保产业规划，而重庆未出台该专项规划。

新技术推广力度有待加大。由于人们对环保新技术的认识不足，部分新技术前期投入相对较大，加上企业对技术运用的投资收益风险存在一定的担心，导致部分环保新技术存在转化困难、推广难度大。特别是企业对生态环境领域的关键技术产业化推广应用意愿不强，政府激励机制缺位、管理服务部门科技服务水平不高等问题较为突出。重庆目前缺少政府认可的环境保护产业新技术、新产品实验基地，这些明显制约了企业环保新技术的推广。同时由于重庆地处西部地区，对新业态新模式的接受能力低于沿海地区，全市环保产业的新兴业态和一些从事新模式的企业在发展过程中仍面临较多制约。

市场竞争秩序有待进一步规范。投标门槛设置不合理，技术门槛低、低价中标等问题普遍存在，而低价中标加大了环保企业的经营风险和地方财政未来财政支出的不确定性和潜在风险，项目招投标领域问题持续影响产业健康发展。PPP项目中明显存在“重资本、轻技术”的现象，对先进技术形成“劣币驱逐良币”的挤出效应。

二、“十四五”重庆节能环保产业发展环境分析

（一）机遇

1. 实现碳达峰、碳中和目标为节能环保产业带来发展新机遇

我国2030年前实现碳达峰、2060年前实现碳中和，是党中央作出的重大战略决策。一方面，我国作为全球生态文明建设的参与者、贡献者、引领者，将继续坚持多边主义，维护包括公约在内的生态环境领域全球合作，努力推

动构建公平合理、合作共赢的全球环境治理体系，促进中华民族永续发展和构建人类命运共同体；另一方面，中美在解决气候危机的国际合作方面达成共识，双方将加强《巴黎协定》实施，支持发展中国家能源生产和消费转型。这些因素为节能环保产业长期发展创造了“天时”。

2. 国家战略实施为节能环保产业快速发展营造良好环境

“十四五”时期，我国将深入推进生态文明建设，持续推进实施国家绿色发展战略，节能环保产业作为绿色发展的重要支撑力量，将加快塑造绿色发展新动能。在可持续发展战略方面，深入推进长江经济带绿色发展，深入实施污染防治攻坚战，着力推动生产生活方式绿色转型，持续改善环境质量，推进生态修复，加快构建绿色低碳循环发展经济体系；在创新驱动发展战略方面，着力建设高效低碳型重大科技基础设施，布局生态环境工程关键技术攻坚，释放节能环保技术创新动能，为绿色发展提供持续动力；在制造强国战略方面，加快推动绿色低碳产业、新能源等战略性新兴产业发展，推进传统制造业向智能化绿色化转型升级。以上一系列国家战略的推进与实施，将为节能环保产业链一体化发展、全面塑造新优势营造良好的“地利”。

3. 全球产业变革为全市节能环保产业高质量发展创造新条件

当前，全球产业格局正发生深刻变化，技术创新已成为节能环保产业高质量发展的新引擎。一是新一代信息科技革命加剧节能环保科技领域的全球竞争，5G、人工智能、工业互联网和大数据等新兴信息技术与制造业深度融合，产业技术竞争更加突出节能环保高技术含量，深刻影响节能环保制造业和服务业形态。二是全球节能环保制造业价值链加快向高端聚集，为应对新冠肺炎疫情对产业链供应链的影响，打造具有国际国内竞争力的节能环保产业链群，将围绕国内国际双循环新发展格局，加快向智能化、高级化演进，带动中低价值链向高价值链聚集。三是重庆将着力构筑国家重要先进制造业中心核心支撑，将坚持绿色环保发展方向，积极推进制造业智能化、绿色化、人文化转变，加快推进制造业与现代服务业融合，培育打造具有国际竞争力的产业集群。四是生产要素保障能力逐年提升，重庆正积极建设绿色金融中心，推动中国西部（重庆）科学城崛起，打造西部人才聚集高地，为节能环保产业发展提供充足的要素保障。全球产业加快创新步伐和重庆建设国家重要先进制造业中心机遇，将为重庆节能环保产业高质量发展提供强大动力。

4. 加快绿色发展为全市节能环保产业赋能续航

“十四五”期间，重庆将全面贯彻落实习近平总书记对重庆提出的“两点”定位、“两地”“两高”目标、发挥“三个作用”的重要指示要求，进一步强化“上游意识”，担起“上游责任”，深入践行“绿水青山就是金山银山”理念，筑牢长江上游重要生态屏障。一是深化供给侧结构性改革，重庆将稳步推进碳排放权、碳交易等制度创新，继续实行最严格的环境保护制度和最严厉的法治，建设一批绿色发展示范区、循环经济产业园、零碳园区，壮大碳交易市场，推动“一区两群”节能环保产业协同发展，提高节能环保产业“含绿量”，推动经济社会向绿色低碳化转型发展。二是推动节能环保产业技术合作，重庆将积极承接东部发达地区节能环保产业和技术转移，共创成渝地区双城经济圈生态环境保护新局面，推动形成沿长江的世界级节能环保产业带。由此，将大力提升重庆节能环保产业服务生态建设、绿色发展的能力，着力推进产业生态化、生态产业化，助力重庆加快建成山清水秀美丽之地。

（二）挑战

1. 欧美国家全力遏制我国节能环保产业向高级化升级

中美高强度对抗性战略竞争正在重塑节能环保产业国际新规则，我国节能环保产业从中低端向中高端升级面临巨大的遏制压力。一方面，中国、美国、欧盟在全球开展气候变化规则与碳减排政策主导权竞争，美国与欧盟在产业资本投资、碳交易规则、货币结算体系及碳金融等领域对中国施压，全力遏制中国制造业发展；另一方面，欧美国家设置技术标准壁垒、碳税贸易壁垒，以多种手段威胁并限制我国产业技术升级和产品技术输出，全力阻止我国节能环保产业国际化发展。欧美国家全方位的封锁加大了我国积极参与生态环保领域国际规则制定，以及节能环保产业升级和“走出去”的难度。

2. 科技创新能力弱制约节能环保产业高质量发展

节能环保产业是重庆战略性新兴产业之一，产业高质量发展需要着力提高科技创新水平。一是产业协同创新能力比较弱，研发投入占企业主营业务收入的比重较低，环保核心技术专利量不多，新技术产品向市场化商品化转化的障碍比较多，重庆关于创新中心、知识产权保护、技术标准、人才激励等节能环保产业创新政策吸引力还不够，尚未形成全链条创新生态系统。二是节能环保产业既不节能也不环保，重庆冶金、水泥、火电等行业属于高耗能高排放行业，煤炭采选、造纸属于高耗水行业，这些行业对大气、水环境的影响很大，工业固废处理难度极大，甚至会造成自然生态永久性破坏。三是重庆环保治污技术水平不高，环保治理标准还比较低，环境质量达标标准与国标、世界卫生组织指导值还有很大的差距。重庆主城片区空气 PM2.5 浓度常年在 60～80 微克/立方米，远远高于我国二级标准 35 微克/立方米、世界卫生组织空气质量指导值 10 微克/立方米。科技创新短板将是重庆“十四五”节能环保产业高质量发展必须解决的重要问题。

3. 企业特色化不足难以彰显产业竞争力优势

节能环保产业要着力改变“弱、小、散”的状态，在全市制造业中缺乏明显的特色优势。一是劳动生产率低，重庆节能环保产业人均营业收入仅 90 万元，远远低于全市规模以上制造业企业人均 140 万元的水平；二是小微企业占比为九成，大中型企业仅占一成；三是从业人员基本素质逐年下滑，企业员工具有大专以上学历的占比从 2016 年的 56.43% 下降到 2020 年的 45.15%；四是中小企业特色不强，进入市级“专精特新”入库培育的企业少。"十四五"期间，重庆节能环保企业要在面临国内外企业的竞争压力下，实现特色化发展，进一步提升产业竞争优势难度较大。

4. 产业良性发展要积极适应新规则新制度

在碳达峰、碳中和目标导向下，我国生态环境制度正发生巨大变化，重庆节能环保产业需要主动适应新规则新制度。一是在全国统一碳排放权交易市场逐渐发展壮大的背景下，生态环境部正稳妥推进、修订完善相关的配套制度和技术规范体系，加强对全国碳市场各环节的监管；二是2020年以来，国家颁布实施修订了一系列环境污染治理新技术新标准，这些标准和技术将倒逼产业技术升级；三是重庆将继续深化生态环境等公共资源交易招投标制度改革，完善全过程监管、标准化监管、信息化监管等措施，进一步夯实招标投标领域营商环境法治化基础，营造接轨国际的招标投标领域营商环境。"十四五"期间，新制度环境既坚持了市场机制发挥决定性作用原则，又要求政府提升现代化监管能力，这对重庆积极治理市场"劣币驱逐良币"现象、促进节能环保产业良性发展提出了更高要求。

三、"十四五"期间重庆节能环保产业发展的战略重点

"十四五"期间重庆节能环保产业发展，应当以创新驱动为引领，坚持需求端和供给端双向发力，营造良好的产业生态，培育龙头骨干企业，提升产业集聚水平，突出发展节能产品制造及服务、环保装备制造及服务、资源循环利用、绿色转型制造及服务和低碳产业，促进节能环保产业成为重庆现代产业体系的新增长点，成为长江经济带重要的节能环保产业基地。与此同时，也为2035年节能环保产业力争成为重庆支柱产业和全面建成国家重要的节能环保产业基地打下坚实基础。

（一）大力发展高效节能产业

1. 做强节能产品制造

发挥全市装备制造优势，加快发展能源、交通、建筑、工业、智能电网

等高耗能行业绿色低碳所需的节能装备及零部件、仪器仪表、绿色节能建材等节能产品，提升节能产品影响力。

节能装备及节能电器。依托重锅能源公司、重通集团等重点企业，大力发展高效节能锅炉等节能通用设备，电动机、风机、泵、空压机等通用耗能设备，余热余气余压利用设备。依托格力电器、海尔集团等重点企业，大力发展高效变频空调、节能冰箱等高效节能电器。鼓励整机及零部件生产企业联合突破节能关键技术，合作研发、制造及推广应用节能一体化设备，延伸产业上下游。

高效节能仪器仪表控制设备。依托四联集团、ABB 等重点企业，大力发展智能流量仪表、智能传感器等高效节能工业控制仪器仪表和高效节能变压器、智能开关等输变电设备。加快推进关键仪器仪表的国产化替代，打造全方位的能耗监测体系，重点加快电网节能优化与大数据服务的整合，提高重点行业智能节能水平，提升节能服务控制设备供给能力。

节能照明及节能显示。以万州环保产业园、璧山康佳半导体光电产业园为重点，推进家居产品绿色节能，完善高效节能照明产业链，大力发展基于可穿戴设备、车载显示、AI 等界面的小尺寸、高亮度新型显示产品。加快补齐研发创新短板，突破高光效、高可靠、低成本的 LED 照明核心器件产业化技术，以及高发光效率、长寿命、高反应时间微型显示技术，加大智慧城市建设的高效节能产品应用力度。

绿色节能建材。以合川、长寿气凝胶产业示范区，三一绿色智能建筑产业园为集聚区，大力发展开发适应“海绵城市”建设需求的低碳、绿色、环保的外墙保温材料、新型墙体材料、节能玻璃、新型透水地面建材等绿色节能建筑材料，从源头上减少材料消耗、能源消耗和碳排放。

专栏 4-2 节能产品制造重点方向

节能装备及节能电器。大力发展链条工业锅炉、流化床锅炉、燃气锅炉、低热值尾气余热锅炉、低氮燃气锅炉、有机热载体锅炉等高效节能锅炉。加快钢铁烧结余热发电、蒸汽回转干燥提质、余热干燥等余热余压利用设备研发推广应用。大力发展钢铁、水泥、电厂、水处理等行业所需的离心式通风机、单级离心鼓风机、离心式冷水机、MVR 蒸汽压缩机、高效电动机、风机、泵、空压机、稀土永磁无铁芯电机等高效节能机电设备。大力发展高效变频空调、高效变频压缩机、高效多联式空调、高效节能冰箱、节能型抽油烟机等节能家电产品。

高效节能仪器仪表控制设备。大力发展压力变送器、调节阀、流量仪表等智能型仪器仪表，加快布局在线能源计量、检测技术和设备，热工在线检测技术和设备，太阳能聚光器精度测量分析仪等高端节能仪器。大力发展非晶合金变压器、智能箱式变压器、低损耗变压器等高效节能变压器，以及智能开关设备、高压和超高压开关、智能电网在线监测及诊断装置等输变电设备。加快研发制造交联聚乙烯（XLPE）绝缘电力电缆、环保绝缘材料等节能电线电缆制造。

节能照明及节能显示。大力发展以电光源、照明灯具、灯用电器附件及其他照明器具制造等为主的照明设备制造。加大 LED、Micro-LED、Mini-LED 显示技术的研发力度，集聚建设 Micro-LED 等新型显示技术终端产品，大力发展新一代移动显示设备、无屏显示光机、智能控制系统、Micro-LED 显示屏及终端产品、投影电视与配件和相关家电产品。

绿色节能建材。大力发展外墙保温材料、新型墙体材料、保温装饰板外墙保温系统、隔热铝合金型材、复合保温砌块、轻质防火保温材料、节能门窗、消纳固废的混凝土及干混砂浆等绿色建材。大力研发推广低辐射玻璃、真空玻璃、热反射镀膜玻璃、镀膜低辐射玻璃、电致变色智能玻璃、光伏一体化建筑用外墙玻璃等高性能建筑玻璃。大力发展废轮胎高质化利用回收生产高质量橡胶改性沥青、橡胶沥青防水卷材添加剂及各类型沥青混凝土。

2. 加强综合节能服务

立足于提升节能综合服务功能，突出工业、建筑、交通等重点行业节能服务，提高节能工程施工服务水平，全面提升节能服务整体竞争力。

工业节能服务。突出钢铁、化工、有色金属、造纸等高耗能产业节能技术改造，推进企业公共用能系统、工艺流程系统的能效双改造，全面提高企业能效水平。鼓励用能设备企业与节能服务企业、节能技术装备提供商联合，利用合同能源管理等方式实施节能技术改造。支持企业建设能源管控中心，加强节能信息化管理。继续推进工业企业的锅炉节能环保综合能力提升、电机系统能效提升、能量系统优化等服务，推进企业能耗监视系统智能化改造。加强余热余能利用，大力推广冰（水）蓄冷、空冷机组高效节能、空气源热泵、热电联产及热电冷三联供等技术应用。

建筑及交通节能服务。推进建筑行业在设计、建造、运营中充分运用低碳建材和先进技术，加快提升建筑能效水平。大力推进可再生能源建筑示范，推广光伏发电与建筑一体化应用。对节能空间较大的学校、医院、大型商业设施及城区智能楼宇等建筑，利用计算机、平衡阀及其专用智能仪表对管网流量进行合理分配，支持开展冷热电联供应用和综合能源管理，促进管网能量平衡，有效降低能耗。加快形成绿色低碳运输方式，推动运输工具装备低碳转型，积极扩大电力、氢能、天然气等清洁能源在交通领域的应用。

节能综合服务。加强节能工程施工服务，鼓励节能装备生产企业、重点用能企业利用自身技术，积极开展服务化转型，提供诊断、设计、融资、建设、运营等能源管理“一站式”服务，为用能单位提供前期设计、中期施工、后期运维系列服务。提供节能诊断、节能审计等多项节能服务，推动节能服务公司整合上下游资源，推动节能服务内容由单一设备、单一项目改造向能量系统优化、区域能效提升拓展。完善节能服务组织体系，创建市级余热利用促进服务中心、余热（能）回收利用产业联盟和绿色工程研究中心等综合型、平台型节能服务组织。创新节能服务模式和节能机制，满足用能单位个性化需要，推广能源费用托管、节能量保证、融资租赁等商业模式和合同能源管理、节能自愿承诺、节能低碳产品认证等节能机制。

（二）持续壮大环保产业

1. 培育环保装备制造

面向大气、水、土壤、固废等重点领域污染防治需求，推动垃圾焚烧发电、烟气脱硫脱硝、废水处理、固废处理等现有环保成套装备发展，加快提升总集成总承包能力，推动环保装备制造及应用。

大气污染防治装备。依托远达环保等龙头企业，重点发展燃煤电厂和大中型工业装置脱硫、脱硝、脱汞、除尘高效深度治理成套装置，发展工业有机废气末端治理、恶臭治理技术集成装备及餐饮油烟净化装置。推广机动车尾气净化催化剂和催化转化器的制备等成套装置，加强耐高温、耐腐蚀纤维及滤料的引进和开发应用。

专栏4-3　大气污染防治技术与装备重点方向

工业废气处置装备。探索有机废气源头控制方法，重点推广沸石转轮吸附浓缩、生物法、催化燃烧、蓄热燃烧等有机废气末端治理及组合治理技术装备。发展SNCR法脱硝、脱硫脱硝设施分散控制系统（DCS）、烟气脱硫除雾器、高效除尘器、燃煤电厂PM2.5预荷电及低温微颗粒控制等技术装备。

汽车尾气净化装备。鼓励开发国Ⅵ机动车尾气排放用高效催化剂规模化生产技术，加快研发和引进船舶柴油机、重型柴油车以及非道路机动车等尾气净化技术装备。

恶臭治理净化装备。发展适用于南方高湿度环境的恶臭治理技术集成装备及餐饮油烟净化装置，鼓励开发基于生物、吸附、催化等方式的恶臭净化技术装备。

水污染防治装备。依托重庆水务环境、康达环保等龙头企业，加快推进化工医药、页岩气废水生产现场原位处理等工业废水处理，推进湿地修复生物入侵评估与调控等水污染防治技术和装备研发与应用。推动城镇污水处理厂效能提升，推进垃圾渗滤液处理等关键技术研究与推广，发展城乡污水处理技术和装备制造。

专栏4－4　水污染防治技术与装备重点方向

工业废水处置设备。加强工业企业用水定额管理，推动火电、钢铁、化工、纺织、造纸、食品、有色等高耗水行业开展节水改造，大力推进节水新工艺、新技术、新产品和新装备。推进化工医药、页岩气废水生产现场原位处理等工业废水处理，重点突破高盐废水、高浓度有机废水及含重金属等废水处理技术设备。力争到2025年，单位工业增加值用水量比2020年降低15%。

城乡污水处理装备。推广排水管网智能诊断和修复成套设备，重点推动垃圾渗滤液处理技术设备发展。推进工业废水深度处理技术研发和应用，推广膜处理和生物处理技术。加快发展农村分散式无人值守污水处理装备、一体化农村生活污水处理设备、养殖业污废水资源化回收利用技术和设备。

水环境生态修复技术装备。加快培育与发展城市污水洁净处理技术，以及黑臭水体治理、水体富营养化控制技术装备。

土壤污染防治与固废处置装备。重点加强土壤污染防治技术、复合污染修复技术及综合修复技术装备研发，提升土壤污染防治治理水平。依托三峰环境等龙头企业，重点发展超低有机质污泥强化除沙、油泥无害化处理和资源化应用等技术装备研发与应用，推进污泥无害化、生活垃圾、危险废物、医疗废弃物等固废处置，提升固废无害化处理水平。

专栏 4-5　土壤污染防治与固废处置技术装备重点方向

土壤污染防治关键技术与装备。大力发展农药污染、有毒与危险化学品污染、持久性有机污染物污染、铬渣等重金属，以及汞等类金属的土壤污染快速检测、污染地块高效修复技术设备。重点研发异位热脱附、快速异位生物修复、重金属钝化生物修复、原位注入等，支持"移动式重金属与有机复合污染土壤修复一体机"等具有自主知识产权的重大技术装备产品升级换代。

固体废物处理处置技术与装备。发展污泥磁化热解处理、污泥干化和清洁焚烧、一体化污泥高干脱水、医疗废物高温蒸煮等技术，推广水泥窑协同处置城市生活垃圾和飞灰、垃圾焚烧发电，研发危险废物焚烧处置成套设备、智能移动式垃圾压缩成套设备、移动式医疗废物高温蒸汽灭菌设备、医疗废物清洁焚烧装置、污泥半干法处理或炭化成套设备等。

环境监测智能化装备。以川仪集团、三峰环境等龙头企业为重点，围绕工业废气在线监测、机动车尾气遥感监测、大气环境监测、工业污水在线监测、自然水体水质监测等领域，推动便携快速监测、自动监测、走航监测、航空遥感监测、卫星遥感监测、预警预报等先进技术及设备开发，加大环境监测关键元器件、技术、产品和装备的研发力度，重点突破臭氧激光雷达、便携式尾气检测等技术装备。

2. 做强环境服务

深入推进环境服务模式创新，培育壮大环保服务市场主体，创新环境服务产业形态，提高环保综合服务专业化水平，推动环境服务业高质量发展。

重点领域环保服务。依托重庆市区（县）两级大气污染防治管理系统和水污染防治管理系统平台，做大做强水污染、大气污染防治服务，推动转向综合化、规模化发展。发展土壤修复与治理服务，制定基于地下水风险和生态风险的土壤污染风险管控标准。推动重庆市污染场地与地下水环境可持续修复工程技术研究中心建设，开展污染场地土壤与地下水环境领域共性与关键技术创新、开发、转化与工程示范。逐步扩大“无废城市”建设试点范围，加强固体废物回收体系建设，分层次分区域建立垃圾收集点、回收中转站。加强对危险废物的分级分类精细化管理，完善小微企业危险废物收集体系建设。

环境服务总承包。构建系统设计、设备采购、工程施工、调试运行、维护管理等全方位服务体系，加快发展涵盖水、气、土壤、噪声、固体废物等环境综合服务总承包。探索开展生态环境导向的区域综合开发（EOD），采取产业链延伸、联合经营、组合开发等方式，推动生态环境治理与生态旅游、城镇开发等产业融合发展。鼓励有实力的企业向产业链上、下游延伸业务，逐步形成集产品、设备、咨询、监测、运维等服务为一体的环境问题解决综合服务商。

“第三方治理”环保服务。深入推进环保服务第三方治理，以小城镇、工业园区为重点，推行环境治理整体式设计、模块化建设、一体化运营，探索环境医院、环保管家等服务模式。鼓励重点企业、工业园区开展多种形式的环境污染第三方治理试点，鼓励电力、化工、钢铁、采矿、纺织、造纸、畜禽养殖等行业企业将环境治理业务剥离给第三方治理。推进环境基础设施建设运营市场化，完善工程总承包 + 系统托管运营（EPC + C）、项目管理承包（PMC）等运营机制。

环境咨询服务。充分发挥环保行业协会作用，加强环境影响评价信用管理平台和登记备案制度建设，开展全过程环境影响评价咨询。发展第三方检验检测认证服务，鼓励不同所有制检验检测认证机构平等参与市场竞争，完善环境检测业务市场化机制。围绕水污染防治、大气污染防治、固体废物处理处置、噪声与振动控制、环境监测、生态保护等重点领域，开展各类技术和产品的研发服务、技术支持、计量鉴定和技术检测认证服务。加快物联网、云计算、大数据、移动应用等现代信息技术在环境服务业中的应用，发展智慧生态综合管理技术、生态环境大数据智能感知技术及可视化精准溯源与预警预报技术，在重点行业开展“互联网＋环保”的智能化环境监测。

（三）进一步做强资源循环利用

1. 提升资源利用设备制造水平

提升资源循环利用相关装备、再制造等资源综合利用制造水平，减少固废、废气、废水产生量。

固体废物资源利用设备。培育发展工业固体废弃物、城镇生活垃圾、建筑垃圾资源循环利用技术装备研发与应用，提升资源循环利用设备制造水平。重点突破大宗工业固体废物、废气、废液综合利用技术与设备研发制造。推动垃圾智能分选、高效收运设备、厌氧综合利用成套装备及零部件规模化制造。提高垃圾焚烧成套装备、焚烧尾气净化、飞灰稳定化处理等技术装置规模化制造能力。大力推广资源高效化、高值化利用技术与工艺。

再制造。面向汽车零部件、工程机械、机模、重型机床、医疗影像设备等再制造装备发展，培育壮大再制造龙头企业，加快提升重庆“再制造”水平。规范再制造市场秩序，加快推动形成旧件回收、整机再制造、关键件配套、再制造产品销售及售后服务的产业链。提高再制造全过程溯源追踪的信息化水平，提高再制造装备的安全性能。完善再制造共性标准，促进再制造产品规模化应用。

2. 发展资源循环利用综合服务

加强固态、液态和气态等各种形态废弃物减量化、资源化，加快重庆“无废城市”建设进程。

大宗工业固体废物资源化利用。加快推进粉煤灰、煤矸石、尾矿、冶炼渣、工业副产石膏等大宗工业固体废物规模化高值化综合利用，促进大宗工业固体废物贮存处置总量趋零增长。加强利用粉煤灰生产新型墙体材料、装饰装修材料等绿色建材产品的应用推广。有序有效消纳煤矸石存量，加强煤矸石生产墙体材料、净水材料、胶凝材料、陶粒等高附加值产品的应用推广。稳步推进金属尾矿有价组分高效提取及高值化利用，推动采矿废石制备砂石骨料、陶粒、干混砂浆等砂源替代材料和胶凝回填利用。推动钢渣、高炉渣、赤泥等冶炼渣分级利用和规模化利用。推进工业副产石膏代替天然石膏应用推广，鼓励脱硫石膏、磷石膏生产水泥和高强石膏粉、纸面石膏板等新型建筑材料。

再生资源循环利用。增加高品质再生金属原料供给，提升废钢本地利用量，加快引育再生铜、再生铝等再生金属龙头企业。加强电镀污泥、废弃印刷电路板、废矿物油等贵金属危险废物的回收、再处理、再利用。加快推进废旧塑料、废旧橡胶（轮胎）、废合成纤维、玻璃纤维等再生非金属资源循环利用。加快建成西部最大的再生纸生产基地，建设若干分拣技术先进、环保处理设施完备的专业废纸分拣加工中心，保障造纸及纸制品产业平稳发展。建立覆盖全市的动力电池回收、梯级利用和再资源化的循环利用体系，建立废旧动力电池全产业链的溯源管理平台，实现退役动力电池全部回收，促进动力电池全价值链发展。

城乡废弃物资源化利用。注重城市生活垃圾分类投放、分类收集、分类运输、分类处理全流程系统化管理的智能化建设，壮大城市生活垃圾焚烧发电综合利用产业。推动餐厨垃圾统一收集，发酵制备沼气发电、生物柴油、精制天然气、化工制品和高效有机肥等餐厨垃圾综合利用。推进农业废弃物资源化利用，大力建设以畜禽养殖废弃物为主要原料的有机肥厂和集中处理中心；推动秸秆资源转化为高附加值的绿色产品，推广农作物秸秆饲料化贮存利用，发展食用菌，生产纸浆原料等多种工业制品。鼓励建筑垃圾生产再生骨料及再生混凝土、砂浆、墙板、地砖、透水砖等各种建筑制品，将建筑垃圾用于土方平衡、林业用土、环境治理、烧结制品及回填等，不断提高利用质量、扩大资源化利用规模。推进污泥重点向建筑材料化、焚烧发电、热解制油、制氢、回收磷资源等方向进行资源综合利用。大力推进污水资源化利用，推进达标处理后的建筑污水就地就近回用；提高工业废水排放标准和废水回用率，实现“废水回用”及“零排放”目标，促进农村生活污水循环利用。

专栏4-6　资源循环利用重点方向

资源循环利用制造。固体废物资源利用设备制造重点突破粉煤灰、尾矿、石膏、冶炼渣、工业污泥、工业废渣等传统大宗工业固废的深度利用装备。积极培育发展气体、液体循环利用过程所需的净化、过滤、冷却等设备研发制造。大力发展生活垃圾收运设备——压缩机，运输装备关键部件——生活垃圾收运、中转和压缩成套设备。推动垃圾渗滤液处理膜等技术研发及设备产品制造。再制造突出加强旧件损伤检测与寿命评估、质量性能检测及智能运行监测、拆解与绿色清洗、先进表面工程与增材制造成形等技术研发应用，建立覆盖旧件高效低成本回收、再制造产品生产及运行监测等全过程溯源追踪服务体系。推动再制造企业与科研院所合作，加快再制造基础通用、技术、管理、检测、评价等共性标准制定，构建用户导向的再制造产品质量管控与评价应用体系。

再生资源利用服务。重点突破动力蓄电池余能快速检测和柔性拆解、废旧家电柔性拆解、稀贵金属精细分离提纯、玻璃纤维制气凝胶、塑料改性和混合废塑料高效分拣、废塑料裂解等技术。积极有序推动短流程炼钢发展。大力推进废橡胶制成胶粒、胶粉等再生胶原料，橡胶混凝土、沥青改性剂等资源化利用。加快建立电子废物多元化回收网络系统。

（四）积极推进传统产业绿色转型

按照源头资源消耗减量化，生产过程清洁化，从产品研发设计环节体现生态绿色理念，加强重点行业绿色化改造，实现传统产业节能、减污、降耗和增效目标。

1. 推进制造产业链绿色化

借助于各种先进制造技术、制造工艺、管理技术，促进绿色发展理念贯穿于制造产品从设计、生产、包装、运输、使用到报废处理为止的全生命周期。加大清洁原辅材料利用。大力发展无毒无害原料替代使用与危险废物治理，促进生产过程废气处理处置及资源化综合利用。促进使用低毒低害和无毒无害原料，降低产品中有毒有害物质含量，推进电子废物的产业化、规范化和无害化循环利用。加强工业产品绿色设计及制造。大力推进工业产品绿色设计示范试点，鼓励企业设计开发具有无害化、节能、环保、低耗、长寿命和易回收等特性的绿色产品。推动制造业供应链绿色化。加快建立以资源节约、环境友好为导向的采购、生产、营销、回收及物流体系，大力使用绿色物流技术与设备，推广绿色、低碳、环保包装，推动制造企业上下游共同提升资源利用效率。

2. 推进传统产业清洁化改造

推进传统产业生产过程清洁化改造，推广先进适用节能节水节材、清洁生产、高效末端治理、数字化装备等工艺技术设备，提高资源高效循环利用水平。推动化工、水泥、有色、印染、包装印刷等重点行业“一行一策”制定清洁生产改造提升计划。鼓励企业采用先进适用技术实施清洁化改造技术。大力开展生产过程的循环改造，加大工业固废处理处置及资源化综合利用力度，提升制造业过程节水、节气、节能水平。通过源头减量替代、过程控制和工艺优化等方式实施清洁生产技术改造，逐步建立基于技术进步的高效清洁生产模式。

3. 推进传统行业资源节约高效利用

突出钢铁、化工、建材等传统行业污染物和碳减排，大力推广安全绿色生产工艺技术和装备。钢铁行业推进生产过程清洁生产，提升资源利用效率，促进余热余能清洁高效利用，提高废弃物消纳处理及再资源化水平。化工行业推进原料无害化、生产过程绿色化、产品绿色化发展方向，推进化工行业生产过程能量系统优化，加快生产过程副产物循环利用和资源化利用。煤电行业重点加强粉煤灰和脱硫石膏的资源化利用。建材行业重点推进在水泥、混凝土、墙体材料和机制砂石等产品中提高消纳产业废弃物能力。铸造、热处理行业重点减少制造过程的资源消耗和污染物排放。

专栏4－7　传统行业资源节约高效利用重点方向

钢铁行业。资源循环利用推进以铁素体和有价金属循环利用为核心的含铁固废综合处置技术，深度提升含铁固废资源化利用价值。清洁高效利用推进构建以“多能互补—储能技术—过程能效提升—能源外供服务”为基础，以“源—网—荷—储—管—控”为核心的钢铁工业低碳能源系统，大力进行余能发电、供热和制氢，最大限度节约和回收一、二次能源。其他非含铁固废构建“钢铁—建材”固废综合利用产业链。

化工行业。进一步延伸天然气化工、氯碱化工等产业链的长度，通过技改、改扩建、延链项目建设等进一步提升天然气、盐卤等资源产出水平。深化产业副产物、废弃物如氢气、二氧化碳、氯化氢、炭黑、有机溶剂、高盐废弃物等综合利用，提升资源利用效率。

煤电行业。构建煤电—粉煤灰—建材、筑路、建筑工程，发电—脱硫石膏—建材及装饰材料等产业链。

建材行业。重点发展基于建筑废弃物生产绿色建材，重点开发低碳水泥，推广水泥窑协同处置固废生产技术等设备，促进低碳减排。

铸造、热处理行业。重点发展近净成形、数字化无模铸造、增材制造、铸件余热时效热处理等制造技术。

（五）积极推进低碳产业发展

1. 发展碳减排装置

推动火电、冶金、化工、水泥等重点高耗能高排碳行业率先达峰，加快关键工艺与装备技术创新，降低对化石燃料依赖，推动重点行业用能过程和生产过程节能减排。

推动低碳发电和电力生产减碳。加快构建清洁低碳、安全高效的能源体系，逐步减少对化石能源特别是煤炭的依赖。继续推动全市现有煤电机组实施超低排放和节能改造，试验示范特殊煤种利用技术。注重提高煤电机组运行灵活性，适应未来电力系统调峰需求。探索低碳发电技术，推广燃煤耦合生物质发电技术，助力源头减碳。

推动用能和生产全过程减碳。加快推动碳捕捉、利用与封存技术（CCUS）等碳减排技术在重庆的研发与应用，适时开展 CCUS 在电力、钢铁、水泥、化工等重点行业中的试点、推广和规模化应用，助力高耗能工业行业实现深度脱碳。系统开展减碳、零碳、固碳、碳汇、规模化储能、碳捕集利用与封存等技术和装备的研发、集成和应用。加强碳捕捉、利用与封存领域研发布局和企业引进、培育。

2. 发展绿色能源产业

推动低碳清洁能源对煤炭、石油等高碳且环境影响较大能源的替代，提高风电、光伏、氢能等非化石能源和可再生能源供应。

氢能全产业链。构建制氢、储运、加氢、氢能应用等氢能全产业链，分阶段推进制氢由“灰氢”向“蓝氢”“绿氢”过渡发展，加快智能化高压储氢设备、新型固态储氢材料等氢能储运核心装备研发，构建安全高效的氢能储运方式，逐步提升氢气的储运能力。发挥重庆工业副产氢气资源优势，以商用车为切入点，积极引育氢燃料电池发动机、氢燃料电池堆及质子交换膜等关键领域企业，加强氢能储运、车载储氢等氢燃料电池汽车应用支撑技术研发，促进燃料电池汽车加速工程化、产业化应用。

风电装备规模化发展。依托海装风电等龙头企业，加快完善风电全产业链，推动现有风力发电机组企业加强叶片设计、风力发电机智能控制等关键技术和装备研发和应用，加快 5 兆瓦以上等级风力发电机组产业化、商业化步伐，加强 10 兆瓦等级超导风力发电机组技术储备。

光伏发电装备有序发展。有序推进平价上网的光伏发电项目建设，大力推动光伏发电相关装备制造产业发展。分区域布局集中式光伏电站、工商业分布式光伏发电，推动巫山200兆瓦光伏项目、中广核重庆城口咸宜光伏二期、奉节光伏电站等重点项目建设。

3. 发展低碳综合服务

依托重庆石油天然气交易中心等平台优势，大力推进低碳技术创新与服务发展，加快融入全国碳交易市场建设。

低碳技术创新与服务。发布低碳技术装备及产品推广目录，推广高效制冷、先进通风、余热利用等技术及能耗管理系统，强化新一代数字基础设施低碳管理。鼓励社会力量投资参与低碳技术研发与推广，推动低碳共性技术研究与前沿技术研究，争取在重点领域与关键环节取得突破性进展。探索制定脱碳电价政策，推进碳排放外部成本内部化。探索推进资源环境权益改革，组建专门交易平台，剥离整合碳排放权、排污权交易，开展用能权、用水权交易。

降碳减排创新与服务。健全碳中和科技创新体系，完善碳中和技术产业链条。推动信息化、数字化、智能化在碳达峰碳中和领域的创新融合。加快建设用能权、碳排放权交易市场，建立健全碳汇交易机制，建设有利于碳达峰碳中和的交易市场。

促进碳交易市场发展。依托重庆石油天然气交易中心、国家信息中心能源大数据中心等平台优势，遵循全国碳交易市场规则，完善碳排放权总量及配额交易，积极融入全国统一碳排放权交易市场，引导重庆重点企业有序推进碳排放管理。

四、重点保障措施建议

（一）强化统筹协调

1. 建立完善产业发展协调机制

成立由市领导为组长的重庆市节能环保产业工作领导小组，发展改革、生态环境、经信、科技、财政、市场监管、住建、交通、国资、农业农村、乡村振兴、大数据、人社等市级部门及两江新区、重庆高新区、重庆经开区、万盛经开区、各区（县）负责人为小组成员。工作领导小组办公室设在发展改革部门，承担小组的日常工作。工作领导小组牵头领导、协调全市节能环保产业全局性工作，谋划中长期发展战略规划，制定年度重要政策、重点项目、重大工程专项、产业链供应链稳定和重要工作。建立完善产业发展协调机制，相关市级部门协力推进实施“补链强链”等行动，培育打造“智慧+”“绿色+”的研发—制造—服务—监测—检测—交易一体化特色节能环保产业链。

2. 强化行业组织服务功能

行业组织（商会）与政府主管节能环保工作责任部门建立和完善良好的工作联系机制，及时反映企业诉求、行业发展形势。支持组织行业协会（商会）制定技术和产品认证规则、服务能力评定规则、企业信用评价规则、环境损害评估规则，开展从业人员资质管理，开展节能环保产业统计调查工作，协调企业之间的经营行为，对本行业产品和服务质量、竞争手段、经营作风进行严格监督。支持行业组织（商会）组织产业联盟单位参与制定国家标准、行业标准。加强行业自律，鼓励公平竞争，促进抱团发展，维护行业信誉。

3. 强化重点产业项目支撑

围绕重点园区、企业和节能环保装备制造及服务、资源循环利用、低碳产业发展、产业平台建设等领域，谋划和实施一批节能环保重大项目和重大工程，为产业规划实施提供支撑。围绕水、气、固、土等领域，编制招商目录，建立市级重大项目信息库，加大国内外招商力度。支持区（县）开展节能环保产业链补链强链项目招商引资和落地建设。

（二）加强产业政策支持

通过财政、金融、产业等一揽子政策，发挥好改革和市场机制良好作用，为节能环保产业高质量发展提供保障。

1. 完善政策体系

落实企业税收政策。符合《西部地区鼓励类产业目录（2020 年本）》《重庆市国家重点生态功能区产业准入负面清单（试行）》的节能环保企业，享受西部大开发企业所得税优惠税率、降低税收优惠政策门槛、节能环保先进制造业企业增值税期末留抵退税等优惠政策。落实资源综合利用税收优惠政策，扩大节能节水、环境保护等企业所得税优惠目录范围。入驻中国（重庆）自由贸易试验区的节能环保企业，按照《服务中国（重庆）自由贸易试验区税收优惠政策指引》，享受各项税收优惠政策。节能环保制造业企业研发费用加计扣除比例从 100% 提高至 150%。

加大财政投入政策。出台重庆市节能环保产业高质量发展扶持奖励政策，给予总部经济、重特大项目、经济贡献、企业智能制造等奖励。运用好中央环保专项资金，支持大气、水、土壤污染防治和能力建设等项目。综合运用市级财政专项资金、节能减排补助资金等财政资金，重点支持节能环保企业技术改造和设备更新、关键节能减排技术示范推广和改造升级、节能环保示范标杆企业等项目。支持受疫情等不可预见因素影响的节能环保中小微困难企业申请贷款贴息等补助资金。加大政府绿色采购力度，积极采购再生资源产品。

强化科技创新政策。支持有条件的民营企业积极承担国家部委、省（直辖市）级生态环境科研或技术示范项目，建设国家级或省部级生态环境重点实验室或工程技术中心。引导社会资本、高新区自有资金加大对节能环保领域科技创新及产业化投入，建设节能环保科技园（城）。对高新技术企业优先享受知识产权抵押贷款、商业贷款基准利率贴息补助、研发加计扣除等政策。

深化资源价格改革和实施专营制度。发挥价格机制激励约束作用，深化水、电、气等资源产品价格改革，优化民用、农用、工业用、商业用阶梯价格，完善差别化、限制性、惩罚性价格政策。逐步提高城乡居民生活垃圾处理、废水处理等收费标准，完善生活垃圾焚烧发电价格政策。探索建立工业企业固体废物储运、回收专营制度。

2. 拓宽企业投融资渠道

发展绿色金融。支持商业银行丰富绿色信贷业务。鼓励商业银行、证券投资公司、产业基金等金融机构对节能环保企业开展股权投资、股权质押等业务，探索开展新型节能环保设备融资租赁业务试点。支持商业银行绿色金融绩效纳入央行宏观审慎评估体系。在两江新区、重庆高新区、重庆经济技术开发区等国家级开发区开展绿色金融试点，支持企业发行绿色债券，对符合绿色经济、低碳经济、循环经济的中小微企业开展绿色信贷业务。支持商业银行给予重点节能环保企业以长期优惠利率信贷支持。探索将用能权、碳排放权、排污权、合同能源管理收益权、特许经营收费权等纳入企业征信评价体系，为融资、质押担保、绿色保险等金融服务提供参考。鼓励保险机构发展绿色保险业务。

加大直接融资。畅通绿色债券发行渠道，统一绿色债券标准，支持符合条件的节能环保企业在国内外资本市场发行绿色债券，募集资金用于特定绿色发展项目。支持金融机构和节能环保企业增加绿色投资，探索阶梯绿色融资担保机制，推动设计绿色融资担保机构。支持企业进入国内外资本市场上市融资，支持独角兽公司上科创板。

扶持产业资本。设立绿色发展基金，重点支持符合国家鼓励发展的重大环保技术装备目录的企业首台（套）重大技术装备推广应用、节能环保科技创新中心、产业链补链或强链项目、绿色制造公共服务平台等。支持民营企业引进央企、地方国企等战略资本，促进民企、国企深度融合，共同提升节能环保民营企业市场竞争力。支持产业资本与地方政府投融资平台公司合作发行公募 REITs，建设环保产业园、环保产业城、城乡环保基础设施。

试点气候投融资。探索建设重庆市气候投融资项目库，做好项目储备，出台配套的统计监测机制、信息披露机制与其他相关管理机制，将高质量的项目向国家项目库报备。建设气候投融资合作平台，完善平台运行和监管机制，促进项目建设与运营。

3. 积极推广市场化专业化商业模式

发展制造服务新模式。以两江新区、渝北区、大渡口区、万州区等节能环保服务聚集区为重点，开展生态保护和节能减排工程咨询、能源审计、清洁生产审核和节能审计等第三方节能环保服务模式征集、遴选和推广工作。企业以 PPP、特许经营、BOT 等模式开展环境工程、静脉产业园、零碳园区、生态循环农业园等建设，鼓励金融机构给予其优惠利率长期信贷。

建立绿色服务数据中心。建立全市统一的节能环保大数据平台，推进云计算、大数据、区块链、5G、工业互联网等新一代信息技术与企业绿色制造、节能减排深度融合，加快推行"互联网 +""智慧 +"的行业监测、监管服务。建设重庆市绿色算力中心，与江苏省结对开展节能环保"东数西算"示范工程。

4. 加快完善碳排放权交易体系政策

融入全国统一碳排放权交易。推动火电、化工、冶金、建材、造纸等重点企业纳入全国统一碳排放权交易市场上线交易，通过市场化手段合理配置碳排放配额，引导重点行业降低对煤炭等化石能源的消耗，推动能源结构向清洁化、低碳化发展。培育壮大一批碳交易、碳资产管理服务公司。

推进碳排放权交易试点。在重庆碳排放权交易试点基础上，遵循全国统一碳排放权交易市场交易规则和实施流程，探索交通、建筑等领域碳排放权总量及配额交易，争取碳金融衍生品交易试点、碳排放权交易期货市场试点，建立和完善碳排放权相关交易规则，促进各行业企业主动开展碳排放管理。

建立碳监测系统平台和碳核算体系。借鉴浙江、福建等省市发展经验，依托重庆市能源大数据中心，建立涵盖重点行业的碳排放监测平台，重点监测二氧化碳、氮氧化物等温室气体排放，为企业争取碳排放权、开展碳排放交易提供数据支撑。启动重庆市温室气体清单编制工作，探索建立碳核算体系。

（三）强化要素保障

1. 强化能源物流保障

降低用能用网费。支持电力公司对重点节能环保企业实施优惠生产用电电价，免收需量（容量）电费。鼓励环保产业园区（城）、节能环保企业、城市环保基础设施建设“自发自用”分布式光伏。根据量大从优原则，降低天然气和页岩气价格，提高企业使用清洁能源的积极性。鼓励电信公司对重点节能环保企业实施优惠的电信网络价格。

降低物流费。鼓励发展提供一体化供应链服务的大型节能环保专业物流运输企业集团，对节能环保设备产品运输实行重庆市优惠政策。进一步降低川渝之间高速公路重庆段货车收费价格。

2. 强化土地保障

支持重点项目用地。纳入重庆市市级重点项目名单的节能环保产业项目，土地按最低保护价出让。对节能环保产业发展成效好的区（县），优先配置节能环保产业项目建设用地指标。

支持环保产业园（城）实施用地优惠政策。为节能环保企业提供检验检测、信息技术、研发设计等生产性服务的公司或企业，可享受办公场地租金减免政策。被市级部门认定为“专精特新”的中小企业，可享受办公场地租金减免政策。

3. 强化人才保障

积极引进创新型人才。借助科技成果转化综合服务平台，引进一批拥有重大技术、关键核心技术的人才。完善生态环保科技人才管理和人才引进激励政策，依托“英才计划”“鸿雁计划”“重庆市留学回国人员创业创新计划”等市级人才项目，将高层次科技创新人才纳入重庆英才卡服务范围，分层分类给予配偶就业、子女入学等“10+7”专属服务，积极引进海内外生态环保领域高层次人才。出台重点大学“节能环保”专业优秀毕业生引进计划，给予人才津贴和事业单位编制。以企业创新平台和项目为依托，企业引进的高端人才，经市人社局认可，享受重庆市引进高层次人才政策。

培养一批高端人才。发挥重庆大学、西南大学等重点高校以及中国科学院重庆绿色智能技术研究院等科研机构在培养优秀创新人才方面的作用，鼓励高校设置环保相关学科专业，鼓励科研机构加强专业团队建设。加大高层次人才的培养力度，针对学科带头人、科技骨干制订教育、培训和培养计划，支持优秀的青年科技人才到国内外一流大学和科研机构接受培养或开展合作研究。积极推动符合条件的生态环保科技人才申报院士、"杰出青年"、"长江学者"、学科带头人等高层次人才计划。

建设基础人才队伍。支持各类院校开展校企职教合作，培养节能环保产业中高级技能人才。支持全日制普通高校完善以节能环保为导向的本科学科设置。支持科研院所提升环境科学与工程一级学科研究生教学水平，并扩大研究生招生规模。做好节能环保产业用工预测、培训、储备等人才保障工作，促进企业、园区、网络平台与各类院校合作，支持院校实施企业订单式培训计划、建设技工人才基地，为行业发展做好用工储备。支持企业用工，企业招募实习生、招聘新员工、开展劳务协作，鼓励所在的区（县）财政给予一定的交通、食宿补助。

（四）优化营商环境

加强法律制度约束，建立统一开放、竞争充分、规范有序的市场体系，营造有利于产业高质量发展的市场环境，增强节能环保产业发展软实力。

1. 加强法治建设

严格落实《中华人民共和国节约能源法》《中华人民共和国环境保护法》《中华人民共和国循环经济促进法》等节能环保法律，完善相关配套地方性法规，落实生态环境损害责任终身追究制，加大严重浪费能源资源、污染环境、假冒节能环保产品等违法行为的打击和处罚力度。完善督察机制，实施随机抽查和专项督查相结合的监督制度，加强对重点耗能、碳排放单位监察和对污染源的监管执法。加强信息公开，依法公开重点用能单位节能目标责任考核和国家重点监控企业污染源监测结果，鼓励公众监督企业环境行为。

2. 规范市场秩序

清理废除区（县）和有关部门自行制定的影响统一市场形成的限制性规定，严肃查处影响公平竞争的不合理招投标条件及行为，加快放开垄断行业竞争性环节，完善申诉渠道和行政复议机制。实施环境基础设施建设招投标机制改革，完善质量优先的评标原则，逐步建立优质优价的招投标机制，排除恶性低价竞争行为。加强信用体系建设，完善严重违法失信的市场主体的信用记录，有效实施跨部门联合惩戒；强化纠纷处理，完善节能环保纠纷快速解决机制。严格落实产业项目环评要求，做好环保知识的宣传普及工作，稳妥解决“邻避”问题。

3. 优化市场环境

优化简化项目行政事项审批流程，推进项目行政审批标准、项目核准条件等信息公开，支持区县完善项目绿色审批通道。优化创新创业服务，为节能环保投资创业提供便捷条件，支持节能环保行业产业技术联盟发展，支持骨干企业建设创新载体，落实对小微企业给予多方面的优惠扶持政策。强化对节能环保项目的环境绩效管理，减少政府对项目技术方案、技术路线、技术设备的干预。对农村生活污水、生活垃圾处理项目，加强规划可行性论证，简化项目环评审批，规范工程验收，定期对位于环境敏感区的项目进行环境监督性监测。

第五章

重庆生态移民实践与策略研究

人类发展进程中，人类社会的迁徙既是人类适应自然界变化的过程，也是人类改造自然界的过程。人在征服自然的历史进程中，不断探索人与自然的关系，不断总结人与自然的矛盾，发现并更好地利用自然。正如马克思所揭示，人要与自然“和解”，才能实现人的解放。随着人类社会发展进步和发展水平的提高，生态移民日益受到国内外的重视。我国政府近30余年来进行了积极的探索，取得了积极成果，但受发展阶段、发展水平及财力支撑等因素的制约，还存在许多短板和矛盾。

与此同时，重庆也开展了以易地扶贫搬迁与生态移民相结合的探索实践。与全国一样，重庆已基本完成了“十三五”规划的易地扶贫搬迁建设任务，许多贫困人口走出了大山和自然条件恶劣的地方，生产生活条件得到较大改善，对脱贫攻坚和生态保护作出了贡献，但同时也存在一些困难和矛盾。因此，科学分析重庆直辖以来生态移民实践探索的价值和作用，深入研究存在的短板和相关制约因素，对于新时期重庆进一步加强生态文明建设，坚持走产业生态化、生态产业化之路，切实巩固脱贫攻坚成果，努力实现高质量发展具有重要的现实价值和战略意义。

一、生态移民的概念和理论

（一）移民的定义、分类及特征

长期以来，移民问题是国内外社会科学研究的重点领域。移民与国民经济、社会发展、自然环境等有着密切的联系。对移民问题的持续研究反映了国家未来发展的动向。

1. 移民的定义

学术界对移民的定义表述较多，但尚无统一的权威表述。简单来说，移民是人类社会迁移的过程，包括了人口迁徙活动以及迁徙人群，直接或间接影响着人与自然、社会的关系，推动着人类社会的发展。

根据“移民”的词性，《辞海》释义中，“移民”作为名词，是指人或人的集合，即迁移人口的集合；作为动名词，是指人口的迁移活动。总的来说，移民是人口在不同地区之间的迁移活动的总称。

根据在迁入地居住目的的不同，人口地理学领域认为移民是指人口以某种目的为导向，自愿或非自愿地迁徙到另一个国家或区域，在迁徙目的地从事各类生产生活活动，并被认定为当地社会义务的个人或者人群。同时，这种迁徙活动可以是以重新定居为最终目的①，也可以在迁入地停留一段时间②。

概括而言，移民是指人口因某种原因，自愿或者非自愿从原居住地迁往另一个国家或者地区，永久性或者一段时间在迁入地获得各项居民权利和履行各类社会义务，从事各类生产生活的人口迁徙行为和人群。

2. 移民的分类及特征

由于移民是一个涉及人口、自然、社会的综合性活动，政府与学术界常将移民进行分类研究。常见的有三种分类方式：一是按“移民原因和目的”分类。如工程移民、扶贫搬迁、开发移民、环境灾难、政治移民、教育移民等。此分类方法是国内外移民研究中最重要的分类方式。二是按“移民空间区域”分类。主要分为国内移民和国际移民。国内移民指在同一国家之内从一个地方（省、地区或市）迁居另一个地方，移民方式主要有农村—农村、农村—城市、城市—农村、城市—城市四种。国际移民主要是指离开原籍国前往其他目的国学习、工作和生活的人口，包括技术移民、低技术移民和家庭团聚移民、难民，以及避难者和非法滞留、偷渡、被拐卖等人口。三是按“移民自身意愿”分类。自愿性移民是有权决定是否以及如何迁移，非自愿性移民是无权决定是否以及如何迁移。自愿性移民一般是出于追求更好的生活条件或与家庭团聚的移民，具有明显的利益驱动；非自愿性移民是指迫于现

① 《大美百科全书》、《应用汉语词典》、国际移民组织、联合国等选中此类定义。

② 《中国大百科全书·社会学》卷《应用汉语词典》等选择这类定义。总体来说，我国对移民的定义更广泛些，包括长期与短期的人口迁徙。

实各种因素或公共利益，而不得不迁移外地的移民，具有明显的利益补偿诉求。其中非自愿移民的安置较自愿移民的安置更为艰巨复杂，涉及社会、政治、经济、文化、宗教、资源、环境、技术、心理等诸多方面。本研究依据移民的“原因与目的”进行梳理分类。

工程移民。因修建水库、铁路、公路、港口、机场、工厂等工程，所引起的需迁居它地的移民活动。移民的主体一般是农民，这些农民牺牲了土地权益，需要得到一定的实物和经济补偿。工程移民往往都是政府主导，具有政策强制性、经济补偿性、移民时限性、移民规模大、移民适应期长等特征。例如，20 世纪 50 年代浙江省新安江水电站移民、丹江口水库移民、黄河小浪底工程移民及 20 世纪 90 年代三峡工程移民等。

开发移民。因国家兼顾军事战略和经济战略，通过政治动员，以军事组织或准军事组织的方式开展的移民垦荒或拓疆活动。开发移民主要具有政治性和军事组织性的特征。在我国，开发移民是屯垦戍边历史的延续。新中国成立初期，开发移民的主体是军人，具有戍边与农业生产的双重使命，享有特殊的军事政治待遇和独立军事行政管辖权，体现了军人崇高的奉献精神和自我牺牲精神，如北大荒垦荒、新疆生产建设兵团。在国外，从历史上看，开发移民还具有拓疆殖民性质，如 17 世纪初英国向北美洲殖民地移民、18 世纪末到 19 世纪初的美国“西进运动”（westward movement）、20 世纪初日本的“满洲移民”等。

扶贫移民（易地扶贫搬迁）。在政府和其他机构的组织协调下，为了使贫困人口摆脱现实的恶劣生存状态，获得较好的发展条件与环境而进行的移民活动。根据致贫原因，可分为自然环境致贫性扶贫移民与社会经济环境致贫性扶贫移民。移民的主体是农村贫困居民，他们总体经济状况处于国家贫困线水平，为了使他们获得更好的生产生活条件，并逐步提高经济收入水平而进行必要的移民。扶贫移民具有政府主导、移民主体自愿性、政策鼓励性、经济补助性、移民时间短等特征。扶贫移民在我国又称易地扶贫搬迁。2000 年，我国启动易地扶贫搬迁试点，在国家“十一五”规划纲要中明确提出

“对生态条件恶劣的地区，实施易地扶贫”。例如，宁夏西海固贫困山区生态移民、重庆高山扶贫搬迁。

生态环境移民。因环境灾害或人类过度活动，导致生态环境破坏和地理环境重大恶化，致使生存条件难以承载人类活动而形成的人口迁移活动，或以生态环境保护重建为目的，进行的有计划地将人口从生态环境脆弱地区迁出的活动。生态环境移民是人与自然环境的矛盾变化而产生的自觉行为，并随着人们认识的深化、经济和生活质量提升而产生的高层次需求。移民主体有农牧民或城镇居民，政府引导原住民搬迁到生态环境适宜的地方，并对移民群众的基本生活进行必要的实物和经济补偿。生态环境移民的特征受对生态环境认识的影响，而呈现阶段性的特征。早期生态移民具有应急性、被动性特征，主要针对突发性自然灾害、工业发展过失，移民的目的主要是改善原住民的生存环境和经济条件，满足移民群众的生产生活意愿，生态环保是一种附属功能。例如，苏联切尔诺贝利核电站事故移民、美国三里岛核泄漏移民。又如，20 世纪 90 年代福建省对口帮扶宁夏永宁县闽宁镇生态扶贫搬迁。21 世纪以来，随着国家和人民对生态环保的重视，经济发展整体水平的提高，政府逐步主动作为，加强在有关工作中生态环境移民的主导性。例如，四川省汶川县龙溪乡直台村移民、青海省三江源地区的生态移民、陕南山区移民、内蒙古鄂尔多斯禁止开发区生态移民、甘肃省天柱县黄草川“下山入川”生态移民。

政治移民。政治移民的成因主要来自战争、政变、社会冲突等不可抗力对居民进行严厉管控，形成了为保全生命而进行的大规模、多目的地的迁徙，可以是行政或军事手段推行的强制移民，也可以是自发性的。移民主体是受到政治影响的民众。政治移民具有政府强制性、移民行为具有逃亡性（政治上被称为难民）、经济损失巨大（无补助）、宗教文化限制性、政治庇护（移民条件审查）等特征。例如，近年来，受北非中东地区战争影响，中东北非国家民众向欧洲大规模逃难移民。

经济移民。为追求更好的生活工作环境，以较强的经济实力或技术条件为基础而进行的离开原来区域的移民活动。包括技术移民、投资移民、商业移民、企业移民等。该类移民可能是自发的，也可能是有组织有规模的。移民主体是具有经济实力或专业技能的个人。经济移民具有政府与市场双向选择、移民主体拥有特殊技能等特征，如加拿大经济移民、澳大利亚投资移民。

其他移民。除了以上类别外，还有其他多种因素、多种目的而进行的移民，这些移民大都是为追求更好的生活或工作，如教育移民、婚姻移民、商业移民等。这些移民主体具有较好的经济条件，移民的政策具有普遍性、高技术条件性、长期性。典型案例如韩国教育移民、东亚地区跨境婚姻移民等。

（二）新时期生态移民的认识内涵

生态移民是一个动态发展的概念，是可以实现生态环境、经济社会和人口可持续发展的系统工程。生态移民以人民为中心，持续改善移民生存发展条件，逐步消除区域城乡差异；以我国生态文明建设为核心，实现对迁出地的生态保护，全面推动生态循环经济发展；以政府为主导，在充分尊重移民意愿的基础上，按照主体功能区发展要求对人口实行迁移，促进生产力的合理布局；以市场为载体，推动产业生态化、生态产业化发展；以社会和谐发展为保障，重点关注迁入地人文冲突、原居民利益等问题。因此，新时期我国生态移民的含义主要包括以下五个方面：

第一，以移民发展为中心是新时期生态移民的出发点和落脚点。以移民为主体，以推进生态、生活、生产“三生系统”和谐发展为目的，持续改善移民生活质量。我国生态移民迁出地多为自然资源条件较差的地区。通过生态移民，可以逐步消除区域、城乡之间的差异，推动区域统筹均衡发展。新时期，在为生态移民提供基本生存发展条件的基础上，将更加注重生态移民的生存发展权利。政府为生态移民提供高质量的农业生产条件，给予长期稳定的政策支持。同时，政府对生态移民的补偿将不再是以一次性补偿为主，而是让生态移民充分参与“生态收益权”① 的分配。

第二，新时期生态移民是生态文明建设的重要实践路径之一。生态文明建设是我国“五位一体”总体规划中的重要组成部分，国际经验表明，生态文明建设的重要性会随着国家经济实力的增强而不断提升。按照我国主体功能区建设目标，对生态脆弱区域实行特殊保护。需要保护和修复自然保护区核心区域等重点生态功能区②及八大全国生态脆弱区③的自然生态环境，在限制开发区和禁止开发区严格控制人类活动对自然环境的破坏。通过生态移民，在迁出地实施退耕还林、水土保持、生态综合治理等一系列生态修复工程，减少人类活动对生态脆弱地区的不利干扰。这种以生态因素为动因的生态移民，是生态文明建设的重要实践路径之一。生态移民的分类（按生态动因分）见表5－1。

表5－1 生态移民的分类（按生态动因分）

分类	主要动因	具体类别
生态环境破坏	生态环境严重破坏或崩溃，人类在其中难以继续生存，并且在短时间内生态环境也难以恢复，人类需要从当时当地的生态环境中迁徙出来	环境灾害移民：因洪涝、干旱、泥石流、滑坡、地震等灾变性环境事件导致的生态移民
		环境污染移民：因大规模环境污染突发事件导致的生态移民
		生态环境退化移民：因土地沙漠化、水土流失、生物入侵等生态环境退化引起的生态移民

① “生态收益权”主要是指，生态移民原居住地的生态环境改善后，生态环境将变成生态资源、生态资产，这种生态价值可以转化成经济收益。这种生态经济收益权利应该是生态移民应有的权益。

② 我国重点生态功能区的典型特征是：承担着保护国家生态屏障的重要责任，丧失了一定的发展机会；耕地、牧地等被限制开发，制约着农牧民增产增收；受污水、废气、固体废弃物等排污指标的限制，工业、农产品加工业未能得到充分发展。

③ 八大全国生态脆弱区是指，东北林草交错生态脆弱区、北方农牧交错生态脆弱区、西北荒漠绿洲交接生态脆弱区、南方红壤丘陵山地生态脆弱区、西南岩溶山地石漠化生态脆弱区、西南山地农牧交错生态脆弱区、青藏高原复合侵蚀生态脆弱区、沿海水陆交接带生态脆弱区。

续表

分类	主要动因	具体类别
生态环境改善	在一定的区域内，由于人类的生产生活等活动直接或间接地对生态环境造成影响与破坏，生态环境在逐渐退化或难以正常维持，需要通过迁徙当地的人口来减小对生态环境的影响，使得生态环境能够逐渐好转	保护与修护林草植被移民：因封山育林、人工造林和草地治理等导致的生态移民
		水源涵养区移民：因保护饮用水水源、水资源合理配置等导致的生态移民
		减少水土流失移民：因河道治理、淤地坝建设等导致的生态移民
		保护生态多样性移民：因保护迁出地生态环境的多样性导致的生态移民
生态环境高品质追求	由于人们对更优质的生态环境的追求，而自愿选择迁徙到自然生态环境比原居住地更优，或者能满足其特定生态环境需求的区域	向更好的、理想的生态环境移居，以满足移民对特殊生态的喜好

第三，发展生态经济是生态移民的内在要求。生态移民地区应树立“绿水青山就是金山银山”理念，将“生态产业化、产业生态化”作为区域经济发展的核心宗旨，重点发展循环经济、低碳经济、环保经济。特别是原地或者就近安置的生态移民，虽然可以通过全面实施高标准农田建设、农业水利设施建设等工程来提升资源环境承载能力，但短时间内区域的资源环境承载能力并不能明显改善。在新时期，需要因地制宜地选择特色产业，充分挖掘“绿水青山”中蕴含的生态价值，生产高经济附加值的生态产品，促进“移民区”产业结构调整。全面引导移民培养绿色生产生活方式，将节约资源、保护生态环境等理念充分融入社会文化中。

第四，社会文化发展、公共治理及公共服务是新时期生态移民的重要保障。在推进生态移民工作中，不仅要注重移民法治环境建设和为移民提供基本公共服务保障，也要尊重移民的民族文化习俗，为移民在迁入地“稳定住”“融得入”提供保障。首先，生态移民需要一个良好的法治环境。政府在制定生态移民相关法律法规的基础上，加强在生态移民安置、土地权属转换、户籍管理、社会保障等重点领域的法治建设，尤其是要强化公开、公平、公正的司法执行力。其次，生态移民需要完善的公共服务。政府及社会（市场）为生态移民提供住房、医疗、教育、就业救助和社会保险等方面的公共服务。最后，生态移民需要考虑民族及文化问题。特别是跨区域跨民族的生态移民，生态移民原来的社会风貌会被彻底改变，原居住地特定的生产方式、生活方式、生活技能、民俗习惯等都被迫改变。同时，生态移民会为迁入地带来新的文化，迁入地原本平衡的社会体系也会受到相应影响，在经历不断碰撞融合后，社会体系将达到一个新的平衡。

第五，长期性、主动性、系统性、高水平是新时期生态移民的重要特征。我国作为世界上第二大经济体，政府财政实力、人民生活水平不断提升；经济发展进入新常态，并具备保持平稳较快发展的基础和潜力。这一系列条件为生态移民从被动转移到主动迁徙，从应急性搬迁到长期可持续性迁徙，从局部性开展生态移民到系统性开展生态移民，从低水平阶段走上高品质阶段，提供了强有力的支撑。以往，我国生态移民主要是“扶贫”，生态移民的成效也是低水平的安置。新时期，我国的生态移民将实现“以‘扶贫’为重→‘扶贫’与‘生态保护’并重→以‘生态保护’为重”三个阶段的转变，生态移民向高水平发展阶段迈进。

专栏 5-1　新时期背景下我国生态移民的四个特征

特征一：长期性。生态移民将从一种应急性迁移变成一种长期性发展战略。具体表现：一是我国生态移民将根据主体功能区发展要求，以持续改善生态环境和人民生活为目标，形成以“生态保护及修复”为重点属性的，从长期看是持续的，而非单纯的应急性生态移民。二是生态移民将是我国一种长期性发展战略，国家层面及省级层面将制定中长期《生态移民规划》，指导全国中长期的生态移民工作。

特征二：主动性。生态移民将更具有主动性。具体表现在：一是政府作为实施主体将更加主动。不再仅以执行上级政府部门要求的扶贫目标和当期目标为主要内容，而是根据当时实际情况，制定实施生态移民。

二是生态移民（政府主导或者引导的类型）将在搬迁意愿、搬迁地点选择、搬迁方式选择、安置点住房设计建设、基本生产生活配套、基本社会保障等安置计划全流程上更加充分地听取生态移民的意见，更加注重他们的主动性和能动性。三是生态移民将逐步由政府引导为主的被动性移民转变成因为保护当地自然生态环境或者追求更好的生活品质而自愿主动选择搬离原居住地。四是以往的生态移民以“扶贫减困”为主，生态保护及修复为辅。新时期，生态移民的“生态保护及修复”功能将是最主要的目标，主动性更加明显。

特征三：系统性。生态移民将是一个系统性工程。具体表现在：一是生态移民不再仅以集体身份划分某个特定区域的人口为生态移民，而是根据移民迁徙的原因进行划分，可能是全区域零星的人口迁徙。只要是为了保护被迁出地生态环境或者为了追求更好的生态环境的人口都算是生态移民的范畴。二是生态移民是政府、生态移民、接受地居民、市场、社会等主体之间相互作用的系统工程。生态移民工作也是一项系统性工作，需要政府建立“政策引导、项目带动、社会参与、移民开发”的运行机制，采取政策优惠、资金扶持、利益驱动、技术指导等多种途径和方式，调动全社会力量参与。三是生态移民将成为国家整体战略，由国家顶层设计。随着生态移民的发展，生态移民将会出现跨大区域的迁徙，将涉及国家层面多个部委、跨省市政府之间的协作问题，而不再是国务院扶贫办、国家发展改革委、农业农村部等几个相关国家部委，以及以实施区域为标识的地方政府。四是生态移民范围也将不断扩大，由西部自然环境较为脆弱地区扩展到全国，如“生态环境高品质追求”型生态移民将在全国范围内出现。

特征四：高水平。我国的生态移民含义中应更多包含“发展”[①]的含义，以重新布局生态脆弱地区生产力，为人口提供更好的发展条件、更高的品质生活为主要目的。主要是不断改善生态移民的生活和生产条件，实现高水平的生态移民安置。例如，美国、日本等发达国家，由于生态移民教育程度较高，政府对生态移民的安置重点放在房屋及公共设施建设上，而不是新的就业机会和土地制度上。新时期，我国政府对生态移民将给予长期稳定的投资支持，帮助生态移民开发和创业。在住房、医疗、教育、技能培训、信贷等方面给予生态移民全面保障。对原本生产生活条件已经较好的生态移民提供高品质生产生活条件。

（三）新时期推动生态移民的战略意义

2020年，我国全面建成小康社会后，随着我国经济社会的发展，人民对个体发展和生态的需求有所改变，国家对生态文明建设的要求也有所扩充，因此，新时期生态移民对我国巩固脱贫成效、生产力布局、生态供给及生态文明建设具有重要的功能和作用。主要体现在以下几个方面：

第一，将有助于新时期我国巩固脱贫成效工作取得新胜利。我国在2020年消灭了绝对贫困，但贫困是一个相对的标准，也是一个动态的情况，我国将长期处于社会主义初级阶段这一判断并没有改变。随着我国扶贫开发工作的深入，贫困面逐步缩小，2020年以后相对贫困的人口将主要集中在生态环境脆弱地区。根据国家发展改革委的调查研究，在2050年以前，我国将有1000万人（主要集中在西南和西北的生态环境脆弱地区）需要通过易地搬迁

① 发展包括两个方面：一是人们为了保护迁出地的生态环境，或者是随着人口对自然环境的开发程度不断加强，生态环境在可预期的未来压力较大，为保护区域生态环境和提供更优质的自然生态环境，同时为了给移民个体发展创造更好的生活生产条件而导致的移民。二是迁出地自然生态环境良好，人们为了获得更优质的生产生活条件和自然生态环境而导致的移民。

来解决原居住地的生态环境恶化与贫困问题。[①] 新时期，生态移民将是以生态修复为主要目标的一种巩固脱贫成效的方式。开展生态移民可以对迁出地产生明显的生态效益，而且可以给移民本身带来更好的生存发展条件，产生巨大的经济效益。

第二，将有助于新时期我国生产力实现新布局。党的十九大报告指出，新时期我们要建设的现代化是人与自然和谐共生的现代化。实施生态移民是遵循《全国主体功能区规划》，科学合理利用国土空间资源，科学布局生产力，形成科学的生产空间、生活空间、生态空间的重要途径。生态移民原居住地主要是我国生态相对脆弱、资源禀赋先天不足、自然承载力不强的地区，通过生态移民将原居住地居民迁移到自然生态条件较好地区，可以实现对原居住地的生态保护和自然修复，又可以为迁入地带来新的生产力。生态移民能推动迁出地和迁入地生产力和生产关系的重新布局，逐步建成人与自然和谐共生的现代化国家。

第三，将有助于新时期我国生态文明建设取得新成就。党的十八大把生态文明建设纳入“五位一体”总体布局中，党的十九大把坚持人与自然和谐共生作为基本方针，进一步明确了推动生态文明建设。习近平新时期中国特色社会主义的生态文明观要求以资源环境承载能力为基础，以自然规律为准则，坚持可持续发展，实现人与自然和谐共生。但随着人口增长、经济社会的高速发展，人类对自然生态的开发力度将持续加大，人与自然的矛盾不断加深。通过实施生态移民，将生态脆弱地区的人口迁出，符合国家生态战略与生态安全的要求，既可以推动我国生态文明建设，又可以充分体现国土空间价值。

第四，将有助于新时期我国生态供给实现新突破。中国特色社会主义进入新时期，我国社会主要矛盾已经转化为人民日益增长的美好生活需要和不

① 李南洁，何丙辉，肖新成. 高山生态扶贫搬迁研究：以重庆山区为例[M]. 北京：科学出版社，2017.

平衡不充分的发展之间的矛盾。人们对物质文化的需求达到了更高的层次，对环境保护、生态安全等方面的要求也日益提升。实施生态移民的区域，可以通过加强对迁出地的生态环境修复、选择并扶持生态效益高的产业发展等方式增加生态供给的数量，创新丰富多样的生态资源、产品和提升生态供给的品质，实现全国生态供给新突破，满足人民对高品质生态资源、产品的需求，带动地区实现高质量发展、人民获得高品质生活。

二、重庆直辖以来生态移民演进历程及特征

1997 年重庆市直辖以来，对“生态移民”的认识和实践大致经历了前期试点、逐步扩大和综合推进三个阶段，呈现出规模从小到大、生产生活生态融合由浅到深、对生态文明认知由低到高转变的总体特征，取得了解决贫困和生态保护的明显成效。重庆市生态移民实践见图 5－1。

（一）第一阶段：生态移民前期试点

重庆直辖以来，在三峡工程移民的同时，开展了巫山县易地扶贫搬迁试点的移民工作，客观上为后续生态移民实施做了相应准备。

1. 基本情况

历史背景。我国搬迁扶贫始于 1983 年的“三西吊庄移民”扶贫。2001 年，为进一步改善贫困地区的基本生产生活条件，逐步改变经济、生活、文化落后状况，尽快解决贫困地区少数特困人口温饱问题，我国在西部地区开展易地扶贫搬迁试点工作，把实施易地扶贫搬迁工程作为新世纪扶贫工作和实施西部大开发战略的重要举措。在此背景下，国务院出台《中国农村扶贫开发纲要（2001—2010 年）》、国家计委出台《关于易地扶贫搬迁试点工程的实施意见》（计投资〔2001〕2543 号），在内蒙古、贵州、云南、宁夏 4 个省（自治区）开展易地扶贫搬迁试点。

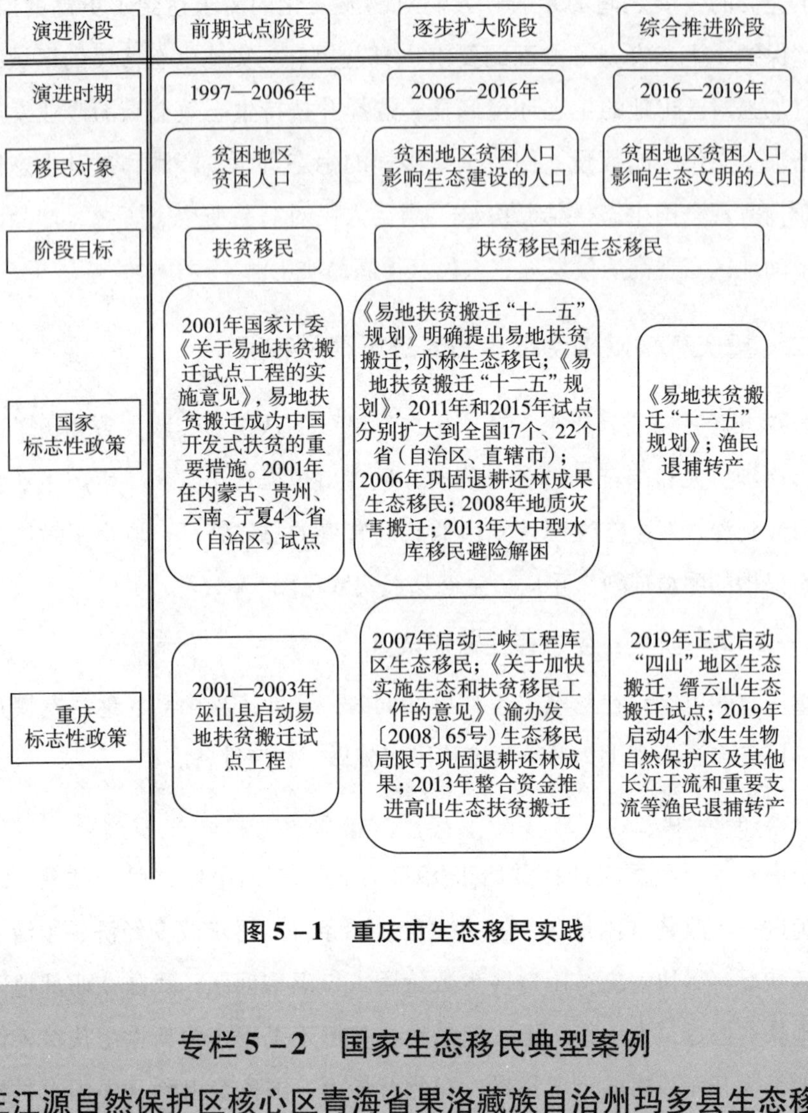

图 5－1　重庆市生态移民实践

专栏 5－2　国家生态移民典型案例

三江源自然保护区核心区青海省果洛藏族自治州玛多县生态移民

1. **实施目标：**计划整体搬迁果洛州玛多县扎陵乡。搬迁 388 户 1800 人。建成无人区。禁牧面积 558 万亩，减畜 11 万只羊。计划州内县外安置方式。迁入地与迁出地距离 340 千米。

2. **实施时间：**2003 年 9 月 20 日至 2007 年底。

3. **移民意愿**：移民意愿的影响因素有家庭人口、可利用草场、资产、收入水平等。通常家庭人口少、可利用草场面积少、收入水平低的贫困家庭在退牧还草过程中，其收入减少较低，响应移民搬迁的积极性较高；反之移民意愿较低。

4. **实施过程及结果**。

整体搬迁：第一阶段（2003—2004 年）：计划整体搬迁果洛州玛多县扎陵乡。实施过程中仅搬出 193 户共 799 人，实现州内县外安置。其余 189 户经政府反复做工作无效，不愿意搬迁。第二阶段（2006 年）：调整方案，189 户的目标任务调整到本县另外的黄河、黑河两个乡进行。自愿移民，州外安置到 450 千米以外的海南州同德县。

零散搬迁：2004 年，在县内结合实施易地扶贫搬迁项目，计划搬迁 203 户 788 人。

完成目标：未实现全乡整体搬迁、建成无人区的初期目标。通过变通，搬迁人数实现目标。

5. **安置方式**：整体搬迁、县外安置；零散搬迁、县内安置。

6. **生态移民搬迁牧民构成**：较为贫困的牧民、少畜户或绝畜户、牛羊收入较少、靠帮工帮牧或打工为生约占 70%；为子女上学搬到城镇移民村，属于教育带动移民约占 20%；经商户、乡村干部、牛羊较多的牧民自愿转为城镇居民约占 10%。

资料来源：杜发春．三江源生态移民研究［M］．北京：中国社会科学出版社，2014.

主要任务。这一阶段以国家试点为主，未在全市实施。通过试点，积极探索新形势下脱贫工作和恢复贫困地区生态环境的新途径、工作特点、主要方法，为今后更好地开展工作积累经验。

主要做法。参照国家易地扶贫搬迁试点工程实施办法，巫山县于 2001—2003 年启动并实施易地扶贫搬迁试点工程。其后由于国家对移民县易地扶贫搬迁政策的调整，停止了对移民县易地扶贫搬迁试点工程。

主要效果。通过易地扶贫搬迁试点，建设了一批安置住房和基础设施、公共服务设施，贫困村社的生产生活条件得到显著改善，建卡贫困户“出行难、饮水难、看病难、上学难、增收难”进一步缓解，解决了试点镇乡建卡贫困户的脱贫和发展问题，有力推动了贫困村社人口脱贫、产业集聚和城镇化进程，产生了良好的经济、社会和生态效益，受到贫困群众的普遍欢迎。

2. 主要特征

在这一阶段，生态移民概念尚未正式形成，重庆开展生态移民探索，客观上为重庆启动生态移民的探索实践做了相应铺垫和准备。一是移民搬迁以扶贫为核心目标，以建卡贫困户为搬迁对象。二是在国家扶贫重点县巫山县开展扶贫移民试点工作，取得了扶贫移民的经验，为生态移民探索路径。

（二）第二阶段：生态移民逐步扩大

2006 年以来，重庆先后开展了以扶贫解困、生态保护与修复、避险解困为主的扶贫移民和生态移民（即生态搬迁），生态移民逐步启动，并进入全市生态移民逐步扩大阶段，也是生态移民成效的同比增量比较显著的阶段。

1. 基本情况

历史背景。一是扶贫解困方面。在 2004 年 5 月召开的全球扶贫大会上，我国政府庄重承诺“用 10 年时间尽快解决少数贫困人口的温饱问题”“力争到 2020 年贫困人口基本实现小康”。为兑现这一承诺，自“十一五”以来，国家着力推动扶贫移民和生态移民，帮助生存条件恶劣地区的贫困人口脱贫，促使安置区经济、社会协调可持续发展的同时，恢复和改善迁出区生态环境，为贫困地区建设小康社会创造条件。二是生态保护与修复方面。为保护三峡地区生态环境，确保三峡水库水资源和水质安全，启动长江三峡工程库区生态移民，实施“绿化长江、重庆行动”。三是生存环境安全方面。以规避受地质灾害和生态威胁的居民生产生活问题为出发点，启动地质灾害搬迁和大中型水库移民避险解困。

专栏 5－3　2006—2016 年国家生态移民的主要政策

一是实施以扶贫解困为主的扶贫移民和生态移民。《国民经济和社会发展第十一个五年规划纲要》要求“对生存条件恶劣的贫困地区，实行易地扶贫”，并把易地扶贫搬迁确定为“中央政府投资支持的重点领域”。为此，国家发展改革委先后实施了易地扶贫搬迁“十一五”规划、“十二五”规划。其间，易地扶贫搬迁试点 2011 年扩大到全国 17 个省（自治区、直辖市），2015 年扩大到 22 个省（自治区、直辖市）。退耕还林作为我国实施西部开发战略的重要政策之一，为巩固退耕还林成果，《国务院关于完善退耕还林政策的通知》（国发〔2007〕25 号）要求“继续推进生态移民。对居住地基本不具备生存条件的特困人口，实行易地搬迁。对西部一些经济发展明显落后，少数民族人口较多，生态位置重要的贫困地区，巩固退耕还林成果专项资金要给予重点支持”。国家有关部委研究制定了《巩固退耕还林成果专项资金使用和管理办法》，提出了“对有条件的退耕农户实行生态移民”。

二是实施以生态保护与修复为主的生态移民。在长江三峡库区 20 个县区（市）库周区域淹没线以上至第一道分水岭脊线以下区域，从 2007 年开始实施长江三峡工程库区生态移民 20 万人，其中重庆辖区 15 万人。

三是实施以避险解困为主的生态搬迁。为切实保障受地灾威胁群众的生命财产安全，解决受灾群众生计问题，2008 年起实施了地质灾害搬迁；为从根本上解决大中型水库避险解困对象①居住安全问题和增收致富难的问题，2013 年起实施了大中型水库移民避险解困。

---

① 大中型水库避险解困对象：居住在地质灾害隐患点、水上漂、居住环境恶劣等三类人员，以下称“三类人员”。

专栏 5-4 国家生态移民典型案例

内蒙古鄂尔多斯禁止开发区生态移民

2007 年，内蒙古鄂尔多斯市政府实施《农牧业经济“三区”发展规划》（鄂府发〔2007〕49 号）（以下简称《规划》）。《规划》将全市划分为禁止开发区、限制开发区和优化发展区三类农牧业主体功能区，将生态严重退化、人居环境恶劣和不具备农牧业生产条件的区域划分为禁止开发区。根据《规划》，禁止开发区主要分布在库布其和毛乌素沙漠腹地、干旱硬梁区的缺水草牧场、水土流失严重的丘陵沟壑区、依法设立的各类自然生态保护区和工矿采掘区，面积 4.44 万平方千米，占全市总面积的 51.1%，涉及 47 个苏木乡镇、344 个行政嘎查村，农牧业常住人口 27.1 万人，水浇地 84.5 万亩、草牧场 4389.1 万亩。区域内以生态保护为主，通过逐步搬迁转移农牧业人口，减少人为活动对生态的破坏，减轻生态环境承载压力，促进生态系统修复。

《规划》实施后，鄂尔多斯市遵循“政府引导、群众自愿、分步推进”的原则，按照先试点、后全面推开的工作部署，有序实施人口转移。截至 2015 年底，已累计转移农牧民 13.4 万人，在人口转移后的区域建成生态自然恢复区 2.37 万平方千米。人口转移主要有生态移民和矿区移民。第一，生态移民由财政投入，实行“四个一”移民搬迁政策，即提供一套住房，为每户转移进城的农牧民无偿提供 1 套 70 平方米的住房；找到一份工作，转移农牧民每人补贴 3000 元，进行职业技能培训，确保顺利再就业；落实一份社保，稳定就业的纳入城镇职工社保体系，未稳定就业的纳入城镇无业人员社保体系；发放一份补贴，转移后的农牧民 5 年内每人每年给予 4000 元的生活补贴（2011 年将补贴标准提高至 6000 元，2013 年将补贴时限延长至 8 年）。到 2015 年，全市累计投入资金 47 亿元，转移农牧民 8.6 万人，建成生态自然恢复区面积 2.23 万平方千米，其中 356 个牧业社、55 个嘎查村、1 个乡实现整体搬迁转移；建成移民安居住房 3.17 万套，在建

0.82 万套。第二，矿区移民由旗区负责组织、企业出资，主要搬迁转移中心城区周边及煤炭富集区的居民。到 2015 年，已累计投入资金 24.6 亿元，移民 4.8 万人，退出土地面积 0.14 万平方千米。

2007—2015 年的搬迁工作取得了良好的成效，为后期转移资源型缺水地区和不宜人居、工矿采掘塌陷区域的 1.4 万农牧民提供了宝贵的工作经验。

资料来源：根据《鄂尔多斯市保障禁止开发区农牧民生产生活工作方案》（鄂府办发〔2015〕100 号）摘编。

主要任务。一是脱贫和发展。推广易地扶贫搬迁经验，全市重点解决秦巴山和武陵山连片贫困地区、退耕还林还草地区贫困人口的脱贫和发展问题。二是生存和发展。主要包括切实保障受地质灾害威胁群众的生命财产安全，解决受灾群众生计问题；从根本上解决大中型水库避险解困对象居住安全和增收致富难的问题。三是生态和发展。实施长江三峡工程库区生态移民，改善库区生态环境，发展生态循环经济，显著提高移民生活质量和综合素质等。

主要做法。重庆以实施国家相关专项为契机，全面启动生态移民，出台《关于加快实施生态和扶贫移民工作的意见》（渝办发〔2008〕65 号）和 2013 年整合各类财政专项实施高山生态扶贫搬迁。2008 年以来重庆生态移民相关规范性文件见表 5－2。

表 5－2　2008 年以来重庆生态移民相关规范性文件

一、市委、市政府规范性文件			
年份	规范性文件名称	主要目标	资金安排
2008	《关于加快实施生态和扶贫移民工作的意见》（渝办发〔2008〕65 号）	到 2012 年，全市完成生态和扶贫移民 35 万人（其中，生态移民易地扶贫搬迁 12 万人、巩固退耕还林 23.6 万人）；到 2017 年基本完成生态和扶贫移民搬迁任务	从 2008 年起，全市生态移民市级以上资金补助标准上限统一为人均 5000 元

续表

一、市委、市政府规范性文件			
年份	规范性文件名称	主要目标	资金安排
2013	《关于加快推进高山生态扶贫搬迁工作的意见》（渝府发〔2013〕9号）	2013—2017年，全市完成高山生态扶贫搬迁50万人	市级资金按平均每人8000元落实到区、县（自治县），由区（县）财政在一定配套的基础上进行统筹安排
2016	《重庆市"十三五"高山生态扶贫搬迁实施方案》（渝府办〔2016〕3号）	"十三五"期间规划25万农村建卡贫困人口搬迁，2018年最终确定为28.58万人	提供8000元/人的建房补助
2017	《深化易地扶贫搬迁工作的实施意见》（渝委办发〔2017〕57号）	—	在深化易地扶贫搬迁工作实施意见中明确贫困户建房补助每人不低于12000元、深度贫困户建房补助每人不低于15000元
2018	《关于进一步做好易地扶贫搬迁工作的通知》（渝府办〔2018〕11号）	易地扶贫搬迁作为当前脱贫攻坚的一项重点工作	—

<table>
<tr><th colspan="3">二、市级相关部门规范性文件</th></tr>
<tr><th>年份</th><th>规范性文件名称</th><th>主要内容</th></tr>
<tr><td>2013</td><td>《重庆市高山生态扶贫搬迁资金管理办法》（渝财农〔2013〕254号）</td><td>明确了高山生态扶贫搬迁资金管理具体办法</td></tr>
<tr><td>2016</td><td>《重庆市"十三五"易地扶贫搬迁融资资金使用管理暂行办法》（渝发改地〔2016〕786号）</td><td>确定了"市级统一购买服务、市级融资平台统一承贷、市级融资平台委托区（县）归集还款资金、市级融资平台统一还款、市级财政兜底保障"的融资运作模式</td></tr>
<tr><td>2017</td><td>《"十三五"易地扶贫搬迁建卡贫困户农房整宗地收益权收储实施方案》（渝发改地〔2017〕1029号）</td><td rowspan="2">由区（县）平台公司利用易地扶贫搬迁融资资金对"十三五"易地扶贫搬迁建卡贫困户农房整宗地收益权实行收储，确保农户不因搬迁建房而影响脱贫</td></tr>
<tr><td>2018</td><td>《关于加强指导"十三五"易地扶贫搬迁贫困户农房整宗地收益权收储工作的通知》（渝国土房管〔2018〕222号）</td></tr>
<tr><td>2019</td><td>重庆市发展和改革委员会　重庆市扶贫开发办公室关于加快办理易地扶贫搬迁户房屋不动产权证的通知（渝规资规范〔2019〕1号）</td><td>落实中央第四巡视组脱贫攻坚专项巡视反馈意见，有效解决易地扶贫搬迁户建房超面积问题</td></tr>
</table>

2013—2015 年，重庆市计划高山生态扶贫搬迁总人口 50 万人，实际完成搬迁总人口 51.63 万人。此外，2007—2010 年还完成了三峡水库生态移民 15 万人。2013—2015 年重庆市高山生态扶贫搬迁累计已搬迁入住人口情况见图 5－2。

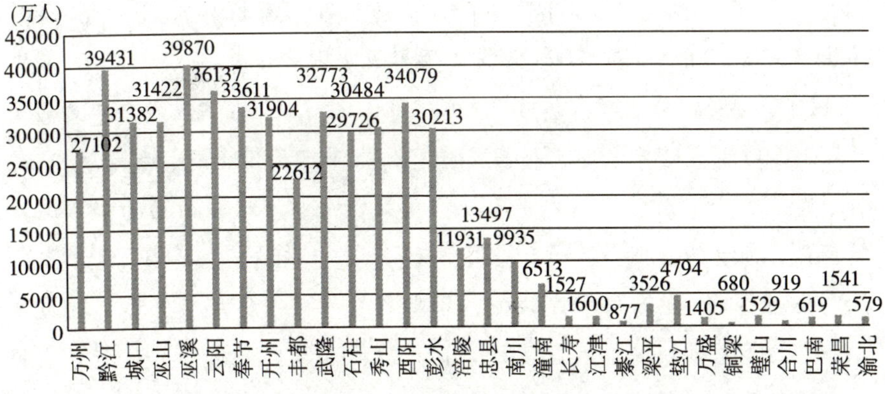

图 5－2　2013—2015 年重庆市高山生态扶贫搬迁累计已搬迁入住人口情况

数据来源：根据中介机构对高山生态扶贫搬迁抽查数据整理。

主要效果。一是区域贫困问题逐渐缓解。随着市级重点贫困县的全部退出和国家重点贫困县的逐步退出，区域贫困问题逐渐缩小到武陵山区和秦巴山区国家重点贫困县，大部分贫困人口“两不愁三保障”得到基本解决。如全市高山生态扶贫搬迁区县从 2013 年的 30 个区（县）减少到 2016 年的 17 个区（县）。二是特定人口生产生活稳定。受地质灾害影响的人员和大中型水库避险解困“三类人员”，实现了从“担惊受怕”“居无定所”到稳定生产生活的转变。三是特定区域生态环境持续向好。三峡水库库周生态移民、退耕还林区贫困人口生态移民基本实现“搬得出、安得稳”，水库消落带治理初见成效，贫困地区生态逐渐恢复；退耕还林区和石漠化区生态恶化趋势一定程度上得到减缓，区域生态保护和修复效果明显。

专栏5-5 重庆生态移民案例

巫山县庙堂乡整乡搬迁

庙堂乡位于三峡库区腹地，全乡2308名村民散居在海拔1200米至2400米的高山上。庙堂乡山高坡陡，交通闭塞，面积有80多平方千米，耕地却只有3000多亩。2008年是中国十大贫困乡镇之一。

2007年，庙堂乡年人均收入不足1700元，1/3的贫困人口年均收入还不到500元。庙堂乡距离巫山县城有6小时车程，化肥、种子、电池、洗衣粉等生产生活资料一运上山，价格就翻了番。很多外面看来很常见的商品，庙堂的农民不敢用，更用不起。

巫山县委、县政府研究认为，庙堂乡如果按照传统模式脱贫，仅交通、电力等基础设施投入就超过2亿元，而实施整乡搬迁，政府只需投入0.4亿元，就可让大部分农民改善生产生活条件，缩短脱贫时间。

2008—2009年，2000多名庙堂乡农民基本上整体搬出大山，被集中安置在巫山县城，以及两坪乡仙桥村、双龙镇乌龙村。原庙堂乡的部分农民落户巫山县城，获得城镇户口，享受与城镇居民相同的待遇，每人享有1.8万元经济适用房补助和2000元退地、转户、进城扶持金。政府还在巫山县城内统一调剂了10亩土地帮助移民建造经济适用房，同时对庙堂农民进行工作安置，规定每个生态转移户可择优选取1个劳动力免费培训，安置到该县相关企业工作。重庆市政府允许搬迁村原有的土地实行有序流转，承包经营，大大提高了土地的利用价值。庙堂乡政府对搬迁户的跟踪调查结果表明，生产生活条件比以前好的农民比例达到了90%以上。2009年8月，重庆市人民政府撤销庙堂乡人民政府行政建制，将庙堂乡所辖区域整体划归平河乡管辖。原定3年完成的整乡搬迁任务提前一年半完成。

移民安置：一部分移民成为县城城镇居民，另一部分搬入县内其他乡镇或者邻近巫溪县。

移民资金保障：具有房屋安置补助和退地、转户、进城扶持等资金补助。

劳动力技能培训：进入县城的农户每家免费获得一名劳动力技能培训；搬入其他乡镇的免费进行了10批次350余户村民的药材种植、香菌种植、养殖等实用技术培训班。

迁出地生态价值：庙堂乡撤销乡的行政建制，迁出地土地有序流转，实行承包经营，大大提高了土地的利用价值。

搬迁组织保障：按照“政府引导、群众自愿、分类安置、逐步推进、安稳致富”的搬迁原则，结合城乡统筹发展，形成了“1+3+N”模式促进搬迁。“一种自信、三大信念、四条措施”消除搬迁顾虑，“一张卡片、三项承诺、六条制度”做好搬迁服务，“一人带头、三户带动、多方联动”加快搬迁进程。

资料来源：重庆巫山县：生态移民搬迁让高山农民走上致富路［EB/OL］. 新华网，2009-12-10.

2. 主要特征

在这一阶段，重庆生态移民范围逐渐扩大，生态移民经验不断积累。一是被动性、应急性特征明显。围绕生态和发展需要，以减少生态环境的风险为初衷，从规避受到地质灾害和生态威胁的居民生产生活问题出发，在三峡水库生态脆弱区等特定区域，针对退耕还林、地质灾害和大中型水库移民等特定贫困人口，更多的是被动性、应急性的移民搬迁。二是扶贫与生态并重。渝办发〔2008〕65号文件把生态移民和扶贫移民结合起来，既关注生态，又关注扶贫。三是生态移民概念开始形成。国家《易地扶贫搬迁“十一五”规划》明确提出“易地扶贫搬迁，亦称生态移民”。但此阶段“生态移民”概念是逐渐形成的，从最初的巩固退耕还林成果专项中退耕还林贫困人口的搬迁，到结合生态保护与环境治理的三峡水库生态移民和大中型水库移民避险解困等，移民的生态目标逐步得到强化。

（三）第三阶段：生态移民综合推进

2016年以来，重庆在“生态同心圆”与“贫困同心圆”叠加的情况下，主动适应生态文明建设需要，在继续推进高山生态扶贫搬迁的同时，启动了“国家级自然保护区整治和长江鱼类资源保护”和试点了重庆特征的“四山”地区——缙云山国家级自然保护区生态移民，步入了综合推进生态移民的新阶段。

1. 基本情况

历史背景。“十三五”时期是全面建成小康社会决胜阶段，也是脱贫攻坚的关键阶段，贫困人口“两不愁三保障”仍然是工作的重心。随着2020年全面建成小康社会，脱贫攻坚战结束，易地扶贫搬迁等以脱贫为导向的重大工程任务也将完成。目前全国各类自然保护地人与自然的矛盾依然突出、自然环境恶劣地区“一方水土养不起一方人”的问题依然突出。据初步统计，重庆市内各类自然保护地总面积1.7万平方千米，保护地内尚有超过200万居民（其中自然保护区核心区居民12万人）和3000余家企业，消落区、水土流失严重地区、石漠化地区治理难度大，“生态同心圆”与“贫困同心圆”叠加。有效减少人类活动对生态环境的破坏，实现生态环境根本好转和民生改善的“双赢”，需要前瞻性地围绕生态搬迁进行顶层设计，并且长期推进、久久为功。

专栏5-6　2015—2017年国家生态移民的主要政策

2016年1月，在重庆召开的推动长江经济带发展座谈会上，习近平总书记为长江治理开出了治本良方，提出要“共抓大保护、不搞大开发”，走“生态优先、绿色发展”之路。这是总书记为推动长江经济带发展立下的规矩、划定的红线。

为贯彻落实习近平总书记共抓长江大保护系列重要讲话精神，根据2017年中央1号文件“率先在长江流域水生生物保护区实现全面禁捕”的决策部署，切实保护长江水生生物资源，修复水域生态环境，2017年2月，《农业部关于推动落实长江流域水生生物保护区全面禁捕工作的意见》（农长渔发〔2017〕1号）出台，启动了渔民退捕转产。

2015 年 11 月，环境保护部印发了《关于开展生态保护红线管控试点工作的通知》（环办函〔2015〕1850 号），选择江苏、海南、湖北、重庆和沈阳开展生态保护红线管控试点，指导试点地区在生态保护红线区环境准入、绩效考核、生态补偿和监管等方面进行探索。2017 年 7 月，环境保护部办公厅、国家发展改革委办公厅共同印发《生态保护红线划定指南》（环办生态〔2017〕48 号），生态保护红线成为环保督查的重要工作事项，以生态保护与环境修复为主的生态移民被提上重要议事日程。

主要任务。在这一阶段，重庆要按期实现全面小康，并为生态文明建设作出积极贡献。一是决胜全面小康，打赢脱贫攻坚战，推进贫困地区、贫困人口扶贫移民和生态移民同步发展。二是以生态建设为主线，划定生态红线，开展生态红线区生态保护与环境治理，促进生态环境根本好转、美丽中国加快建成。

主要做法。一是继续推进高山生态扶贫搬迁。2016 年初，根据区（县）申报、市级平衡、国家核定，重庆市“十三五”期间搬迁任务为 25 万建卡贫困人口，涉及除涪陵区外的 17 个贫困区（县）。国家下达 2016—2018 年建卡贫困人口易地扶贫搬迁计划 23.92 万人，截至 2018 年 9 月已累计搬迁入住建卡贫困人口 21.33 万人。2016—2017 年重庆市 18 个贫困区（县）高山生态扶贫搬迁已入住搬迁人口情况见图 5 – 3。二是推进生态红线区生态治理。主要包括“开展国家级自然保护区整治和长江鱼类资源保护”和启动“四山”地区生态移民。其中，为切实保护长江水生生物资源，修复水域生态环境，主要在 4 个水生生物自然保护区、除保护区外的长江干流和重要支流、其他水域、涉及除渝中区以外的区（县）所有河流（不包括河流形成、流经的水库）实施国家级自然保护区整治和长江鱼类资源保护，已实现渔民退捕转产 5627 人。同时先行先试，试点缙云山国家级自然保护区生态移民，截至 2019 年 9 月，北碚缙云山生态搬迁试点已签订协议 520 人。

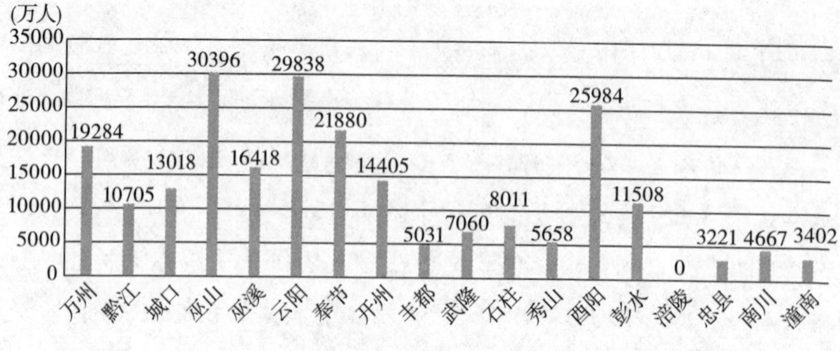

图 5－3　2016—2017 年重庆市 18 个贫困区（县）高山生态扶贫搬迁已入住搬迁人口情况

数据来源：根据中介机构对高山生态扶贫搬迁抽查数据整理。

专栏 5－7　重庆生态移民典型案例

石柱县中益乡、彭水县三义乡扶贫搬迁

1. 石柱县中益乡——生态产业与脱贫

中益乡海拔 800～1900 米，土地贫瘠、位置偏远，贫困发生率为 7.6%，远远高于全市、全国平均水平，2017 年被列为全市 18 个深度贫困乡镇之一。中益乡毗邻黄水镇，处于大黄水旅游圈，生态宜人，夏季气候凉爽，是避暑消夏佳地。其依托生态环境优势，发展生态产业，实现脱贫。一是发展中药材。支持贫困户种植黄精、三木、前胡、佛手、百合、南苍术等中药材，发展中药材初加工。二是发展生态经济作物和绿色农产品加工。支持贫困户种植木瓜、果蔬、茶叶等，鼓励养蜂。引进农业企业，开展绿色茶饮料、绿色鲜果和蜂蜜深加工。三是发展乡村文化旅游。支持农户发展农家乐，提升“黄水人家”品牌吸引力。支持龙头企业建设中药材或茶文化特色观光园、体验园，培育康养业。

2. 彭水县三义乡——生态扶贫与生态移民安置

三义乡海拔 1200～1400 米，属典型的高寒冷凉贫困山区，2018 年底，全乡贫困发生率为 4.9%，是全市 18 个深度贫困乡镇之一。到 2018 年底，

通过高山易地扶贫搬迁，99.4%的贫困户完成搬迁，实现了集中与分散相结合的安置①。受地理条件限制，破解生态移民集中安置，可以从以下方面考虑：一是生态补偿与集中安置结合。对口支持彭水县的合川区设置集中安置点，安置好三义乡生态移民，三义乡生态移民宅基地复垦或退耕还林纳入森林覆盖率横向生态补偿机制。二是乡镇合并，建设集中安置点。把三义乡的村并入普子镇、莲湖镇，在经济条件和地理条件比较好的普子镇、莲湖镇建设集中安置点，逐步撤销三义乡行政区划、撤销建制村。

专栏 5-8 重庆生态移民案例

缙云山、巫溪县上磺镇生态搬迁试点经验

1. 缙云山生态搬迁试点经验：生态补偿机制实施框架下移民林权土地承包权价值变现

缙云山保护区核心区和缓冲区内的原住居民纳入生态搬迁后，生态补偿机制要建立在村集体的生态功能基础上。以村为单位，赋予村集体承担林业生态、经济发展、休闲文化等功能。重点探索缓冲区内生态补偿路径，可以借鉴浙江省龙泉市龙溪乡等林权制度改革。一是建立林权发展组织体系。打造林业改革综合体，建立各类农林专业合作社和惠农担保合作社。二是试点实施林地经营权流转证制度。把林权土地承包权与林地经营权分离。赋予流转证按照流转合同约定实现林权抵押、林下经济、享受财政补助及其他行政审批事项的权益证功能，支持发展林下经济、公益林、中药材种植等。三是试点林权金融服务。试点林权抵押贷款、林下经济预期收益贷款、公益林补偿收益权质押。

① 彭水县三义乡"大队长"王祖勋的脱贫攻坚路[EB/OL]. 人民网,(2019-04-04). http://cq.people.com.cn/n2/2019/0404/c365411-32813520.html.

2. 巫溪县上磺镇——生态修复与保护

上磺镇海拔500～1500米，属于三峡库区腹地，是巫溪县人口聚集的大镇。上磺镇虽然不在生态红线内，但是由于人口比较密集，对于库区集中治理乡村污染、发展循环农业、修复生态有较好的经验借鉴。建议以生态修复和保护为重点：一是农村生产生活垃圾集中化处理。农村生活污水、生活垃圾资源化、减量化、无毒化。高效运行好农村的污水处理设施。二是发展生态循环农业。大力发展生态循环农业，实施农药化肥双减行动，推动农业生产向资源循环利用、产品附加值较高的方向发展，使农业稳产增收，农民增收致富，环境持续改善。三是水土涵养工程。加强长江绿化带和防护林建设，做好水土涵养工作。

主要效果。随着生态文明建设的推进，重庆生态移民取得了阶段性成效。一是区域连片贫困消失，贫困人口大幅减少。直辖之初，全市共有11个国家级贫困县、7个市级贫困县。截至2020年2月，全市所有贫困区县全部“摘帽”，现行标准下仅剩余2.44万贫困人口，与此同时，贫困人口“两不愁三保障”基本实现，贫困人口大幅减少，贫困发生率降至0.1%。二是生态保护意识和主动性增强，生态环境进一步改善。在生态扶贫搬迁的同时，更加关注对生态环境的影响，兼顾生产、生活和生态；除自然保护区等生态红线保护区和石漠化等生态脆弱区外，重庆主动开展缙云山等“四山”地区生态移民试点，生态移民取得良好进展，生态红线保护区和生态脆弱区生态得以修复，环境得以治理，相关生态环境指标持续向好。

2. 主要特征

在这一阶段，重庆生态移民集中体现出“四个转变”的总体性特征：一是阶段目标以解决贫困为主向解决生态问题转变。当前，重庆与全国一样，易地扶贫搬迁任务基本完成，面对资源约束趋紧、环境污染严重、生态系统退化的严峻形势，贫困人口脱贫后，生态移民的重心已由脱贫目标逐渐向解决生态问题目标转变，并把生态文明建设放在突出地位，努力建设美丽中国，实现中华民族永续发展。二是移民对象以贫困山区贫困人口为主向生态脆弱区、重点生态功能区影响生态人口转变。在合力推进易地扶贫搬迁等生态移民的同时，试点了以缙云山为代表的“四山”区生态移民，相继启动了长江上游珍稀特有鱼类国家级自然保护区等生态红线保护区、生态脆弱区生态移民，生态移民对象实现了向生态脆弱区、重点生态功能区转变。三是安置方式以住房安置为主向多种方式转变。安置方式由最初的住房安置向多种安置方式转变，重庆还在缙云山试点了宅基地、集体林地等退出机制、生态补偿机制和护林人员安置新模式等。四是扶持方式从政府补助奖励为主向多渠道筹集资金转变。全社会逐渐关注生态移民，资金来源渠道已多元化，移民户从最初依赖政府补助，到住房建设使用自有存款、扶贫贷款、向亲朋好友借款等渠道筹集资金；引进经营主体投入产业发展，基本实现了“农村资源变资产、资金变股金、移民变股东”。

专栏5－9　重庆生态移民实现“四个转变”

一是阶段目标以解决贫困为主向解决生态问题转变。2016年12月的高山生态扶贫搬迁台账显示，已搬迁入住人口13.05万人，其中已搬迁入住贫困人口10.85万人，占已搬迁入住人口的83.14%，高山生态扶贫搬迁的主要对象是贫困人口。2017年起实施的渔民退捕转产和2019年启动的缙云山国家级自然保护区生态移民试点充分说明，贫困人口脱贫后，生态移民的重心已由“十二五”以来的脱贫目标逐渐向解决生态问题目标转变。

二是移民对象以贫困山区为主向生态脆弱区、重点生态功能区转变。2013—2015年高山生态搬迁台账显示，全市高山生态扶贫搬迁涉及30个区、县（自治县）51.63万人，其中涉及18个贫困区、县（自治县）49.26万人，分别占搬迁区（县）总数的66.67%和搬迁台账总人数的95.41%。“十三五”期间，全市高山生态扶贫搬迁涉及区、县（自治县）

17个，均是“十二五”以来分别脱贫“摘帽”或未脱贫“摘帽”区（县）（仅已“摘帽”的涪陵区未实施），且均位于秦巴山、武陵山连片贫困地区，这些地区也是重庆的生态脆弱区。2017年起实施的渔民退捕转产和2019年启动的缙云山国家级自然保护区生态移民试点，说明生态移民区域已由贫困地区向生态脆弱区转变。

三是安置方式以住房安置为主向多种方式转变。全市生态移民以住房安置为主，如转户进城进集镇安置、“五保”集中供养安置、梯度转移安置以及自愿投亲靠友安置、自行联系跨行政区域易地安置、自行采取其他方式安置；通过盘活搬迁房屋经营权发展生态旅游业、开发生态公益岗位等进行生产安置；通过宅基地使用权补偿，集体林地、土地承包经营权等权益折现，生态赎买，渔民退捕转产资金补助等方式进行货币安置。从居住形式看，以集中居住为主、分散居住为辅。2013—2015年台账搬迁集中居住40.36万人，占搬迁台账总人数的78.17%。

四是扶持方式从政府补助奖励为主向多渠道筹集资金转变。“十二五”时期，扶持方式以政府补助资金为主，仅2014—2015年，下达全市30个区（县、市）以上专项补助资金74.14亿元，主要来源于以工代赈易地扶贫搬迁、巩固退耕还林成果生态移民、财政扶贫搬迁、农村危房改造四块专项资金，以及区（县）级统筹配套资金、整合社会帮扶资金。“十三五”以来高山生态扶贫搬迁资金渠道多元化。中介机构抽查结果显示，全市17个区（县）2016—2017年高山生态扶贫搬迁住房建设资金补助率达到72.30%，财政资金主要来源于国家对建卡贫困人口搬迁中央预算内投资补助、市财政对建卡贫困人口差异化补助、国家专项建设基金、地方政府债券、长期贷款、整合相关涉农资金；住房自筹资金主要来源于自有存款、扶贫贷款、向亲朋好友借款等。

三、重庆生态移民存在的主要矛盾和问题

总体来看，重庆直辖以来，结合扶贫搬迁开展生态移民的持续实践探索取得了较好成效，但从国家生态文明战略实施与未来经济社会发展要求看，重庆生态移民的实践探索还存在一些差距和短板。归纳起来，主要在移民的后续生存与发展、各级政府部门对生态移民工作的组织与实施、生态环境的修复与利用等方面还存在着差距与不足，需在今后工作中加以重点关注和解决，从而努力开创重庆生态移民实践探索的新成绩。

（一）生态移民可持续发展的矛盾与短板

1. 移民后续发展还存在一定的区域不平衡性

区位交通、社会经济及要素保障等差异，是影响移民安置效果的多重因素，也使得全市生态移民存在一定区域上的不平衡性。一是区位交通条件差异导致移民生产生活条件改善不平衡。从区位来看，市内武陵山区和秦巴山区交通条件相对较差，基础设施和公共服务设施等移民生产生活条件的改善低于市内其他区域。二是社会经济条件的差异导致带动移民发展不平衡。城市发展和区（县）域社会经济条件较好的万州、涪陵、黔江、南川、潼南等地，以城带乡、企业吸纳移民就业等作用较强，而武陵山区和秦巴山区的其他区（县）受社会经济条件及财力、科技支撑的影响，带动移民发展能力较弱，发展后劲不足。三是要素保障条件的差异导致移民自身发展不平衡。由于中央转移支付和地方财力支撑相对不足，生态移民工程在移民安置资金、生产必需基础设施建设、封禁过程方面存在投资标准偏低和建设资金缺口较大的情况，相对弱势的民众在生态移民过程中面临的困难要更多一些。国家生态移民中的后续发展问题典型案例见表5－3。

表5－3 国家生态移民中的后续发展问题典型案例

类别	案例	来源
迁出地后续发展问题	广西：2013年3月下旬，广西漓江移民不满安置费缩水拒绝搬迁，政府实施全城断电，很多村民生活受到严重影响	中广网，http：//china. cnr. cn/yaowen/201303/t20130327＿512236229. shtml.
	内蒙古：2001年11月，内蒙古S旗政府对迁出草场进行围封禁牧，牧户集中搬迁到移民点进行舍饲，政府免费提供房屋、棚圈、水电和饲料。但由于舍饲环境改变，圈养的羊出现大量病死现象，牧民生活陷入困境。新建的草场围栏也被风沙与滚动的沙蓬破坏，失去预设功能	荀丽丽，包智明．政府动员型环境政策及其地方实践——关于内蒙古S旗生态移民的社会学分析［J］．中国社会科学，2007（5）：440－451.
迁入地后续发展问题	宁夏：1987年，宁夏计划利用280万元世界银行贷款建设大战场和马家梁两个移民点的农业用电系统。由于资金拨付不及时，直到1990年才有部分资金到位，但工程定额已经达到400多万元。直到1992年280万元贷款也未全部到位，工程只能搁置	李宁．宁夏吊庄移民［M］．北京：民族出版社，2003：207.
	青海：三江源迁入地城镇基础设施尚不能满足现有居民的生产生活需求，再加上移民迁居后其矛盾将会更加突出。如玉树市隆宝镇是三江源生态移民安置的23个城镇之一，到目前为止，该镇镇区尚未通电、通水，暂时还达不到安置移民的条件	周华坤，赵新全．三江源区生态移民的困境与可持续发展策略［J］．中国人口·资源与环境，2010（3）：185－188.

2. 社会公共服务问题还存在一定的支撑不到位

由于生态移民的社会学问题具有多样性、复杂性的特点，移民社会保障的不充分，直接影响了移民安置的稳定。一是公共服务设施建设存在一定的滞后性。重庆生态移民基础设施体系基本完善，生产生活条件大幅改善，但在教育、医疗、文化体育等公共服务设施建设方面还存在一定的滞后性。如区（县）财政难以满足移民群众的教育保障、医疗保障、社会保障、社区服务等需求，基本公共服务水平偏低。根据相关调查，三峡库区城乡居民对社会保障、环境保护和医疗卫生的满意度还相对较低①。二是易地安置移民社会

① 余兴厚，熊兴．居民资源禀赋、主体认知与基本公共服务满意度——基于三峡库区829份调查问卷的实证分析［J］．西部论坛，2018（5）：99－108.

文化有差异冲突。重庆生态移民基本上还属于较典型的农村社会，地缘关系、血缘关系较为明显，进城（镇）安置、集中安置、投亲靠友等易地安置方式，存在部分移民不适应当地社会文化的差异。三是对特殊群体移民的关注度还不太够。部分进城购房和投亲靠友移民，由于适应能力和就业培训的针对性不强，就业压力相对较大。

3. 后续产业发展还存在一定的扶持不充分

移民“稳得住、能致富”的关键在于移民后续发展能力，产业发展对移民发展的影响程度是广泛而深远的。由于对现有土地承载能力、产业环境、产业规划、市场需求等的系统性分析存在一定不足，同时对产业培育扶持和就业引导措施还不够丰富，因此存在一定程度的移民生产生活与产业“不同步”“不匹配”问题，具体来看：一是培育优势特色产业品牌力度还不够。在通过“一村一品”生态移民产业发展中，存在部分地方忽视地域品牌培育及其品牌规模壮大，培育和做大做强地域优势特色产业品牌方面还存在认识不足的问题。二是产业化经营主体带动力还不够强。类似于“德康”“温氏”等大型品牌农业产业化龙头企业还较少，产业化经营主体整体实力不强，导致经营抗风险能力脆弱，普遍带动性不强，巩固产业收入受到一定的限制。三是移民增收机制有待深化。政府部门在支持产业基础设施建设方面普遍采取了“股权化”改革方式，但形式还较为单一，“土地租金＋分红收入”总额有限，移民生活条件持续改善受到影响。

专栏5－10　重庆生态移民问题典型案例

后续扶持产业发展问题

1. 重庆整体情况

后续产业培育支撑不足：“十三五”初期，为“早脱贫、快脱贫”，重庆区（县）多采取搬迁快、搬迁易的分散安置方式，对搬迁群众后续发展考虑不多、考虑不长远，更缺少“以产定迁”“以产促迁”的谋划。

虽然对搬迁建卡贫困户制定了后续发展帮扶措施、建立了“到户明白卡”，但措施不具体、不精准，绝大多数建卡贫困户搬迁后依然是“守旧土、从旧业”。部分“插花”安置到已有集中安置点的搬迁建卡农户，因安置点周边难以调剂承包地，其自身缺乏相应技能和就地就业机会，反而造成生产不便，个别农户甚至需要每天坐班车往返居住地和耕作地。

移民可持续收入能力不足：据调查，重庆搬迁后就地务农和外出务工的占80%以上。外出务工的搬迁户多以短工零工为主，存在就业不稳定、收益不稳定的风险。就地务农的搬迁户多数仍然沿袭以往的耕作模式，而且由于青壮年多数外出务工，缺劳力、缺技术现象比较普遍，加之缺乏龙头企业、经营大户带动，抗市场风险能力差，稳定脱贫存在隐忧。

2. 某区（县）后续扶持产业①

根据调查，在后续扶持产业中，政府有关部门、镇乡疏于对项目管理，主要存在以下问题：

实施主体问题：一是文件批复时实施主体尚未成立。项目批复的实施主体中有部分农民专业合作社、企业尚未成立。二是批复实施主体无与批复项目相对应的经营范围。三是突击成立合作社，对实施主体监督管理不到位。个别镇乡仅为了利用合作社完成项目，合作社只是挂名，且很大一部分合作社负责人为村支部书记或村主任；个别镇乡对合作社还疏于指导与管理。如某镇8个村8个合作社，有7个合作社均为2015年9月18日成立，且实施“某镇某村1000亩优质柑橘基地新建项目”的“重庆市某柠檬种植专业合作社”已于2017年11月8日解散。

主体实力问题：在某区的调查中，以专业合作社、家庭农场为主，实力整体偏弱，带动力整体不强。

区域品牌问题：产业集中度不够，“一村一品”较为突出，分散了种植资源，不利于产业做大做强。

① 资料来源：本课题研究人员开展的某项目第三方评估资料。

（二）政府部门对生态移民组织实施方面的差距

1. 总体设计有待加强

总体看，重庆直辖以来生态移民实践在总体设计上还存在一定局限性。一是生态移民专项规划缺位。自“十一五”以来，国家涉及易地扶贫搬迁、水库移民、退耕还林等生态移民的相关财政资金专项基本上有规划支撑，重庆自2013年统筹实施高山生态搬迁虽然开创了生态移民新局面，但市级层面还没有编制生态移民专项规划，生态移民工作安排的系统性不够。主要表现在：当前生态移民侧重于贫困移民生存和收入增长，对生态环境的改善和生态资源的利用考虑不足，缺乏专门针对生态修复与建设的顶层设计。由于生态规划明显滞后于当时的移民搬迁工作计划，先有安置点，再划生态红线，而且生态规划实施精度不够，在乡镇层面难以落实。二是区（县）对涉农资金整合有顾虑。虽然国家在脱贫攻坚进程中给予了各区（县）统筹资金的权限，但由于与生态移民相关的财政专项涉及多个市级部门，市级系统性改革指导不够。同时移民长远发展的内生动力在改革，重庆生态移民20多年来，缺少实质性支持移民地区改革试点试验的政策，支持移民地区改革发展的国家级试点试验政策更是没有，在制度设计上将移民地区发展边缘化了。

2. 政策制定落实存在一定差距

生态移民要达到良好效果，必须科学制定政策，结合实际实事求是地推进，但在实际工作中还存在不足。一是安置政策执行的精准性存在不足。生态移民户条件千差万别，因地制宜选择安置方式有不尽合理的地方，有计划组织实施方面还有差距。例如，过去有的乡镇在高山生态扶贫搬迁中存在一些急功近利思想，主观上有先易后难的想法和做法，个别地方把一些不符合条件但又迫切希望享受高山生态扶贫搬迁政策的群众纳入搬迁范围，导致搬迁工作落实过程中对象不精准，困难群众有意见；从客观上看，资金是一个非常现实的困难，大多数贫困区（县）在整合政府补贴资金后，仍有少数应搬迁贫困对象还有3万~9万元不等的自筹资金缺口，影响了短期内实现搬迁的愿望[①]。二是统筹协商机制不足。在工作推进中，区（县）及乡镇建立统筹协商机制不足，在城乡要素供给制度、产业扶持政策等方面建立不够，影响后续发展。由于基层政府协调力度相对较弱，在执行移民政策过程中，尤其是在审批事项时，往往容易使县级政策和市级政策产生一定冲突和矛盾；与此同时，在安置规划方面，多部门协调的科学性合理性还不够，削弱了政策优势，从客观上降低了生产要素效率。

（三）生态环境修复利用方面的差距

1. 移民安置点布局与生态发展空间规划协调性还不够

由于历史原因，过去在生态移民搬迁安置地选择布局时，因认识不足和条件受限，没有充分评估论证安置点未来生态发展空间需要。在推进搬迁时，多数地区缺乏对迁入地生态环境承载力预判和评估，更未对生态移民未来发展生态空间进行预留规划。近年来，按照国家统一部署，重庆先后对全市国土空间进行了主体功能区划分和生态保护红线划定。随着时间的推移，一些移民安置点的生态条件发生了变化，承担的生态功能也应有所调整，加上后续生态空间划定工作精细化程度不够，与已实施的生态移民安置工作协调对接不够，导致目前部分区（县）的生态保护红线范围内仍有一些高山生态扶贫搬迁安置点。按照生态保护红线的政策规定，这些安置点的居民需要进行"二次生态移民"，给全市生态移民工作增加了新的难度和压力。

2. 移民迁出地生态修复和迁入地生态保护力度还不够

过去一段时间，作为生态移民推动主体的政府更多聚焦其带来的经济社会效益，对生态系统改善带来的生态价值重视程度仍然不够，造成移民迁出地和迁入地的生态建设工作不够扎实。一是移民迁出地生态修复工作落实不够。一些地方在制订生态搬迁规划方案时，对同步制订迁出地生态修复规划方案重视不够，少数地方存在"为搬而搬""一搬了之"现象。造成了已迁

① 李世波. 高山生态扶贫搬迁工程中的问题及对策[EB/OL]. 中央统战部网站,2017－05－11.

出宅基地未完全复垦、已停产矿山修复不到位、石漠化治理滞后、水源地保护不力等现象，如黔江区小南海镇移民后，当地对小南海饮用水源保护区有效保护力度不够，未来类似这些区域的生态修复和保护任务还比较重。二是移民迁入地环保设施不能完全满足需要。由于建设资金紧张，不少移民迁入地的乡镇集中污水和垃圾处理设施建设滞后，一些有环保设施的乡镇由于运营维护资金不够不能及时处理污水和处置转运垃圾，造成当地生产生活污染防治工作不力等。其他省份生态移民生态问题案例见表5－4。

表5－4　其他省份生态移民生态问题案例

类别	案例	来源
迁出地生态问题	内蒙古：2002年12月，内蒙古乌海市共有203.96万亩草场，退化面积高达96%。为有效防治沙化和水土流失，全市实施禁牧移民政策。然而，在牧民搬迁后空出的草场上又出现了小炼焦厂、小陶瓷厂和小硅铁厂	刘燕华，李秀彬．脆弱生态环境与可持续发展［M］．北京：商务印书馆，2007.
	宁夏：从宁夏多年生态移民实践来看，地方政府把生态移民看作是单纯的人口搬迁过程，对迁出区生态环境的治理能力弱，经过50多年种树而宁夏的森林覆盖率只有6.37%。其原因主要是生态投入不足，移民之后已经没有资金进行生态建设了	王桂新．21世纪中国西部地区的人口与开发［M］．北京：科学出版社，2005.
	陕西：榆林市米脂县杜家石沟镇石沟村和宝鸡市千阳县张家塬镇寺坡村两处移民搬迁的迁出地和迁入地的距离仅3000米，移民的耕地并没有改变，搬迁区域的生态压力依然存在，移民搬迁并没有起到生态改善的作用	张小明．西部地区生态移民研究［D］．咸阳：西北农业科技大学，2008.
迁入地生态问题	陕北：黄土高原半干旱地区迁入地人口密度达到68.2人/平方千米，土地承载力远远超过其资源所能承受的最适界限。人地矛盾很严重，人们只能扩大耕地面积来增产粮食，大片更适宜林草发展的土地被盲目开垦成耕地，造成了生态急剧的恶化。人地矛盾高度紧张，加大了脆弱生态环境地区的生态恢复难度	陕西省地方志编纂委员会．陕西省志十四卷（水土保持志）［M］．西安：陕西人民出版社，2000.
	内蒙古：首批生态移民扶贫开发试点项目，位居乌兰察布和沙漠东南缘的荒漠地带，2002年前搬迁安置移民1000余户。在移民前，乌兰察布和沙漠东南缘这片荒漠地的生态系统原本已经相对稳定，在移民过程中没有考虑水资源的承载力，大批移民迁入后，大量抽取有限的地下水垦荒种地，放牧牛羊破坏稀疏的植被，致使固定沙丘活化为流沙地。几年后，迁入的移民大部分又回迁走了	张小明．西部地区生态移民研究［D］．咸阳：西北农业科技大学，2008.

3. 移民迁出地生态价值利用探索还不够

生态移民的初衷是为了保护及修复原居住地的自然生态环境，通过移民使迁出地的大气、水、土壤等生态环境得到有效改善，生物多样性得以保护，最终实现生态效益和经济效益的统一。但是，重庆和全国其他地区一样，目前对生态价值属性及内涵还处于认识起步阶段，加上重庆生态移民迁出地多位于高海拔山区，这些地区的生态资源开发利用难度本来就大，而市内各区（县）通过生态产业化路径实现生态价值的探索实践才刚开始，相关制度还在研究出台过程中，尚未实现将生态资源转化为资产、资本，并建立起一次性移民经济补偿与长效的生态资产产权补偿有机结合的生态移民长效机制。因此，重庆目前对适宜的迁出地建设国家公园或生态特区的规划和实施滞后，生态产品样式单一和生态供给水平较低，自然生态资源仍旧未能完全转化为生态产业效益。这也是重庆生态移民工作后续需要加强的重要方面。

四、重庆生态移民实践的重要启示

通过分析重庆直辖以来推动易地扶贫搬迁、生态移民的实践，在生态移民的组织实施、生产生活、后续发展及生态保护等关键环节得出相应启示，以期为重庆和其他地区今后的生态移民工作提供有益借鉴。

（一）组织保障是生态移民工程顺利推进的核心

生态移民是一项系统性工程，需要多层次多维度做好顶层设计及落地实施方案，提前预判来自经济、政治、社会、文化和生态各个领域的风险和制度设计，充分调动各级政府、移民、接受地居民、市场等主体之间的主观能动性，为此组织领导是生态移民成败的核心。

重庆直辖以来推进的易地扶贫搬迁及生态移民是一项政府民生工程，取得的成绩离不开强有力的组织领导和逐步完善的工作机制。重庆直辖以来生态移民实践基本形成了由市委、市政府领导，区、县（自治县）党委、政府组织实施，乡镇党委、政府组织落实的领导管理体制；形成了由市发展改革部门、市农业农村部门、市国土房管部门、市城乡建设部门、市移民部门、市财政部门等牵头制订工作计划和项目推进，区（县）相关业务部门组织项目实施的工作机制。由于各区、县（自治县）的协同推进，全市生态移民在精准落实搬迁对象、后续产业发展、资金需求、用地保障、风貌管控等关键领域获得强有力的联合组织保障。

（二）配套政策是生态移民“搬得出”的保障

移民搬得出的影响因素很多，其中配套政策是移民搬得出的直接保障。2008 年以来，重庆的生态移民和扶贫移民政策体系逐步完善，全市统一的指导性更强。尤其是 2018 年出台的《关于进一步做好易地扶贫搬迁工作的通知》提出了以考核、用地、安置点名单、档案管理为主，结合统规统建、安置住房户型等需求积极制定“4 +2”配套政策，保障了易地扶贫搬迁顺利实施。配套政策中，资金来源多渠道为生态移民“搬得出”奠定了基础。重庆生态移民从最初易地扶贫搬迁中单一的财政支持，转向地方政府债券、政策性长期贷款、小额贷款贴息、社会援助等多元化筹集建设资金的保障体系，充分整合“地票交易、国土整治、危旧房改造”等政策，统筹用好“扶贫搬迁、以工代赈、生态移民、道路建设”等资金，采取政策性资金与对口帮扶等多种方式帮助高山居民筹资搬迁。特别是积极打通了国家易地扶贫搬迁政策与地票政策的制度障碍，创新出台易地扶贫搬迁建卡贫困户农房整宗地收益权收储政策，确保农户不因搬迁建房而影响脱贫。

（三）基本公共服务是生态移民“稳得住”的基础

生态移民通常属于生态脆弱和贫穷落后地区，弱势群体居多，移民对土地、经营场所、基础设施、工作、住房、医疗、教育、技能培训等权益的保障更加渴望，基本公共服务均等化是移民“稳得住”的基础。

重庆前期生态移民主推集中搬迁，以“统规统建”模式建设“四好”移民搬迁住房[①]，改善移民居住环境。部分移民安置点基础设施建设注重与农村五小工程、国土整治、农业综合开发、以工代赈、对口帮扶，以及教育、卫生等其他项目配套实施，利用融资资金积极解决安置区水、电、路等基础设施和教育、卫生、文化等公共服务设施建设。土地保障同步跟进，选择有土安置搬迁方式的，每位移民保障不低于0.5亩的基本口粮田；选择无土安置的，减免建房等相关费用；选择进城落户的，可享受农民工户籍制度改革赋予的社会保障、公租房配租等优惠政策。这些措施的到位，给移民吃了定心丸，移民满意度较高。

（四）自我发展是生态移民“能致富”的关键

生态移民后续发展关系到移民安稳致富，移民的生存条件改善与实现自我发展是核心目标，移民生存发展权是生态移民战略需要考虑的核心要素。

推动实现移民群体安居乐业的短期诉求和安稳致富的长远期望，与移民生存发展切身相关的产业发展、文化传承、就业培训等诸多方面的扶持分不开，切实提高移民的自我发展能力尤其重要，为此，各地均十分关注移民后续发展，积极支持优势、特色产业发展，培训新型经营主体，带动产业调整升级。近几年来，重庆强化移民的产业扶贫，结合各区（县）扶贫产业的发展基础和贫困地区特征，重点扶持发展乡村旅游、生态种植和畜牧、传统手工制作、中药材等特色产业，逐步培育适应乡村振兴的新动力。如城口县提出“人口下山、产业上山，游客进山、产品出山”的发展思路取得显著的易地扶贫搬迁与产业发展的双赢效果。进一步探索建立“龙头企业＋专业合作社＋基地＋农户”的产业发展模式，创新完善产业发展利益联结机制，延伸产业发展链条，切实加大产业扶贫支持力度。强化扶贫就业培训，贫困搬迁户参加实用技术培训，学费全免、交通费报销，还可享受一定数额的生活费补助。这些措施的落实，对移民的自我发展起到了关键作用。

（五）生态价值实现是生态移民可持续的方向

生态移民的主要动因就是为了保护及修复原居住地的自然生态环境，生

---

① “四好”指质量好、风貌好、环境好、配套好。

态建设是根本。生态移民将增加迁入地环境承载力，改变迁入地的人口结构，就业结构，增加就业和社会保障压力，对生态移民的安置方式、安置空间必须有长远科学的谋划和实施策略。

生态移民迁入地空间布局必须在对生态环境承载力和环境纳污容量科学测算及预判基础上做好统筹布局。但在重庆早期生态移民过程中，由于个别安置点选址不当，出现移民迁出地生态未改善、迁入地产生新的生态问题和新的贫困集聚区等背离生态移民初衷的情况；也存在因前期生态空间划定工作精细化程度不够导致有些高山生态扶贫搬迁安置点仍然处于生态保护红线范围内的不合理情况。但同时也有缙云山等“四山”地区①生态移民试点地的生态修复过程的经验借鉴，如推进集体承包土地退耕、集体林地退包等方式尽快促进生态修复，条件许可的情况下设置“护林员”“保洁员”“监督员”等公益性岗位，保障生态修复的持续优化。

五、重庆推进生态移民的思路与对策

习近平总书记多次强调要把修复长江生态环境摆在压倒性位置，“共抓大保护、不搞大开发”。重庆应在推动长江经济带绿色发展中起示范作用。在新的发展时期，进一步规划和实施好重庆的生态移民工作，是推动重庆绿色发展、切实巩固脱贫成果和推进农业农村现代化的重要抓手。

（一）切实把握重庆生态移民推进的总体思路

1. 明确新时期重庆推进生态移民的总体思路

以习近平新时代中国特色社会主义思想为指引，全面贯彻落实习近平总书记对重庆提出的“两点”定位、“两地”“两高”目标、发挥“三个作用”和营造良好政治生态的重要指示要求，落实新发展理念，把握生态移民“发展是基础、政府是主导、移民是主体、社会（市场）是保障”的内涵特点，

① “四山”地区：指重庆市“缙云山、中梁山、铜锣山、明月山”管制区。

突出以人为中心的宗旨，以移民的生存和发展为核心，以满足人民群众日益增长的美好生活需要为根本，以生态保护和修复为主线，以生态产业化为内在要求，以政府为主导，吸纳社会（市场）参与，统一规划、分类指导、有序推进、重点保障，以增强社会配套为保障，探索生态移民与乡村振兴战略结合新路径，切实形成资源节约和生态保护的生产生活空间格局和发展方式，着力促进人与自然和谐共生、人与社会持续发展，推动全市实现高质量发展。

2. 解决存量、做好增量，合理确定推进生态移民的范围

移民范围可按照生态保护的重要性和紧迫性原则进行划分，可划分为四个圈层。第一圈层为国家公园（包括第一批纳入试点的 5 个国家公园及陆续上升为国家公园的核心区域）。第二圈层为国家级自然保护区、自然遗产、饮用水源保护地等国家确定的需要保护的生态区域（包括纳入国家公园储备的各类自然保护地）。第三圈层为划定的生态保护红线管控区域。目前，生态保护红线管控区域分为生态功能极重要区和生态环境极敏感区，涵盖国家公园、自然保护区和森林公园、风景名胜区、地质公园、世界自然遗产、湿地公园、饮用水水源保护地的核心区域等国家级和省级禁止开发区，以及其他有必要严格保护的各类保护地。第四圈层为根据主体功能区、城镇化等功能布局确定的生产生活环境恶劣、不适宜居住区域即“一方水土养不起一方人”的区域。近期可选择 1~2 个国家公园和部分国家级自然保护区开展试点，视试点情况再适时推开。中期以国家级和市级禁止开发区域作为优先搬迁范围。远期最终目标是四个圈层内的居民和企业全部实现搬迁。

（二）更加科学规划生态移民的空间布局

1. 科学编制生态移民国土空间规划

做好全市资源环境的基础工作，分级分类编制国土空间规划，制定区域空间政策。一是摸清全市自然资源环境总量及空间分布情况，因地制宜开展资源环境承载能力和国土开发适应性评价。二是认真遵照国家相关国土空间规划，分级分类编制生态移民国土空间规划，加强生态环境分区管治，推进

国土空间生态整体保护和系统修复。三是按照主体功能区划要求，制定差异化的区域空间政策，科学布局城乡发展功能空间，严格保护生态环境，节约集约利用好资源。

2. 科学布局生态移民安置点

安置点布局要与城乡一体化发展相适应。一是移民安置点选择布局时要充分考虑移民未来生产生活条件的便利性，要选择适宜集中安置的地理环境，交通基础设施和配套条件相对成熟的高铁站点、交通节点、场镇等区域进行布局。二是在进行移民安置点规划时，要加强与毗邻区（县）正在编制的城乡总体规划和村庄规划等相协调，实现与周边地区一体化规划，体现整体地域文化风貌特色。

3. 合理布局生态移民安置的相关配套设施

配套设施要与居民生产生活高质量发展相适应。一是统筹利用国土空间资源，科学合理布局生态移民安置的基础设施和公共服务设施，按照内外交通便利、要素流动比较充分要求，满足移民的生产生活需要和中长期发展需求。二是统筹考虑移民与周边地区居民的公共服务需求，合理科学布局学前和基础教育点、医疗卫生站点、社区服务中心、文化体育场地等，不断提升基本公共服务供给的水平和便利性。

（三）进一步加强生态移民的统筹领导和组织规划

1. 切实加强对生态移民工作的组织领导

把生态移民列入全市新时期高质量发展的重点工作，成立重庆市生态移民工作领导小组，统一指导和统筹协调生态移民发展战略部署、实施，协调跨区县跨部门重大事项，督促检查重要工作的落实情况。领导小组由市主要领导担任负责人，由市发展改革部门和市规划自然部门双牵头，成员由市农业农村部门、市经济信息部门、市民政部门、市司法部门、市公安部门、市人力社保部门、市生态环境部门、市住建部门、市交通部门、市水利部门、市文化旅游部门、市财政部门等市级部门，以及相关区（县）行政主要领导组成。领导小组的职责主要包括贯彻落实中央精神和决策部署，执行市委、市人民政府关于生态移民工作的计划，负责研究、制定全市生态移民工作的发展战略、发展规划和政策措施；定期召开会议讨论决定全市生态移民工作的重大事宜，建立工作协调机制、资金保障机制、监督考核机制、争议处理机制等，及时沟通协商解决生态移民工作推进中存在的问题。

2. 努力加强生态移民规划统筹

按照“规划推进，试点先行，分解落实”的思路，逐步展开生态移民工作。一是编制市级生态移民中长期规划。生态移民工作领导小组负责统筹编制市级生态移民中长期规划（可以 10 年为工作规划期），制定规划目标、总体部署，确定主要任务和重点工作，增强对生态移民工作的宏观指导和系统部署。生态移民规划任务和重点工作，要纳入市国民经济和社会发展规划纲要及相关专业规划。相关区（县）在领导小组的协助下，按照中长期规划，制定阶段性工作任务及预期目标，细化工作部署，相关任务和重点工作纳入区（县）五年规划。二是进一步开展生态移民试点工作。由市发展改革部门和市规划自然部门牵头，选择 3 ~5 个点作为生态移民的工作试点，逐步探索工作经验。三是做好生态移民实施工作方案。把试点工作和规划任务分解到各责任部门和试点区（县），分头落实相关工作。四是建立生态移民部市工作联络机制。积极与国家发展改革委和自然资源部等国家部委加强联系，接受生态移民相关工作指导。

3. 积极推进生态移民立法

加强立法和行政工作协同，使生态移民工作法治化、规范化。一是做好生态移民立法工作。做好生态移民立法前期调研论证，推动生态移民立法进程。在条件成熟的情况下，把生态移民纳入重庆市人民代表大会的立法计划，逐步完善相关立法工作，开展立法宣传，适时通过和颁布《重庆市生态移民条例》。清理、修改、废除现有与生态移民立法精神相悖的法规，为生态移民工作提供法理支撑和法治保障。二是出台生态移民工作指导办法。市政府实时出台生态移民的工作总体要求，指导生态移民的工作要点，为生态移民定方向、定范围、定预期。

（四）大力提升社会保障水平促进基本公共服务均等化

1. 进一步完善基本公共服务设施

生态移民要着力提升移民群众高品质的生活，要从移民群众最关心的利益问题，即未来生产生活的高水平发展入手。一是配置较高水平的基本公共服务。生态移民安置区（社区）基础设施配套条件是移民生产生活的主要场所，事关移民生产条件和生活质量。重点是配套完善移民安置区（社区）内外的交通和安置区内的通信信息、水、电、气等基础设施，满足居民日常生产、生活所需；完善移民迁入地教育、医疗、文化体育等公共服务设施，丰富移民的精神文化生活，为移民安稳致富奠定基础。二是提升社会治理水平。通过系统性开展工作，形成良好的移民新村新区治安环境、社区管理模式，形成社会好风气。重点是加强移民社区自律组织、村（居）委会的维稳服务功能，发挥公益社团的作用，积极开展社区党建工作、网格精细化管理等。加强党支部在移民新区建设中的积极作用，通过社会媒体大力宣传健康向上的社会风气、鞭笞不良伦理习俗，引导移民家庭形成良好家风。共建共享移民社区福利院，切实减轻移民家庭困难。三是加快推进新型城镇化步伐。积极推进城乡融合发展，制订方案，促进产城一体和产村一体发展，着力建设基础设施齐备、文化相融、产城（产村）相融、配套齐全的新城镇，为移民安稳致富奠定基础。

2. 提升生态移民高品质生活水平

生态移民要着力提升移民群众高品质的生活，要从移民群众最关心的利益问题，即未来生产生活的高水平发展入手。一是要做好社会保障。重点做好家庭经济困难学生生活补助、贫困地区学生营养膳食补助、困难群众救助、受灾人员救助、残疾人服务等。二是做好生活品质提升。在配置基本公共服务的基础上，根据当地经济发展水平，适当配置提高迁入地居民生活水平的相关设施，引导群众高品质生活。

3. 切实关注移民的社会文化习俗

关注迁入地和迁出地文化习俗，关注移民宗教信仰，在选择搬迁场址时将文化习俗纳入社会稳定风险评估；在完成搬迁后，注重引导文化习俗的有机融合，不因文化习俗不合而激化民族矛盾。工作重点是调和移民群体与迁入地居民之间的文化习俗冲突，提升移民群体自身对社会文化变迁的自我适应与调节能力。引导移民移风易俗，转变移民的恋土心理和依赖心理，追求现代文明的生活方式，积极融入迁入地，解决移民的社会问题。

4. 关注特殊移民群体社会保障问题

在推进“三变”改革中，更加注重移民增收致富的获得感。在城镇化建设中，移民要向中心镇和县城集中。对口支援政策向引进社会资本倾斜。通过贷款贴息、出租出售等多种方式，全面化解移民的债务危机，确保移民幸福。完善农村承包土地退出机制和转户进城人员社保政策，鼓励转户进城和投亲靠友，对老、病、残、孤等移民，支持乡镇政府建设康养院和卫生院，集中解决其生活困难。

（五）多渠道增加移民收入促进移民可持续发展

1. 切实转变新的组织方式，实现经营收入持续增长

农民经营性收入增长是可持续发展的关键。一是积极发展乡村旅游与休闲农业、农村电商、众筹和定制农业等的新业态。二是探索、完善“龙头企业（合作社）+村集体经济组织+移民”、共享农业、云农场等新的生产组织方式和模式。三是引进有实力的龙头企业带动区域品牌壮大。通过产业基础设施建设、农机装备配置、技术示范与服务，促进产业振兴，移民产业发展带动能力进一步增强，农业生产经营节本增效显著，实现移民经营性收入的持续增长。

2. 多渠道安排移民就业，实现劳务收入增长

农民劳务收入是移民增收的重要组成部分。一是发挥致富带头人、专业大户、合作社、集体经济组织等作用，支持移民自主创业，增加移民收入。二是在条件许可的情况下设置“护林员”“保洁员”“监督员”等公益性岗位，优先安排大龄移民群众或特殊困难群众就业，解决其基本生活需要。三是移民的自我发展能力是移民安稳致富的基础。组织金融机构、电商平台、

技术专家等社会资源，为移民创业提供产业协助、提升其职业技能。职业技能培训重点包括提升产业发展能力，如提升技工类、餐饮类、工程机械类、服装设计类、美容化妆类、汽修类等相关技能；提升经营发展能力，如提升电子商务、市场营销等技能。

3. 加大“三变”改革力度，实现资本性收入稳定

通过农村资源变资产、资金变股金、农民变股东等三项改革，将农村集体、农民的“死资源”变为“活资产”，让村集体和农民群众享受到入股分红收益，进一步增加农民经济收入，切实让农民富起来。保证移民的土地、房屋等集体资产收益权，制定差异化的扶持政策，既要引进有发展潜力的农业产业化龙头企业，又要充分激发他们的社会责任感，引进有发展潜力的农业产业化龙头企业参与移民产业发展，确保农民承包耕地、自有林地收益不减，在转包的情况下“分红”有保证。

（六）努力强化生态资源保护与生态价值实现

1. 加大对生态资源的保护力度

要把生态资源作为人类发展的宝贵财富，认真遵循“绿水青山就是金山银山”的理念，切实加强生态移民地区的生态资源保护。一是落细落实生态环保管理制度。进一步健全国家公园、生态湿地、饮用水源保护地等保护制度，落实生态保护红线、环境质量底线、资源利用上线和生态环境准入清单“三线一单”管理制度，实现生态环境保护精细化。二是强化对生态移民迁出地的财政性生态补偿支付。争取中央加大财政转移力度，建立市级生态移民生态补偿专项，探索按照生态价值进行财政转移支付，加大移民迁入地的环保投入，用于生态环境治理和保护。三是探索建立生态移民生态补偿机制。在流域横向生态补偿机制基础上积极探索生态移民的生态补偿机制，进一步完善生态保护制度，保障生态移民相关权益。

2. 切实加强生态移民迁出区域的生态修复

生态移民迁出区域的生态修复是重中之重，要多措并举做好生态修复工

作。一是强化生态修复工作。按照生态空间管控导向，对处于生态保护红线及禁止开发区、限制开发区内的移民迁出区域，按照法律法规落实移民迁出区域的生态修复责任，进一步协同林长制、河长制、山长制、湖长制等，积极强化生态修复。遵循山水林田湖草生命共同体理念，对生态环境分区进行分级修复，做好迁出宅基地复垦、矿山修复、石漠化治理、水源地保护等工作。二是创新生态修复模式。突出生态功能，综合运用退耕还林还草、天然林资源保护、小流域水土治理、地质灾害治理、生态屏障带建设等各项治理措施，宜林则林、宜草则草，因地制宜创新生态修复模式，对山体修复可结合户外运动、自然观光等旅游业态发展，对水体修复可以结合湿地生态公园建设，进一步放大生态效益。三是巩固生态修复成果。做好修复后的维护和保护，避免受到人为因素干扰和不利地质灾害危害，使生态修复效益最大化。

3. *以生态产业化试点积极探索生态价值实现利用*

生态价值实现是生态移民地区发展的内生动力，要探索推动生态价值科学合理利用，产生经济效益，助推生态移民工作顺利实施。一是强化生态产业化示范。选择合适的生态移民地区建设生态产业化示范区，从探索生态价值实现机制、促进生态资源资产化、生态权益交易等方面开展创新试点，发挥绿色发展示范作用。二是探索建立生态产品价值实现机制。将生态移民迁出地拥有的生态产品通过市场交易实现价值，并将价值合理分配给移民本人，对于生态移民来说是现实的也是最可行的。探索研究生态权内涵及认定办法，开展生态资源认证、价值评估及生态产品溢价的认定和评估，科学设定生态权交易机制，开展生态权交易试点。三是促进生态资源资产化。对具备条件的生态发展权属进行界定，探索移民的生态发展权转移机制。鼓励市场主体和个人将生态资源股份化入股，参与到生态旅游、美丽乡村、特色小镇等项目中，在项目运营产生效益后，通过分红等方式获得收益。同时，衍生发展生态展示等“生态 +”新业态，进一步放大生态价值。

第六章

重庆参与推动长江经济带城市群协作发展机制研究[①]

① 重庆市综合经济研究院汪婧作为主研人员参与本研究。

推动长江经济带发展是党中央作出的重大决策，是关系我国发展全局的重大战略，中央专门印发《长江经济带发展规划纲要》，从我国战略发展全局科学指导长江经济带发展。

长江经济带城市及城市群的协作发展，是切实推动长江经济带发展的有效举措。第一，长江经济带城市及城市群正在推进生态优先、绿色发展的新实践，推动长江三角洲城市群、长江中游城市群和成渝城市群等高质量发展，迫切需要城市群之间树立生态大保护大合作的意识，推动综合交通互联互通，建立产业分工协同机制，加快推动现代产业体系建设。第二，长江经济带城市及城市群协作发展机制，对于推动长江经济带形成全方位的对内对外开放格局具有重要的引领作用。第三，中美贸易摩擦倒逼我国加快且深入推进供给侧结构性改革，破解经济社会领域的各种矛盾，长江经济带城市及城市群协作发展机制在我国的区域经济合作中具有重要示范效应。第四，重庆作为中西部地区唯一直辖市、国家重要中心城市，在推动成渝地区双城经济圈建设和筑牢长江上游重要生态屏障过程中，必须展现上游担当。因此，长江经济带城市及城市群协作发展机制是推动长江经济带城市协同发展、带动区域合作的重要制度保障，对加快我国推动长江经济带现代化发展具有重要的支撑作用。

重庆作为长江上游地区超大城市和中央直辖市，处在“一带一路”和长江经济带的联结点，战略地位非常特殊。因此，重庆积极参与和推动长江城市及城市群之间的广泛深入协作，对于科学实施国家整体发展战略、切实推进长江经济带高质量发展，具有重要的战略意义与现实价值。

一、新时期长江经济带城市群协作发展的重要意义

当前，我国已经迈入中国特色社会主义新时代，经济转向高质量发展阶段，长江经济带发展战略上升为新时期我国区域发展国家战略。全球处于大发展大变革大调整中，国际环境不确定性因素较多，贸易保护主义进一步加剧，但是经济全球化和区域经济一体化总体趋势未变。长江经济带城市群协

作发展符合世界城市群发展趋势，有利于提高我国对内对外开放水平，有利于提高实现长江经济带国家战略的支撑作用，有利于推动长江流域城市群自身优化协调发展，全方位促进我国高质量发展，满足人民日益增长的美好生活需要。

（一）符合世界城市群发展规律

城市群是以一个或者多个经济发达的中心城市为核心、诸多中小城市和城镇构成的由内向外逐步扩张的城镇集合，是实现集约节约发展的典型方式，是推进城市化快速发达的主体形态，是先进生产力集聚区。城市或城市群之间的充分协作符合区域经济发展理论，符合世界城市群发展的演进规律。长江经济带城市群协作发展过程通过体制机制创新，可促进资源优化配置，促进城市分工更加协调，产业布局更加合理，城市功能更加凸显。

1. 城市群协作发展和共建共享有利于发挥区域经济的极化作用，获得规模经济发展优势

随着工业化和城市化的进一步推进，一些区位条件较好、基础设施发达、创新能力较强的城市集合产业、技术、创新多种要素核心功能，逐渐衍生形成都市圈、大都市带及城市群。城市或城市群通过交通、产业等溢出效应，形成区域资源的优化配置和产业合理布局，带动周边地区发展，带来规模经济效应。城市群经济规模越大，资源要素集聚能力越强，城市群的增长速度和吸引力也将进一步增强。

2. 发达国家城市群快速发展离不开统一高效的协调合作

纵观世界典型城市群的发展历史，美国、日本和欧盟国家的城市群从起步到发展再到壮大，都与城市间政府和民间的合作分不开，这些城市群在集聚人口和经济、创造物质财富和精神财富等层面所形成的发展经验，对后发地区具有重要借鉴意义。具体来看，发达国家城市群发展通常具有高度国际化的中心城市，城市群内部具有明确的产业分工体系、互联互通的基础设施网络、统一高效的协作机制。城市群依靠政府和非政府组织的联合协商，科

学编制区域规划，并通过立法确保规划权威性。例如，美国以芝加哥为中心的中部地区五大湖城市群成立了“五湖联盟”，定期研究处理产业发展、污染治理、气候变化等重大问题；又如，欧洲西北部城市群成立了“地区整顿委员会”，制定了“巴黎地区战略规划”等都是典型的成功案例。

（二）有利于提高我国对内对外开放水平

经济全球化推动了货物、服务、资本及信息和人员的流动，促进全球经济、贸易及文化繁荣。当前，世界多极化发展形势不容乐观，多边贸易体系受到冲击。但是，经济全球化的内在根本动力没有改变，“市场”这只无形的手仍然且长久会在全球范围内对资源配置起决定性作用，跨国公司全球布局趋势未变，全球治理体系变革的方向不会改变。从我国的经济发展战略格局看，长江经济带城市群协作发展，对于我国推行“一带一路”倡议，促进沿线国家互联互通，增强投资贸易，经济文化交流，提高我国对内对外开放水平具有重要作用。

1. “一带一路”倡议提倡国际经济合作，长江经济带城市群协作发展将提升国际开放水平

“一带一路”倡议对推动经济全球化深入发展、国际区域经济合作具有深远的国际国内影响，旨在促进经济要素有序自由流动、资源高效配置和市场深度融合，推动沿线国家各国实现经济政策协调，开展更大范围、更高水平、更深层次的区域合作。上海作为“21 世纪海上丝绸之路”的重要起点，重庆是“一带一路”和长江经济带的联结点，武汉是长江中游的重要港口和国家中心城市，加强长江上游、中游、下游城市在要素流动、交通大通道建设、开放开发平台等全方位的合作，共同打造成为国家对外开放的前沿阵地，让我国长江经济带发展战略更好地与“一带一路”国家战略契合，并进一步推动“一带一路”倡议的实施，将更快提升长江经济带城市群与我国的国际竞争力和影响力。

2. 长江经济带城市群协作发展有助于扩大内陆地区开放发展

促进长江经济带城市群之间的协同发展，对沿海先进地区的开放经验带

动内陆地区开放发展，促进长江中游、长江上游地区的内陆开放高地建设，探索内陆开放发展新模式具有重要作用。2014 年国务院出台的《关于依托黄金水道推动长江经济带发展的指导意见》（国发〔2014〕39 号）和 2016 年中央政治局审议通过的《长江经济带发展规划纲要》均提出要推动东中西部地区互动合作的协调发展，建设陆海双向对外开放新走廊，培育国际经济合作竞争新优势。通过长江经济带城市群之间协作，东部沿海地区的加工贸易、国际资本、先进技术等向长江上游的成渝城市群、长江中游城市群进行梯度转移或直接对口支援，合作共建产业园，大力发展江海联运，促进内陆贸易、投资、技术创新协调发展，破解后发地区要素集聚能力不强难题，提高内陆地区开放水平。

（三）实现长江经济带国家战略的重要支撑

中国特色社会主义进入新时代，我国经济已由高速增长阶段转向高质量发展阶段。“绿水青山就是金山银山”，生态文明建设将会从重点区域和重点领域向全域和全面建设转变。长江经济带 11 个省（市）人口和地区生产总值占全国比重均超过 40%，长江经济带战略成败关系重大。以“共抓大保护、不搞大开发”为导向推动长江经济带发展，将是长江经济带城市群和长江流域各地的战略选择和历史使命，具体来看，推进长江上中下游城市群合作重点在生态联防联治、综合立体交通一体化、市场要素大流通、产业协作对内对外开放协作、公共服务与区域互助、政府联动协调机制等领域形成支撑，推动长江经济带走“生态优先、绿色发展”之路，提升区域综合竞争力。

1. 长江经济带城市群具有统一的生态战略使命，推进合作有助于长江经济带走“生态优先、绿色发展”之路

长江流域拥有全国的淡水资源，覆盖的人口比重大，拥有独特的生态系统，是我国重要的生态宝库，长江黄金水道连接的 11 个省（市）一衣带水。2000 年以来，长江流域的生态环境压力日益加大，水生态、水环境问题尤为

突出。由于掠夺式开发利用和保护不够，加上缺乏有效的协调与合作，导致部分河流或湿地出现了不同程度的萎缩和生态退化。虽然长江流域城市群的资源、环境等发展条件差异较大，但对河流、湖泊、湿地生态功能的需求和对长江全流域水生态、水环境修复的需求相同。因此，推动长江经济带高质量发展必须以绿色作为发展的基本前提，《长江经济带发展规划纲要》将生态环境保护放在首要地位，要求沿江11个省（市）加强生态补偿等生态领域的合作，解决长江流域严峻的生态环境以及发展不平衡不协调问题，增强长江经济带沿江或流域城市政府间的主观能动性，构建生态环境协同保护体制机制，确保国家生态安全。

2. 我国长江经济带是流域经济形态和城市群经济的完美结合，可以通过城市群协作发展进一步壮大区域影响力

长江经济带地跨东、中、西部的九省两市，地理空间跨度和地区经济差距都较大，既有沿海发达地区，也有三峡库区、贵州、云南等欠发达甚至贫困地区，发展不平衡不充分矛盾突出，缩小区域经济发展差距十分重要。通过城市群合作发展，树立“长江一盘棋”思想，实现产业互补、要素无障碍流通、基础设施对接、科教文卫融合、公共服务一体，共同打造我国乃至世界有影响力的重要增长极，更好地实现既平衡又充分的区域协调发展。

（四）有利于各城市群自身的高质量发展

随着我国进入工业化城镇化中后期，人均GDP在1万美元的基础上进一步提升，社会主要矛盾已经转化为人民日益增长的美好生活需要和不平衡不充分的发展之间的矛盾，区域战略不断向跨行政区域推进。在国际国内环境与我国宏观发展战略背景下，长江经济带城市群协作，可促进各地城市群找准自身位置，实现自身发展和协同发展统一，推动各有特色的高质量发展进程。

1. 长江经济带城市群协作发展是适应我国区域经济发展新格局的需要

我国推行区域经济均衡发展战略适应区域竞争“城市群化”的客观趋

势，当前，国家级区域经济区日益增多，正加速推进粤港澳大湾区一体化、京津冀协同发展，这些战略均是从更大空间范围内整合区域资源、促进分工协作和优势互补的战略导向，改变原来各省各地通过出台内部区域战略上升为国家战略而带来的互相攀比现象。长江经济带内既有以上海为中心的长江三角洲世界级城市群，又有以武汉为中心的长江中游城市群，以及成都、重庆双核构成的成渝城市群两大国家级城市群，同时，还有滇中、黔中等长江上游地区的省级城市群，在长江黄金水道串联下，加强城市及城市群合作，可在我国区域协调发展中发挥更大的作用。由此，应当积极推进长江经济带城市及城市群协作发展，着力突破行政区划限制，深化区域分工合作，积极推进城市群一体化发展，协调解决各个城市及城市群内部发展中的重大问题。

2. 长江经济带城市群协作发展有利于促进长江三角洲城市群优化发展，长江上游、长江中游加快缩小差距的步伐

我国重点打造的国家中心城市一共有 9 个，其中上海、武汉、重庆和成都均处于长江经济带范围内。由于我国新时代发展形势要求，长江上游、中游难以复制既往的工业化及城镇化发展模式，不能再走沿海早期高耗能、低效率的分散和粗放的发展道路。以上海、武汉、重庆及成都等城市为核心构成的城市群需要城市功能互补并有条件实现协同发展。从现在来看，长江三角洲城市群区域合作强劲，已经形成“决策层—协调层—执行层”的三级运作的统分结合合作模式，需要谋划更广领域的实质性深化合作；长江中游城市群民生一体化共建机制改善尤为明显，需要谋求向制度化协作升级；成渝城市群内部协作机制总体较低，处于相对低层次的产业和要素合作阶段。因此，可以通过加强更广范围的长江经济带上、中、下游城市群之间的协作，实现先进带动后发地区，实现产业集群、物流枢纽、开放高地等功能方面的突出发展，实现各个城市群的整体优化提升。

二、长江经济带城市群协作发展机制的现状

对于长江经济带城市群的协作机制，按照协作主体的不同可分为政府、企业、社会组织等三类。本研究将针对城市及城市群之间的政府层面的协作机制进行分析研究。按照《长江经济带发展规划纲要》明确提出的“以长江三角洲城市群为龙头，以长江中游和成渝城市群为支撑，以黔中和滇中两个区域性城市群为补充”的“3+2”城市群体系，研究空间领域覆盖长江经济带上中下游地区。

（一）长江经济带城市协作的历史背景与基础

长江作为我国重要的母亲河和交通经济带，是国家国土空间开发最重要的东西轴线，历来是全国城市、区域协作发展最为活跃的流域，在国家区域发展总体格局中具有独特的重要战略地位。早在20世纪80年代改革开放初期，国家就开始构思促进长江资源的开发利用及长江流域经济发展，鼓励并创造机会促进长江沿线城市打开城门、开展协作。在直辖市、省会城市等重点城市的引领带动下，长江流域城市协作浪潮逐渐兴起，不仅有力地推动了城市自身和长江流域整体发展，也为新时代长江经济带国家战略下城市及城市群更加深入、更加全面的联动发展奠定了深厚的前期协作基础。

1. 长江沿岸中心城市经济协调会开启长江沿线城市全域协作

长江沿岸中心城市经济协调会于20世纪80年代中期成立，至今仍在常态化运营，是上中下游沿线城市加强合作交流、深入推进协作的重要平台和机制，市长联席会议是其最高组织和活动形式。1985年2月，国家体制改革委员会在“全国城市经济体制改革座谈会”后，召集宁、汉、渝三市负责人研究“发挥中心城市作用，联合起来综合开发利用长江黄金水道”的课题。为响应落实这一号召，同年12月，沪、宁、汉、渝四市在重庆成立“长江沿岸中心城市经济协调会”，开启覆盖长江全流域的沿线城市协作新时代。之后，为了更有效地推进长江流域经济社会发展，又分别成立了以重庆、南京、

武汉、上海四个中心城市为核心的重庆经济协作区、南京经济协调会、武汉经济协作区、长江三角洲经济协作中心四个协作区。

其演化过程按照重点关注内容可以分为三大阶段：一是起步阶段（1985—1991 年）。该阶段确立了“抓区域、促流域，抓专题、促联合”的工作方针，以冲破计划经济体制为特征。二是全面快速发展阶段（1992—2013 年）。该阶段重点围绕浦东开发、三峡工程和西部大开发三大国家开发开放战略推动城市协作，主要集中在产业协作、基础设施共建两大领域。三是长江经济带战略下绿色发展阶段（2014 年以来）。该阶段围绕长江经济带“共抓大保护、不抓大开发”的总体导向推动城市协作，主要集中在生态保护领域。

长江沿岸中心城市经济协调会成立 33 年来，积极围绕国家重大战略导向推进沿线城市协作，在生态保护、产业协作、设施互通、科技共建等方面签署了系列协议，有力地推动了长江黄金水道建设、加强了长江上中下游产业合作、促进了长江经济带上中下游联动发展。长江沿岸中心城市经济协调会历届市长联席会主题概览见表 6－1。

表 6－1　长江沿岸中心城市经济协调会历届市长联席会主题概览

届次（时间）	地点	会议主题
第一届（1985 年）	重庆	长江沿岸中心城市经济协调会成立
第二届（1986 年）	武汉	抓区域经济合作，促流域经济开发
第三届（1987 年）	南京	抓区域、促流域
第四届（1988 年）	上海	抓区域、促流域，抓专题、促联合
第五届（1989 年）	重庆	进一步强调“抓区域、促流域，抓专题、促联合”，增设环保专题组
第六届（1992 年）	武汉	推动内联协作、呼应浦东开发、参与三峡工程建设
第七届（1994 年）	南京	发挥整体优势，发展区域联合，共同推进长江流域开放开发
第八届（1996 年）	上海	积极推进长江商贸走廊建设、长江沿岸城市金融网络建设和经济带投资与协作信息系统建设
第九届（1998 年）	重庆	加快资产重组，联动调整产业结构；进一步发育和健全产权交易市场；加强高新技术产业合作与联动发展
第十届（2000 年）	武汉	开发长江经济带，参与西部大开发

续表

届次（时间）	地点	会议主题
第十一届（2002 年）	南京	推进流域内中心城市的相互合作和优势互补，加快城市发展
第十二届（2004 年）	上海	发挥长江黄金水道作用，推进长江流域经济联动发展
第十三届（2006 年）	重庆	发挥黄金水道作用，推动长江经济发展
第十四届（2008 年）	武汉	长江黄金水道开发与产业合作
第十五届（2012 年）	上海	创新驱动、合作共赢——携手推进长江流域产业集聚带转型发展
第十六届（2014 年）	合肥	共建长江经济带　打造中国经济升级版
第十七届（2016 年）	南京	共抓长江生态保护　促进区域绿色发展
第十八届（2018 年）	重庆	推动智能化高质量发展　共建绿色长江经济带

2. 上海经济区、武汉经济协作区、西南六省（自治区、直辖市）经济协调会分别奠定了长江下游、中游、上游城市协作基础

上海经济区（1982—1988 年）、西南六省（自治区、直辖市）经济协调会（1984—2006 年）和武汉经济协作区（长江中游经济圈）（1987—2005 年）均成立于20 世纪80 年代中后期，先后于20 世纪末和21 世纪初停办。作为我国改革开放初期成立的跨省区域性经济合作组织，这三大组织曾经在推动长江下游地区、长江上游西南地区、长江中游地区城市协作发展中发挥着重要支撑和推动作用。

上海经济区是长江三角洲经济区以及长江三角洲城市群的最早雏形，是我国最早推进的区域一体化发展尝试。为解决行政条块矛盾、探索依靠中心城市促进长江下游地区生产力发展的路子，国务院于 1982 年 12 月 22 日发布《关于成立上海经济区和山西能源基地规划办公室的通知》，决定建立以上海为中心，包括江苏省苏州、无锡、常州、南通和浙江省杭州、嘉兴、湖州、宁波、绍兴等 9 个城市的上海经济区，并于 1983 年 3 月成立上海经济区规划办公室①，8 月建立经济区省（市）长会议制度。1984 年、1985 年先后将安

① 上海经济区规划办公室成员由国家计委、国家经委、上海市、江苏省、浙江省、机械部、水电部、交通部、化工部、电子部、纺织部、轻工部、经贸部的负责人组成。

徽、江西纳入成员，形成四省一市协作格局。上海经济区运行期间，地方的经济活力和消费需求快速释放，并为长江上游地区后期深化发展提供了跨省市协作的制度机制框架。

西南六省（自治区、直辖市）经济协调会是我国最早的跨省区自愿型经济协调组织，其建立构思起源于1984年1月胡耀邦视察川黔两地时提出的“联合起来开发大西南”的设想。同年4月，四川、云南、贵州、广西、重庆在贵阳成立“四省区五方经济协调会”，开创了我国跨省市区域经济合作先河。此后，经历广西、西藏的加入，重庆直辖以及成都市的加入又退出等多次变动，协调会几经易名，最终定名为“西南六省（自治区、直辖市）经济协调会”。由于整体处于欠发达阶段，西南六省（自治区、直辖市）以经济建设为工作核心，重点围绕“三通一能”（交通、流通、融通和能源建设）发展横向经济联合与协作。1985—2006年，协调会共举办了21次，有力地推动了西南重要省（市）协同推进重大基础设施建设、矿产资源和能源开发、产业联合发展、区域性大市场构建，促进了西南地区经济快速发展。

武汉经济协作区（长江中游经济圈）是长江沿岸中心城市经济协调会下的四个协作区之一，是以武汉为中心，由湖南、湖北、江西、安徽四省共计31个城市组成的经济圈，其最高协调和决策机构为“市长联席会议”，为我国中部地区最早的经济合作组织。1987年5月，在武汉、岳阳、黄石等城市发起推动下，武汉经济协作区正式成立。1987—2005年，武汉经济协作区累计召开了10次市长联席会议，有力地促进了域内城市在产业分工、要素融合、市场衔接、科技共享等方面开展深度合作，推动了长江中游区域经济社会稳步发展。武汉经济协作区（长江中游经济圈）历届市长联席会主题概览见表6－2。

表6－2　武汉经济协作区（长江中游经济圈）历届市长联席会主题概览

届次（时间）	地点	会议主题
第一届（1987年）	岳阳	成立协调会
第二届（1988年）	南昌	通过《关于加强武汉经济协作区工作网络活动的意见》
第三届（1990年）	武汉	修订《协作区互惠原则》，通过《资源联合开发》、接纳《共同组建企业集团》等提案

续表

届次（时间）	地点	会议主题
第四届（1991 年）	荆州	原则通过《关于在区域内进一步开展科技成果推广的意见》
第五届（1994 年）	南阳	通过《共建油料市场》《组建企业家联谊会》《金星计划》《联建宜昌经协大厦》等提案
第六届（1997 年）	孝感	提出建立利用好区域市场，开展跨地区资产重组，推进基础设施建设的提案
第七届（1999 年）	信阳	会议通过在信阳建立茶叶电子商务市场、建立华中旅游圈提案，修订武汉经济协作区互惠办法
第八届（2001 年）	驻马店	通过《新世纪实现联合发展新跨越的指导意见》《联办武汉经贸洽谈会》的提案
第九届（2003 年）	咸宁	通过了新的武汉经济协作区章程；会议通过成员增加至 28 个
第十届（2005 年）	长沙	会议通过成员增加至 31 个

（二）长江沿线城市协作现有机制框架体系

党的十八大以来，党中央日益强化东中西部区域协调发展，并于 2014 年确定长江经济带发展战略，随后国家和长江沿线各省（市）先后成立了中央及各级地方层面的推动长江经济带发展领导小组，全局统领引导长江经济带发展，长江沿线城市群及城市协作迈入全面加速发展的新阶段，城市群之间及城市群内部的协作机制更趋健全。

1. 城市群之间协作机制

2014 年国家确定长江经济带发展战略以来，在中央政府和地方政府的共同推动和实践下，长江经济带已经初步形成“国家—省级—市（区）级”城市群之间三级协作机制体系。

国家层面全局统筹机制初步建成，重点突出生态保护、交通互通和产业转型三大领域。国家层面已初步建立由推动长江经济带发展领导小组（办公室）顶层设计、各部委部署协调的全局统筹机制，形成了以《长江经济带发展规划纲要》为总体纲领、以各职能部委出台部署的专项领域文件为支撑的政策体系，全面协调跨流域、跨省际、跨部门重大事项。从发展领域上看，

2016年以前，国家重点关注长江经济带沿线11个省（市）的交通互联互通、市场一体化建设。2016年以后，随着党中央“共抓大保护、不搞大开发”战略导向的确立，国家开始积极调整长江经济带的生态保护和产业转型发展的新思路。2014—2018年国家推动长江经济带城市群发展的部分政策清单见表6－3 。

表6－3　2014—2018年国家推动长江经济带城市群发展的部分政策清单

领域	政策文件
（一）综合领域	
—	2016年3月，中共中央政治局审议通过《长江经济带发展规划纲要》
（二）专项领域	
生态保护	2017年1月，长江经济带发展领导小组办公室印发《关于开展长江入河排污口专项检查行动的通知》； 2017年5月，水利部、环境保护部、住房和城乡建设部联合印发《关于做好长江入河排污口专项检查行动有关工作的通知》（水资源函〔2017〕89号）； 2017年7月，环境保护部、发展改革委、水利部联合发布《长江经济带生态环境保护规划》（环规财〔2017〕88号）； 2018年2月，财政部印发关于《建立健全长江经济带生态补偿与保护长效机制的指导意见》（财预〔2018〕19号）
综合基础设施互通（交通）	2014年9月，《长江经济带综合立体交通走廊规划（2014—2020年）》（国发〔2014〕39号）（《国务院关于依托黄金水道推动长江经济带发展的指导意见》的附件）； 2016年12月，国家发展改革委、交通运输部、中国铁路总公司联合印发了《“十三五”长江经济带港口多式联运建设实施方案》（发改基础〔2016〕2588号）； 2017年2月，国家发展改革委、交通部联合下发《长江经济带综合立体交通走廊重点突破工作方案》（发改基础〔2017〕183号）； 2018年7月，推长办发布《推动长江经济带沿江高铁通道建设实施方案》
基本公共服务共享	2018年10月，国务院办公厅印发《关于保持基础设施领域补短板力度的指导意见》（国办发〔2018〕101号）（该文件也涉及基本公共服务领域）
产业转型与合作	2016年3月，国家发展改革委、科技部、工业和信息化部联合下发《长江经济带创新驱动产业转型升级方案》（发改高技〔2016〕440号）； 2017年6月，工业和信息化部、国家发展改革委、科技部、财政部、环境保护部联合印发《关于加强长江经济带工业绿色发展的指导意见》（工信部联节〔2017〕178号）
市场一体化建设	2014年9月，海关总署发布《关于开展长江经济带海关区域通关一体化改革的公告》（海关总署公告2014年第65号）； 2014年11月，海关总署发布《关于扩大长江经济带海关区域通关一体化改革的公告》（海关总署公告2014年第84号）； 2017年10月，商务部办公厅发布《长江中游区域市场发展规划（2017—2020年）》

续表

领域	政策文件
社会治理	2016年3月，最高人民法院出台《最高人民法院关于为长江经济带发展提供司法服务和保障的意见》（法发〔2016〕8号）； 2016年12月18日，推动长江经济带发展领导小组办公室与最高人民法院在北京签署《关于建立推动长江经济带发展司法合作协同机制的合作框架协议》； 2018年7月，司法部出台《司法部关于全面推动长江经济带司法鉴定协同发展的实施意见》

全流域省际协商合作机制全面建立。长江下游上海、江苏、浙江、安徽四省（市）早在2008年就已建立决策层、协调层和执行层“三级运作”的区域协商合作机制①。2016年12月，在推动长江经济带发展领导小组办公室会议暨省际协商合作机制第一次会议上，重庆、四川、云南、贵州四省（市）签署《关于建立长江上游地区省际协商合作机制的协议》，湖北、江西、湖南三省签署《关于建立长江中游地区省际协商合作机制的协议》，弥补了长期以来长江上游、中游地区省际协商合作机制的空白，长江经济带省际协商合作机制至此全面建立。此外，产业领域、知识产权保护等领域的11个省（市）协商机制也已建立。2015年10月，长江经济带11个省（市）旅游部门领导在“合作共赢，共话未来”长江经济带旅游产业合作论坛上共同签署《长江经济带旅游产业合作宣言》。2017年9月，长江经济带十一省（市）联合执法与协作执法工作研讨会上，11个省（市）知识产权局签署了《长江经济带十一省市专利协作执法与联合执法工作备忘录》。长江上、中、下游地区省际协商合作决策层机制见表6-4。

① 决策层：长三角地区主要领导座谈会，省（市）委书记、省（市）长出席，三省一市常务副省（市）长、党委和政府秘书长、党委和政府研究室主任、发展改革委主任和副主任列席。协调层：长三角地区合作与发展联席会议，常务副省（市）长参加。执行层包括“联席会议办公室”和“重点合作专题组”。沪苏浙皖三省一市分别在发展改革委（或合作交流办）设立“联席会议办公室”，分管副主任兼联席办主任。目前设立了交通、能源、信息、科技、环保、信用、社保、金融、涉外服务、城市合作、产业、食品安全12个重点合作专题。

表 6-4 长江上、中、下游地区省际协商合作决策层机制

区域	省际协商合作决策层机制	主题或签署文件
长江下游地区	长三角地区主要领导座谈会	2011 年，合肥会议主题“加快转型发展、推动产业转移”； 2012 年，杭州会议主题“联动实施国家战略、共同推进创新发展”； 2013 年，南京会议主题“加快转型升级，共同打造长三角经济‘升级版’”； 2014 年，上海会议主题“积极参与‘一带一路’和长江经济带国家战略，在新的起点上推进长三角地区协同发展”； 2015 年，合肥会议主题“共同谋划‘十三五’长三角协同发展新篇章”； 2016 年，杭州会议主题“创新、协同、融合：共建世界级城市群”； 2017 年，苏州会议主题“创新引领，携手打造世界级城市群”； 2018 年，上海会议主题“聚焦高质量，聚力一体化”
长江中游地区	长江中游地区省际协商合作会商会	2018 年 4 月，首届会议在武汉召开。会议签署了《长江中游地区省际协商合作行动宣言》，就强化生态环境联防联治、基础设施互联互通、产业发展协同协作、资源要素对接对流、公共服务共建共享达成共识。审议通过了《长江中游地区省际协商合作轮值制度》和《长江中游地区省际协商合作十三件实事》
长江上游地区	长江上游地区省际协商合作联席会议	2017 年 6 月，首届会议在重庆召开。会议通过《长江上游地区省际协商合作机制实施细则》，商定了生态环境联防联控、基础设施互联互通、公共服务共建共享等三项重点工作方案； 2018 年 7 月，第二届会议在成都召开。会议以“筑牢长江上游生态屏障 坚持绿色创新高质量发展”为主题，商定了生态环境联防联控、基础设施互联互通、公共服务共建共享、旅游合作共赢发展等四项重点工作方案

流域管理的官方机构尚未成立，沿线各大中城市自发性联合建立跨流域城市对话协商机制。当前，我国并未成立类似美国田纳西河流域管理局的全权负责长江全流域开发管理的官方机构。由沪、宁、汉、渝四市于 1985 年发起设立，27 个沿线城市共同参与的“长江沿岸中心城市经济协调会”作为当前唯一纵跨长江上游、中游、下游全域的城市交流协商平台，在推动长江经济带可持续发展上发挥着重要作用。

2. 城市群内部协作机制

城市群内部省市、城市的协作互动是长江经济带三大流域各城市群实现联动发展的基础。相比跨流域、跨城市群的省市合作，同一个城市群内的省市由于地理毗邻、文化同宗、社会同俗等天然性优势，在省级、市级两个层面的协作互通更加频繁、更加深入。由于整体发展基础不同，三大流域城市群内部协作机制也表现出差异性、阶段性特征。

需要说明的是，本书侧重于分析跨省级行政区的城市群内部协作机制，滇中、黔中两大区域性城市群属于云南、贵州省级架构城市群，其内部城市协商合作在滇黔省级力量统筹下不存在明显“行政壁垒”，在此不分析其内部协作机制。

长江三角洲城市群区域合作已进入多形式、宽领域、深层次的实质性深化提升阶段。长江三角洲城市群是我国经济最具活力、开放程度最高、创新能力最强、吸纳外来人口最多的代表性区域，其区域合作也表现得比成渝和长江中游两大城市群更强劲。早在2008年，长江三角洲城市群就建立了以长三角地区主要领导座谈会为决策层、以长三角地区合作与发展联席会议为协调层、以联席会议办公室和重点合作专题组为执行层的“三级运作、统分结合”的省级协调合作机制，比长江中游城市群早了近10年。党的十八大以来，围绕打造具有国际竞争力的世界级城市群的目标，长江三角洲城市群在生态保护、科技创新、社会治理、基础设施互通和公共服务共享等综合领域的协作机制不断深化和创新。长江三角洲城市群内部协作机制概览见表6－5。

表6－5　长江三角洲城市群内部协作机制概览

合作领域	省级层面	
	党的十八大以前（2012年以前）	党的十八大以来（2012—2018年）
（一）综合领域		
—	—	2018年7月，长三角地区主要领导座谈会就《长三角地区一体化发展三年行动计划（2018—2020年）》达成共识，覆盖了交通能源、科创、产业、信息化、信用、环保、公共服务、商务金融等12个合作专题

续表

合作领域	省级层面	
	党的十八大以前（2012 年以前）	党的十八大以来（2012—2018 年）
（二）专项领域		
生态建设	2008 年底，江苏、浙江、上海两省一市的环境保护部门签署《长江三角洲地区环境保护工作合作协议（2008—2010 年）》	2013 年 4 月，长江三角洲城市经济协调会第十三次市长联席会上，签署《长三角城市环境保护合作（合肥）宣言》； 2014 年 1 月，四省（市）会同八部委共同成立了长三角区域大气污染防治协作小组； 2018 年 5 月，三省一市检察机关在皖共同签署《关于建立长三角区域生态环境保护司法协作机制的意见》
综合基础设施互通	—	2013 年，上海地铁 11 号线延伸至江苏昆山的花桥站，成为国内第一条跨省地铁； 2018 年 1 月，民航局与上海市、江苏省、浙江省、安徽省共同签署《关于共同推进长三角地区民航协同发展努力打造长三角世界级机场群合作协议》
基本公共服务共享	—	2018 年 6 月，沪、苏、浙、皖建立健全区域养老工作协作协商机制； 2018 年 9 月，长三角开启异地就医门诊费用直接结算试点
要素/市场一体化	2010 年 12 月 22 日，上海市、江苏省和浙江省签署《关于长三角区域海事大通关建设合作备忘录》《关贸紧密合作机制备忘录》	2014 年 9 月 22 日，上海、南京、杭州、宁波、合肥海关率先启动长江经济带海关区域通关一体化改革； 2014 年 12 月，江苏、浙江、安徽和上海市商务部门负责人在上海共同签署《推进长三角区域市场一体化发展合作协议》； 2017 年，长三角合作与发展联席会议能源专题组座谈会在江苏省常州市召开，签订《长三角三省一市加强能源领域战略合作框架协议》； 2018 年 3 月，苏、浙、皖、沪的人社厅（局）共同签署《三省一市人才服务战略合作框架协议》
产业协作	2010 年，四省（市）签署《关于共同推进皖江城市带承接产业转移示范区建设合作框架协议》	2015 年 9 月，苏、浙、皖、沪商务部门签订《长三角地区农产品流通战略合作协议》； 2017 年 4 月，浙江省批复嘉兴市设立“浙江省全面接轨上海示范区”

续表

合作领域	省级层面	
	党的十八大以前（2012 年以前）	党的十八大以来（2012—2018 年）
社会治理	2008 年签署《长江三角洲地区政法综治工作协作交流框架协议》； 2010 年，苏、沪、浙、皖四省市达成“泛长三角地区劳动保障监察工作合作协议”，出台《泛长三角地区劳动保障监察委托协查办法（试行）》	2016 年，国家发展改革委批复同意长三角地区创建国家社会信用体系建设区域合作示范区，该示范区是全国首个信用建设区域合作示范创建区； 2017 年 7 月，上海、江苏、浙江、安徽的信用办、食药监局领导共同签署《长三角区域食品药品安全领域信用联动奖惩合作备忘录》； 2018 年，《长三角地区深化推进国家社会信用体系建设区域合作示范区建设行动方案（2018—2020 年）》
科技创新	2003 年，成立“长三角区域创新体系建设联席会议办公室”； 2007 年，开通运行“长三角区域大型科学仪器协作共用网”； 2009 年，上海、江苏、浙江共同签署《长三角地区知识产权发展与保护合作框架协议书》	2013 年，签订《长三角城市实施创新驱动推进产学研合作（合肥）宣言》； 2015 年以来，上海先后与浙江的湖州市长兴县、嘉兴市、海宁市，以及江苏的宿迁市、苏州市、无锡市国家高新区等地合作，探索“创新券”区域内通用通兑机制； 2016 年，签订《沪苏浙皖关于共同推进长三角区域协同创新网络建设合作框架协议》； 2018 年 4 月，南通市政府与上海市科学技术委员会达成《沪通科技创新全面战略合作协议》； 2018 年 4 月，签署《长三角技术市场资源共享、互融互通合作协议》
资金保障	2011 年，三省一市设立政策性“长三角地区合作与发展共同促进基金”，2012 年运行	长三角地区合作与发展共同促进基金持续运营

长江中游城市群建立四省会城市民生为本、优先抱团发展的“决策—协调—执行”三级协作机制，谋求向制度化协作升级。长江中游城市群在深化内部联动发展中，将民生（含生态）摆在当前阶段的首要位置，高度重视武汉、长沙、南昌、合肥四个省会城市的龙头示范作用，建立了从决策到协调到执行的全流程三级协作机制，四省一体化进程加速推进。“决策层”是四省省委高层和四省会城市市委书记列席的长江中游城市群省会城市会商会，负责顶层设计、整体统筹，2013 年起成立，每年召开一届。“协调层”和“执

行层”分别是长江中游城市群省会城市合作协调会和长江中游城市群城市合作秘书处，均成立于2015年6月。自2013年四省会城市推进协同发展以来，随着公共服务和生态领域的联合共建机制的建立健全，四市民生一体化改善尤为明显。此外，2018年四市签订了《长江中游城市群省会城市合作行动计划（2017—2020年）》，正在从松散项目式合作转向紧密长效的制度对接式合作。长江中游城市群内部协作机制概览见表6－6。

表6－6　长江中游城市群内部协作机制概览

合作领域	省级层面		市级层面	
	党的十八大以前（2012年以前）	党的十八大以来（2012—2018年）	党的十八大以前（2012年以前）	党的十八大以来（2012—2018年）
（一）综合领域				
—	2012年2月，湖北、湖南、江西三省在武汉市召开长江中游城市集群三省会商会议，签署《加快构建长江中游城市集群战略合作框架协议》	2013—2018年，按照每年一次的原则连续召开6届长江中游城市群省会城市会商会，武汉、长沙、合肥、南昌四市相继签订《武汉共识》《长沙宣言》《合肥纲要》《南昌行动》《长江中游城市群省会城市合作行动计划（2017—2020年）》《长江中游城市群建设近期合作重点事项》	—	2014年12月，首届湘赣边区域开放合作交流会，湘赣边10个县（市）共同达成《湘赣边区域开放合作浏阳共识》，签订交通运输、环保、安监、旅游、综治维稳等多项战略合作框架协议； 2017年6月，第三届湘赣边区域开放合作交流会以“旅游合作和干部培训”为主题，签署《湘赣边区域党员干部教育培训交流合作框架协议》《第三届湘赣边区域开放合作交流会备忘录》
（二）专项领域				
生态建设	—	2016年12月，鄂、赣、湘三省签订《长江中游湖泊湿地保护与生态修复联合宣言》	—	2014年11月，四省会城市共同签订《长江中游四省会环保合作协议书（2014—2015年）》

续表

合作领域	省级层面		市级层面	
	党的十八大以前（2012 年以前）	党的十八大以来（2012—2018 年）	党的十八大以前（2012 年以前）	党的十八大以来（2012—2018 年）
交通运输互通	—	—	—	2013 年以来，四省会城市签订《交通运输合作联席会制度》《交通运输发展规划合作机制》《道路运输行政执法协助工作机制》《公路信息交流合作机制》；2016 年 10 月，四城市交通运输联席会，签署《长江中游城市群互联互通战略框架协议》《长江中游城市群省会城市交通一卡通合作框架协议》
基本公共服务共享	—	2014 年 7 月，长江中游城市群首届会商会上，湘、鄂、赣、皖四省签署《长江中游城市群人力资源和社会保障事业合作协议》	—	2014 年 12 月，四省会城市住房公积金管理机构在全国率先打破公积金贷款管理的城市壁垒，开展了省际住房公积金异地互认互贷，并统一了住房公积金异地贷款政策和操作流程；2015 年 10 月，四省会城市共同签订长江中游城市群公共卫生协作协议；2018 年 9 月，四市人社局签署《长江中游城市群省会城市工伤保险异地协作协议》《长江中游城市群省会城市技能人才开发合作协议》
市场一体化	—	—	—	四市牵头发动城市群内 26 个城市的工商联（总商会）共同签署《长江中游城市群（南昌）四市暨相关城市圈民间商会合作备忘录》，创建长江中游城市群“大商会”合作机制

续表

合作领域	省级层面		市级层面	
	党的十八大以前（2012 年以前）	党的十八大以来（2012—2018 年）	党的十八大以前（2012 年以前）	党的十八大以来（2012—2018 年）
产业协作	—	2013 年 5 月，湘、鄂、赣、皖四省共同推出跨区域旅游产品、旅游优惠年票，共建无障碍旅游区； 2014 年 5 月，湘、鄂、赣、皖四省 308 家旅行社结成中三角旅行社联合体大联盟，共同打造一体化旅游区	—	—
社会治理	—	2017 年 9 月，鄂、湘、赣三省检察机关签订《关于加强生态检察区域协作服务和保障长江中游城市群生态文明建设的意见》	—	—
科技合作	—	—	2012 年 3 月，湘、鄂、赣科技行政管理部门共同签署《长江中游城市集群科技合作框架协议》	2018 年 9 月，第 6 届长江中游城市群省会城市会商会上签订《长江中游城市群省会城市共建科技服务资源共享平台合作协议》
城市建设	—	—	—	2018 年 9 月，第 6 届长江中游城市群省会城市会商会上签订《长江中游城市群省会城市新区发展合作框架协议》

成渝城市群内部协作机制不断完善，但总体仍然处于相对低层次的产业和要素合作阶段。党的十八大以来，重庆市积极推动与四川省在经济、社会、生态等领域的协作机制建设，主要表现在两个方面：一是省际高层协商将实现常态化，地级市（区）政府协作加快。2015 年以来，川渝两地党政高层领导之间的互访交流频率较 2012 年以前进一步增加，并将实现常态化互访的新突破。2018 年 6 月签订的《深化川渝合作深入推动长江经济带发展行动计划(2018—2022 年)》中明确指出要建立省市高层联席会议制度，原则上每年召开一次。各地级市（区）充分利用成渝直线经济联盟、渝西川东经济社会发展协作会、川渝合作两地四方联席会等合作机制和平台作用，加快深化协作共建。二是合作领域更加全面，更加强调生态、科技和公共服务等领域协作。党的十八大以前，川渝两地的协作重点集中在基础设施建设和产业协作两大方面，生态保护、公共服务共享等领域协作不突出。党的十八大以来，随着“以人民为中心”发展思想和五大发展理念的确立（尤其是创新、绿色、共享理念），两地在生态共建共治和公共服务共享协作领域取得重大成效，文化保护传承、科技创新、社会治理等领域的协作机制初步建立。但由于合作发展基础比较薄弱，成渝城市群整体还处在产业、要素集聚阶段，省市间也更多围绕产业布局、要素积累展开合作。长江上游地区成渝城市群内部协作机制概览见表 6 –7。

表 6-7　长江上游地区成渝城市群内部协作机制概览

合作领域	省级层面		市级层面	
	党的十八大以前（2012 年以前）	党的十八大以来（2012—2018 年）	党的十八大以前（2012 年以前）	党的十八大以来（2012—2018 年）
（一）综合领域				
—	2004 年 2 月，重庆市党政代表团赴成都，与四川省党政代表团会谈，川渝签署“1 + 6”合作框架协议，即《关于加强川渝经济社会领域合作共谋长江上游经济区发展的框架协议》和交通、旅游、农业、公安、文化、广播电视等 6 项具体协议； 2007 年 4 月，川渝政府签订《关于推进川渝合作共建成渝经济区的协议》，涉及基础设施建设、一体化市场体系、产业协作、共建生态屏障等领域； 2008 年 10 月，川渝两省（市）签署《关于深化川渝经济合作框架协议》	2015 年 5 月，重庆、四川党政代表团合作交流会上签订《关于加强两省市合作共筑成渝城市群工作备忘录》，明确两地将在六个方面加强合作，推动交通、信息和市场三个一体化，联手规划都市消费品、石油天然气化工、特色资源加工三大产业走廊； 2016 年 6 月，四川省党政代表团赴重庆学习考察，双方签订“1 + 10”合作协议，即《深化川渝务实合作 2016 年重点工作方案》和进一步加强应急管理合作协议、工业和信息化合作协议、合作共建产业园区协议、共同推动两地人力资源社会保障公共服务互助发展合作协议、川剧发展及石窟保护合作协议、区域食品药品安全稽查执法合作协议、信息通信行业监管区域合作协议、万州达州战略合作框架协议、渝北邻水战略合作框架协议、荣昌隆昌共建川渝合作荣隆工业园框架协议等 10 个协议； 2018 年 6 月，重庆、四川党政代表团座谈会上签订《重庆市人民政府、四川省人民政府深化川渝合作深入推动长江经济带发展行动计划（2018—2022 年）》和共同推进川渝合作示范区（广安片区）建设、共同推进长江上游生态环境保护、加强跨界河流联防联控、高质量建设长江上游生态屏障、加强科技协同创新、加强市场监管、推进区域协同发展、推进沿江开放发展、加强基础设施互联互通和文化旅游合作、深化临空经济和车产业发展、促进物流业协同发展等 12 个专项合作协议	2011 年 4 月，成渝两地安岳县、璧山县、大足县、简阳市、乐至县、龙泉驿区、双桥区等 7 个区（县）自发成立“成渝直线经济联盟”，并签订《成渝直线经济联盟大足共识》和《成渝直线经济联盟战略框架协议》	2017 年 11 月，渝西川东经济社会发展协作会在荣昌召开，川渝 13 个市（区、县）签署“1 + 78”合作协议，即《渝西川东经济社会发展协作会框架协议》，以及《成渝中线高铁意向协议书》《环境保护合作框架协议书》《濑溪河流域水环境保护合作专项协议书》《渝西川东网信协作联席会议制度协议书》等 78 项双边、多边协议，涉及交通、文化、旅游、环保、网信、商务领域，是历年之最

续表

合作领域	省级层面		市级层面	
	党的十八大以前（2012 年以前）	党的十八大以来（2012—2018 年）	党的十八大以前（2012 年以前）	党的十八大以来（2012—2018 年）
（二）专项领域				
生态建设	—	2016 年 12 月，四川省环境保护厅与重庆市环境保护局签订《川渝地区大气污染联合防治协议书》	—	2016 年 11 月，川渝合作“两地四方”联席会在邻水召开。重庆市渝北区、长寿区、垫江县和四川省邻水县的党政负责人参会，联合发布《共建长江上游生态屏障示范区倡议书》
基础设施互通（交通）	—	2015 年 12 月连接重庆和成都的首条高速铁路——成渝客专建成通车	—	—
公共服务共享	—	2013 年，重庆市人社局与四川省人社厅在成都签订《重庆市和四川省医疗保险异地就医合作框架协议》《重庆市和四川省医疗保险异地就医即时结算合作协议》； 2015 年 12 月，川渝两地开展跨省居民身份证异地受理试点工作	—	—
市场一体化	—	2014 年，成都海关、重庆海关签署区域通关合作备忘录，建立区域通关合作机制	—	—
产业协作	2012 年 11 月，国家发展改革委批复《川渝合作示范区（广安片区）建设总体方案》	2018 年第十七届西博会，四川博览事务局与重庆市商务委员会签署《川渝加强现代会展业交流合作备忘录》，共同打造川渝会展集群	—	2016 年 10 月，成都、遂宁、攀枝花、合川、潼南等 15 个地方的旅游部门共同签署区域合作协议，共建成遂渝旅游黄金走廊；

续表

合作领域	省级层面		市级层面	
	党的十八大以前（2012 年以前）	党的十八大以来（2012—2018 年）	党的十八大以前（2012 年以前）	党的十八大以来（2012—2018 年）
产业协作				2017 年 6 月，重庆市渝北区政府、四川省达州市政府签署战略合作协议，全面拓展规划、工业、商贸物流、旅游、农业、金融、科教文卫、矿产资源开发利用、人力资源九大方面的深度合作，共同打造新的“川渝合作示范区”； 2017 年 9 月，重庆两江新区与贵州贵安新区共同签署友好合作协议
社会治理	—	2014 年 7 月，川渝黔公安边检警务合作联席会在贵阳市召开，三省市公安边防总队签订《川渝黔公安边检警务合作协议》	—	—

（三）推进长江沿线城市协作发展的总体特征

长江经济带发展战略是我国破解区域协调发展难题的重要举措，而建立健全长江沿线城市群和城市协作发展机制，推动长江经济带全域协调联动发展，更是重中之重。党的十八大以来，在习近平总书记高度重视和国家、地方各级政府的深入推动下，长江经济带“共抓大保护、不搞大开发”的发展共识逐步强化，城市群间和城市群内上下联动、横向配合的协作发展机制初步建立，并在运行过程中持续完善，主要呈现以下特征。

1. 国家和地方政府层面的党政分工协作组织保障体系不断健全

按照党政分工负责，从中央（国家部委）和地方政府两个层面，不断强化长江沿线城市协作的组织保障（见图6－1）。一是党委统领纵向组织结构持续强化。中共中央2014年成立推动长江经济带发展领导小组后，11个省（市）自2015年起陆续成立省级/直辖市级别推动长江经济带发展领导小组，其组长均为省委常委或直辖市市委常委成员，杭州、南京等城市甚至成立了地市级别的推动长江经济带发展领导小组。二是政府系统纵横向衔接组织网络日益健全。国家推动长江经济带发展领导小组办公室综合协调组（以下简称推长办）与国家发展改革委、交通运输部、生态环境部等职能部门横向联动、相互配合，共同推进长江经济带全局重大事项。2015年以来，11个省（市）先后成立了地方推长办，通过与国家层机构的纵向对接和省级部门的横向联动，保障各项建设事宜的落地实施。2016年以来，推长办积极推动长江上游、中游、下游城市群签署地区省际协商合作机制；中央部委也在积极推进部省联席会议制度，如2016年5月成立长江经济带交通运输发展部省联席会。

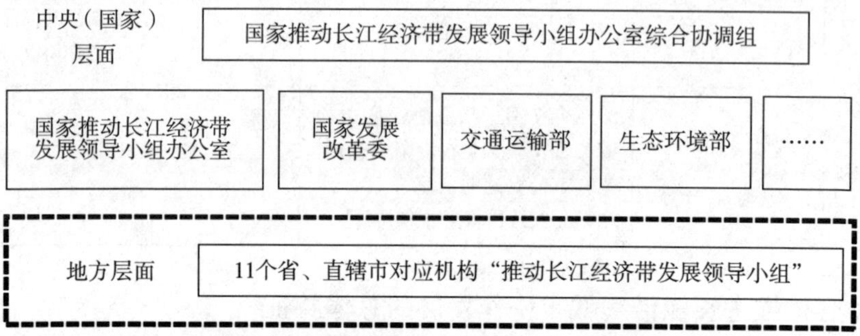

图6－1　长江经济带城市协作政府组织保障体系

2. 城市区域经济深化发展推动城市之间协作发展

随着城市、区域协作发展意识的不断深化，区域自发型城市协作组织也在不断发展。一是组织规模稳步扩大。当前，我国城市发展已经迈入协同发展的快轨道，所有城市都在寻求拓展横向联系，越来越多的城市选择参与或协同新建区域协作组织，推动协作组织规模扩张，地理空间覆盖范围越来越广。以长江三角洲城市经济协调会为例，参与协作协调发展的城市数量不断增加，基本上形成了流域内的全覆盖。二是协作组织内部运行机制更加完善健全。各大区域、城市协调组织着手建立具体组织形态的协调办公室以更好地落实推动各项协作事项。例如，2018 年 1 月，长江上游地区成立长三角区域合作办公室，负责研究拟订长三角协同发展的战略规划，协调推进区域合作中的重要事项和重大项目，统筹管理合作基金，这是长三角一体化进程中第一个跨行政区划的官方常设机构。

专栏 6-1　长江上游、下游部分区域协作组织成员扩容简况

长江三角洲城市经济协调会成员。1992 年，上海、杭州、南京、苏州、无锡、扬州、泰州、宁波、舟山、绍兴、南通、常州、湖州、嘉兴、镇江 15 个城市设立城市协作部门主任联席会。1997 年，升格为长江三角洲城市经济协调会。2003 年，新增台州市。2010 年，新增合肥、马鞍山、淮安、盐城、金华、衢州 6 个城市。2013 年，新增徐州、芜湖、滁州、淮南、丽水、连云港、温州、宿迁 8 个城市。2018 年 4 月 12 日，新增安徽省的铜陵、安庆、池州、宣城 4 个城市。截至 2018 年底，成员有 34 个城市。

重庆经济协作区成员。1988 年 3 月由四川省的自贡、遂宁、泸州、内江、乐山、宜宾、攀枝花、南充、广安、达州、巴中、万州、涪陵、黔江，贵州的毕节，云南的昭通 16 个市（地区）组成，是长江沿岸中心城市经济协调会下设四个协作区中唯一还在运作的，也是我国西部地区经济十分活跃的区域经济合作组织。2016 年，新增贵州省铜仁市，重庆市永川区、合川区、荣昌区 4 个新成员单位。截至 2018 年底，成员有 20 个城市。

3. 协作领域由少到多，更加重视生态环保、公共服务、基础设施等领域协作

长江经济带全局“一盘棋”的理念持续深化，城市群及城市协作领域不断拓展和深化，从经济建设领域逐步延伸到基础设施、公共服务、生态环保、社会治理等全领域。一是城市群之间生态保护治理机制逐渐完善。2014 年长江沿岸中心城市经济协调会第 16 届市长联席会议上，长江沿岸 27 个城市签署《长江流域环境联防联治合作协议》。2018 年 9 月长江经济带 11 个省

（市）与青海省共同签署《长江经济带11+1省市高级人民法院环境资源审判协作框架协议》，构建长江经济带区域环境资源司法协同互动机制。三大流域城市群内部也都重点针对环境共建共治签订了系列协议。二是城市群内部交通一体化、公共服务对接共享加速推进。2014年，武汉、长沙、合肥、南昌四市住房公积金管理机构在全国率先开展省际住房公积金异地互认互贷。2015年长江流域11个城市[①]文化部门签署《长江流域主要城市非物质文化遗产保护战略联盟合作协议》。2016年，“成渝一卡通”交通卡正式面向社会发行。三是市场一体化与产业协作深入推进。2014年国家推进长江经济带海关区域通关一体化改革。2015年，长江经济带11个省（市）共同发起成立了长江流域园区合作联盟；同年，11个省（市）旅游部门领导共同签署了长江经济带旅游产业合作宣言。重庆也在积极与四川共建川渝合作示范区（广安片区）、与贵州共建桐梓（重庆）工业园。四是城市群社会协同治理逐渐深化。随着城市群作为中国新型城镇化主体形态的确立和巩固，社会治理也跨越了单个城市行政治理边界，转向以城市群为基础单元的协同治理。如重庆、四川、贵州三省（市）推进公安边检警务合作。2013—2018年长江经济带城市群生态环保协作机制概况见表6-8。

表6-8　2013—2018年长江经济带城市群生态环保协作机制概况

协作城市	生态环境领域的协作机制及主要内容
武汉、长沙、南昌、合肥	自2013年起，举办由长沙、合肥、南昌、武汉四个省会城市党政领导（市委书记、市长）参与的长江中游城市群省会城市会商会，签署了多项合作协议。在环保黑名单、信息公报、环保联禁联治、水段面监测等生态环保事项上达成重要约定
	2018年6月12日，签订的《长江中游城市群省会城市外事侨务部门合作框架协议》提出，要构建大气污染联防联控机制，实施四市清洁空气行动计划，探索在长沙建立长江中游城市群大气污染监测立体网络和环保信息交流平台。加强在用车排气污染监管，推动机动车排污监管平台联网。强化跨界水质断面和重点断面考核管理，推动跨界水污染防治，到2020年重点流域基本消除劣V类水体。建立生态环境损害赔偿、生态产品市场交易、生态保护补偿协同推进的新机制。推进重点流域、重点区域排污权交易，扩大排污权有偿使用和交易试点。加快建立四市统一的碳排放权交易制度

① 11个城市分别为上海、重庆、西宁、拉萨、昆明、成都、长沙、南昌、合肥、南京、武汉。

续表

协作城市	生态环境领域的协作机制及主要内容
南京、镇江、扬州	2014 年，南京、镇江、扬州三市成立了由市政府主要领导任组长的推进宁镇扬同城化发展领导小组，下设生态环保等 8 个专项工作组。开展大气污染联防联控、跨界水污染联合防治，加强对交界水质断面的管控，严守生态红线，开展生态红线状况评估，确保区域生态结构的稳定和生态功能的完善
重庆、贵州	2018 年 6 月，重庆市与贵州省在《重庆市人民政府　贵州省人民政府合作框架协议》中提出：筑牢长江上游生态安全屏障；落实“共抓大保护、不搞大开发”要求，协同推进长江上游流域生态保护与生态修复，推进乌江等跨境流域共建共保，加强沿江涉磷工矿企业污染治理；推动建立三峡库区跨省界流域横向生态补偿机制，促进长江经济带绿色发展；建立健全区域环境保护定期联席会商机制、信息互通共享机制、污染防治联动工作机制，共同搭建“信息互通、联合监测、数据共享、联防联治”工作平台，共同加快推进綦江藻渡大型水库前期工作和建设，建立乌江、芙蓉江等跨省河流及羊蹬河金佛山水库、乌江武隆、彭水电站等水情、雨情、工情信息共享和通报制度；建立区域大气污染、空气重污染及水污染预警应急联动机制，共同推动大气、水环境预报预警等区域信息网络体系建设，实现生态环境联合执法、联合监测、联合应急、共同治理及协作监管，严厉打击环境违法行为，切实维护长江上游生态环境安全
川渝城市群	2016 年，四川省邻水县与重庆市渝北区、长寿区、垫江县两地四方联合发布《共建长江上游生态屏障示范区倡议书》。2016 年 12 月，四川省环境保护厅与重庆市环境保护局签订《川渝地区大气污染联合防治协议书》
	2017 年，渝西川东八区（县）（8 +3）经济社会发展协作会上签署了《环境保护合作框架协议书》《濑溪河流域水环境保护合作专项协议书》
	2018 年 6 月，重庆市与四川省签署《深化川渝合作深入推动长江经济带发展行动计划（2018—2022 年）》，将“推动生态环境联防联控联治”作为首要合作内容，加强跨界河流联防联控联治、大气污染联防联控联治、生态建设合作、区域环境风险防范等领域合作①

① 具体体现在四个方面：一是加强跨界河流联防联控联治。加强跨省市水体监测网络建设，建立河流监测信息共享机制。推动工业（化工）污染、畜禽养殖、入河排污口、环境风险隐患点等协同管理。开展跨界河流联合巡查，积极探索边界河流环境污染纠纷案件溯源协查，对边界应急事件实行联合执法。开展流域污染治理省际合作试点。二是加强大气污染联防联控联治。开展两地大气污染防治工作交流，会商解决大气污染防治突出问题。开展重污染天气联合预警预报，协同实施工业源、移动源、生活源、农业源综合治理。推动成渝地区大气污染联防联控技术与集成示范项目申报实施，共同向国家争取政策倾斜和资金支持。三是加强生态建设合作。协同推进秦巴山区、三峡库区生态保护，重点强化长江、嘉陵江、渠江等江河水源涵养林、水土保持林建设和铁路、公路国省干线绿化造林。建立健全跨省市森林病虫害防治、森林防火和长江上游珍稀特有鱼类保护等联防保护机制。四是加强区域环境风险防范。建立流域突发环境事件应急联动机制及信息互通渠道，建立健全跨省市日常联合执法及环境违法行为查处协调机制，建立健全危险废物跨省市转移协调机制。

续表

协作城市	生态环境领域的协作机制及主要内容
广东、广西、云南、贵州	2015 年，签订《粤桂滇黔四省区协同合作机制保护珠江—西江流域生态环境的提案》，组建了四省区联合监察执法队，开展重污染企业排查和突击检查专项工作
重庆、四川、云南、贵州	2017 年 6 月，首届长江上游地区省际协商合作联席会，四省（市）政府签署《长江上游四省市 2017 年生态环境联防联控重点工作方案》，提出在跨界水体监测网络、流域水环境保护、区域大气环境保护、跨省危废转移管理、生态环境保护、跨区域环评管理、区域环境风险防范与执法、环保科技合作等八大领域加强合作
	2018 年 7 月，第二届长江上游地区省际协商合作联席会议通报了 2017 年工作推进情况，会议审议通过《长江上游四省市（川渝云贵）2018 年生态环境联防联控重点工作方案》

4. 规划引领意识不断强化，纵横向规划衔接明显增强

落实好规划衔接，是关系到能否进一步顺利执行合作协议相关领域的重要保障。2014 年以来，中央和各级地方政府高度重视和深入推进长江经济带城市协作的规划统筹衔接机制建设。一是国家层面上，出台“一纲二专”三大规划。以《长江经济带发展规划纲要》（2016 年）为纲，统领长江经济带全局发展；以《长江经济带综合立体交通走廊规划（2014—2020 年）》（2014 年）、《长江岸线保护和开发利用总体规划》（2016 年）、《长江经济带生态环境保护规划》（2017 年）等专项规划为支撑，分领域推进长江经济带建设。流域层面上，长三角区域合作办公室印发《长三角地区一体化发展三年行动计划（2018—2020 年）》；重庆市与四川省签署《深化川渝合作深入推动长江经济带发展行动计划（2018—2022 年）》。二是省级层面上，纵向对接规划体系持续完善。11 个省（市）积极对接国家规划，出台了多项推动支撑长江经济带发展的综合、专项规划，长江经济带沿岸城市间的规划衔接对接越发紧密。

专栏 6－2　长江经济带城市群出台相关规划（2014—2018 年）

长三角城市群。《上海市推动长江经济带发展实施规划》（2017 年）、《浙江省长江经济带发展实施规划》（2017 年）、《浙江省参与长江经济带建设实施方案（2016—2018 年）》（2018 年）、《江苏省长江经济带综合立体交通运输走廊规划（2018—2035 年）》（2018 年）、《江苏省长江经济带生态环境保护实施规划》（2018 年）。

长江中游城市群。安徽省：《安徽省关于贯彻国家依托黄金水道推动长江经济带发展战略的实施意见》（2015 年）、《全省住房城乡建设领域全面打造水清岸绿产业优美丽长江（安徽）经济带实施方案》（2018 年）；湖北省：《湖北长江经济带生态保护和绿色发展总体规划》（2017 年）、《湖北长江经济带产业绿色发展专项规划》（2017 年）、《湖北长江经济带综合立体绿色交通走廊建设专项规划》（2017 年）、《湖北长江经济带绿色宜居城镇建设专项规划（2016—2020 年）》（2018 年）；湖南省：《湖南省推动长江经济带发展重点工作实施方案》（2018 年）、《湖南省推动长江经济带交通运输发展 2017 年工作方案》；江西省：《江西省长江经济带发展战略实施规划》、《江西省长江经济带"共抓大保护"攻坚行动工作方案》（2018 年）。

成渝城市群。《重庆市人民政府关于深入推动长江经济带发展的意见》（2018 年）、《重庆市司法局关于服务长江经济带发展的实施意见》（2016 年）、《四川省推进实施长江经济带综合立体交通走廊规划工作方案》（2014 年）、《四川省长江经济带发展实施规划》（2017 年）。

其他城市群。《贵州省推动长江经济带发展实施规划》《长江经济带发展云南实施规划》。

5. 政策性资金对城市群及城市联动发展的支撑力度加大

为了保障各项协作项目的落地实施，国家、省（市）层面持续强化政策性资金支撑。一是中央资金保障和引导带动能力显著增强。2018 年 2 月，国家发展改革委关于印发《长江经济带绿色发展专项中央预算内投资管理暂行办法》，财政部印发《关于建立健全长江经济带生态补偿与保护长效机制的指导意见》，多管齐下加大对长江经济带生态补偿和保护的财政资金投入力度，包括加大对长江经济带的直接生态补偿、实施长江经济带生态保护修复奖励以及强化林业改革发展资金、林业生态保护恢复资金、节能减排补助资金等向长江经济带予以重点倾斜等措施。二是流域层面省（市）协作资金支撑更加持续。2011 年，上海、江苏、浙江和安徽三省一市政府共同设立政策性公益基金——长三角地区合作与发展共同促进基金。自 2012 年正式启动运行以来，该基金有力地保障了区域性重大规划编制、重点基础设施建设、生态环境保护治理、联合创新建设、省际产业转移与园区合作共建等领域的资金投入。

但是，长江流域层面的官方管理机构缺位，以城市群为基础单位的协作机制尚未真正建立。此外，协作机制在利益协调、激励约束、争议磋商、监督考核等重点关键环节发展滞后，尚未取得突破性进展，制约了协作机制充分有效发挥。利益分享、成本分担等利益协调制度尚未建立，导致公益性跨流域项目推动困难；缺乏监督考核机制，合同协议的履行缺乏硬性约束，许多协议、项目的落实力度不强甚至不落实。

三、重庆参与推动长江经济带城市群协作发展机制的重点举措或途径

为适应新时期发展要求，长江经济带城市协作机制需要形成国家区域发展新共识，进一步突破行政制约，大力推动建立和完善新的协作发展机制。

（一）加强生态保护联动机制

长江生态环境修护是长江经济带城市群协作发展的难点和重点，加强长江流域生态保护的联动机制，是打好长江流域保护修复攻坚战的重要内容。生态环境协同保护的保障、生态协同发展和生态补偿等方面的机制创新是流

域城市群生态保护联动发展的关键。

1. 强化长江流域生态协同保护的保障机制

区域环境综合决策机制建设，可以为长江流域生态协同保护提供良好的保障。

加强顶层设计。开展区域环境功能区划、生态保护红线划定、生态保护一体化规划的编制和实施，划定河流生态用水量，实行水资源有偿使用制度。编制长江流域生态环境信息共享、流域环境污染联防联控、流域负面清单等全流域性规划和实施标准。

规范统一生态文明领域的法律法规与标准。在长江经济带建设过程中，要准确、全面地理解中央意图，建立系统、完整、统一、高效的生态文明体系，结合地方标准制定符合地方实际的政策性文件，尽早统一沿江 11 个省（市）的环境法规与标准。完善包括生态环境质量标准、污染物排放和控制标准、环境检测和环境管理技术规范三个方面的生态环境标准。为长江经济带产业生态化和生态产业化奠定坚实的基础。

建立区域环境综合决策机制。在长江经济带发展领导小组办公室下设生态环境保护专项工作小组，负责协调相关工作。建立长江经济带 11 个省（市）的环保主管部门与生态环境部共同参加的长江生态保护委员会，每年召开一次主题会议，共同商议涉及全流域的重要生态环境保护事项、生态环境保护制度、规划方案草案，以及综合协调事务等。

2. 加快形成全流域生态保护协作发展的新机制

长江生态环境保护是一项系统工程，必须打破行政区划界限和壁垒，有效利用市场机制。

加强环境污染联防联控。完善长江环境污染联防联控机制和预警应急体系，在环境信息共享机制基础上，建立健全突发环境事件省际应急响应机制、区域联动联合执法机制、生态环境司法机制。

资源环境承载能力监测预警机制。沿江各省（市）根据长江流域生态环境系统特征，结合主体功能区要求，划定生态保护红线，严格管控生态空间，形成各省（市）资源环境承载能力监测预警长效机制。在此基础上，推动长江经济带资源环境承载能力评估监测预警试点工作，构建各省（市）全程参与、合作共建的资源环境承载能力监测预警体制机制。

建立生态环境硬约束制度。发挥主体功能区基础性作用，建立生态环境硬约束制度和各类主体功能区空间发展长效机制，制定负面清单，强化法治监管，严格落实党政领导干部生态环境损害责任追究问责制度。对不符合要求占用的岸线、河段、土地和布局的产业，必须无条件退出。

3. 建立统一的区域性的生态补偿机制

长江经济带上中下游各城市之间的生态关系是影响生态协同合作的重要因素，先行先试启动实施区域型生态补偿机制、建设统一市场体系等工作。

建立三大城市群长江生态保护补偿机制。通过生态补偿机制等方式，激发沿江省市保护生态环境的内在动力，逐步建立地区间、上下游生态补偿机制。依托重点生态功能区开展生态补偿示范区建设，实行分类分级的补偿政策。按照“谁受益、谁补偿”的原则，探索上中下游开发地区、受益地区与生态保护地区进行横向生态补偿。结合《关于建立健全长江经济带生态补偿与保护长效机制的指导意见》，重点探索森林、草原、流域、湿地、矿区、大气、耕地等领域具体的生态补偿机制，并逐步扩大生态补偿的领域。

开展生态文明先行示范区建设。全面按照生态文明建设要求，把制度建设作为核心要务，全面推动资源节约、环境保护和生态治理工作，探索人与自然和谐发展、可复制可推广的模式。长江经济带城市应从长江流域一体化的角度，树立全流域建设生态型城市的目标，以开展生态文明先行示范区为抓手，完善自然资源定价有偿使用机制，实行阶梯电价、阶梯水价。建立城市间的跨界生态系统保护和协调机制，统筹建成长江生态走廊。

统一市场体系建设。探索用市场机制引导各方积极参与环境保护和生态建设。根据流域区域环境承载力，探索建立区域污染物排放指标有偿分配机制，培育可信的第三方认证机构，设立统一的注册登记系统和清算机构，推行政府管制下的排污权交易，形成排放权分配制度、价格形成制度、减排奖励制度，运用市场机制降低治污成本，提高治污效率。建立绿色农业、污染防治、环境管理、清洁能源等生态技术的区域科技联盟。制定生态环境领域的科技创新扶持政策，鼓励企业发挥在创新领域的主体地位作用。从国家层面制定长江经济带产业布局规划，有差异化地布局环保产业，避免恶性竞争。

（二）推进要素资源大流通及优化配置合作机制建设

长江经济带的发展必须处理好政府与市场之间的关系，清理阻碍要素合理流动的地方性政策法规，清除市场壁垒，构建公平开放的市场准入机制和统一的市场一体化管理合作机制，推动要素跨区域流动和优化配置。

1. 构建公平开放的市场准入机制

进一步简政放权，清理阻碍要素合理流动的地方性政策法规，清除市场壁垒，实施统一的市场准入制度和标准，推动生产要素跨区域流动和优化配置。加强市场监管合作，建立区域间市场准入和质量、资质互认制度。研究建立务实、高效的区域标准化协作机制。

实行统一的市场化准入制度。加快实施市场准入负面清单制度，营造公平透明的营商环境。建立公平开放透明的市场规则，推动上海、重庆及省会城市率先开展负面清单管理制度试点。在总结广东、福建、上海自由贸易试验区负面清单试点经验，以及对接国家市场准入负面清单制度的基础上，争取国家各部委支持，加快研究制定城市服务业市场准入负面清单，依法清理废除妨碍统一市场公平竞争的各种规定和做法，确保服务业各类市场主体依法平等进入负面清单以外的行业、领域和业务。在制定负面清单的基础上，各类市场主体可平等进入清单之外领域，以企业的竞争实力而非所有制性质决定其是否能够进入某一行业。加快推动在更多的公共产品领域实行统一的市场化准入制度，逐渐取消行政化的准入制度。切实促进民营企业在经营过程中与国有企业、外资企业享有同样的优惠政策，破除在财税、土地、价格等方面的政策性歧视，促进市场主体公平竞争，切实解决阻碍民间资本进入的体制性障碍。

充分发挥民间组织作用。支持设立城市合作发展组织机构，借助各界专家、学者为城市群建设提供区域发展与合作方面的项目论证、政策建议和决策咨询。支持各地工商联合会开展城市间企业交流、合作，促进企业“强强联合”“抱团发展”。引导行业协会自主成立省际工商业联盟，参与制定城市群的行业发展规划和行业标准，推进城市群市场一体化进程。

2. 加快完善投融资体制

鼓励地方研究设立长江经济带产业投资基金和创业投资基金，鼓励保险等资金进入具有稳定收益的投资领域。鼓励跨省区共同发起设立城际铁路、环境治理等投资基金，按照市场规则规范化运作。探索创新科技金融、绿色金融等新产品，鼓励开展重大产业技术装备融资租赁服务。

共建金融合作机制。依托上海、武汉、重庆等国家中心城市金融要素资源密集的优势，建设辐射能力强、服务水平高的区域性金融中心。在国家政策框架下，支持企业扩大债券融资，建设区域债券市场。推进城市群内中小型股份制商业银行、非银行金融机构的联合和信用信息共享，完善城市群中小微企业贷款担保体系，有序拓展异地银行业务。促进国有大型金融机构与产业资本合作，提升城市群资本市场的服务功能。

创新公共产品投融资模式。加快推动不同领域公共产品的投融资模式创新，重点围绕城市公用事业、市政基础设施、环境污染治理等重大民生改善项目，开展跨城市群投融资模式创新探索。推动城市公用事业中垄断性业务与竞争性业务的分离。引入专业化的民间市场主体，实现“建管一体”的激励相容机制，既可解决公用事业发展的资金不足、效率不高、定价不透明、专业化水平低等问题，也可在合理界定政府与市场边界方面进行探索，激发民间投资热情。创新市政基础设施项目投融资管理。对于市政基础设施项目，鼓励打破以项目为单位的分散运营模式，推进项目按行业“打包”投资和运营，重点结合新型城镇化，探索推动区域城乡供水设施、污水收集处理等项目一体化投资运营；政府可采用委托经营或转让—经营—转让（TOT）等方式，将已建成的城市公共交通、停车设施、城市综合管廊、垃圾处理等市政基础设施项目转交给社会资本管理。

建立健全外商投资服务机制。全市依托上海自由贸易试验区、中国（重庆）自由贸易试验区、中新（重庆）战略性互联互通示范项目等国家级开放平台，以及对外开放逐步扩大，不断优化外商投资环境。在中国参与自由贸易协议框架下，全面推行“准入前国民待遇”加“负面清单”管理模式，推进服务贸易自由化进程，促进企业设立和投资贸易便利化，进一步吸引外商在服务业领域投资。

3. 推进科技创新及人才要素合作

着力整合和优化配置协同创新资源。一是加快探索建立区域协同创新的利益共享机制。积极探索“沿袭创新链条各节点贡献的比例进行利益分配模式”，并相应建立科学规范的科技成果价值评估体系。二是着力推动区域协同创新基础设施的共建共享。致力于打破创新行政壁垒，统筹规划、合理布局，推进城市群区域各类科技创新平台和资源的共建共享，不断提升创新基础设施服务于协同创新的能力和水平。推动建立城市群协同创新联盟。三是协同创新要素的交流互动。逐步打破地域、部门、行业界限，消除创新要素流动的各种障碍，降低创新要素的流动成本和交易成本。建立推进协同创新服务联盟，优化升级协同创新软硬件环境。统一科技成果定价转让的交易市场，建立区域化公共数据平台和数据资源的评估、定价和交易市场。

共建人才自由流动机制。一是专业技术资格互认。经省级政府主管部门认定的中、高级专业技术资格，实行跨省互认。二是异地人才服务。通过城市群互设分支机构，互为代理的方式，对用人单位在协议方设立的分公司开展互为人事代理业务。三是高层次人才智力共享。城市群内共享国家级或省部级高层次人才。高层次人才智力的交流合作以项目合作为主要载体。四是专业技术人员继续教育资源共享。相互提供各行业、专业系列的继续教育科目指南及相关教材目录。提供各自的继续教育师资目标，并制定相关政策，实现继续教育师资共享。

4. 深入实施“放管服”

加快推进重点项目审批改革。按照“能简尽简、该减则减”的原则，建立健全“一表申请、一次进件、内部合办、一次出件”审批制度。大力推进“互联网 + 政务服务”体系建设。对审批事项分类做到当场办结、限时办结、提前介入和批前指导。推动网上政务服务平台标准化建设和互联互通，实现政务服务同一事项、同一标准、同一编码；拓展网上办事广度和深度，延长网上办事链条，实现从网上咨询、网上申报到网上预审、网上办理、网上反馈“应上尽上、全程在线”。

着力创新商事制度，加快推进“多证合一”“证照分离”改革。深化“多证合一、一照一码”改革，采取成熟一批、整合一批的方式，分批次扩大“多证合一”的覆盖范围，大幅缩短企业进入市场的时间。及时总结上海自贸区、重庆自贸区“证照分离”改革试点可复制可推广的经验和做法，切实解决企业准营环节办证多、办证难等问题。探索“多报合一”改革，实现“一次申报、数据共享”。

（三）构建综合立体交通走廊建设的协调推进机制

进一步推进交通规划体制改革，理顺规划协调机制，推动区域型综合立体交通走廊通道建设。

1. 完善全流域综合交通设施一体化发展机制

加快推进沿江重点港口和支线航道、沿江高速路网、沿江通信网络建设，完善城市群综合运输通道和区际交通骨干网络，构建港口群、区域与交通联动发展机制，真正发挥黄金水道的作用，建设一体化的综合立体交通网络，彻底打通产业合作交通命脉。提升黄金水道功能。着力解决上游“瓶颈”、中游“梗阻”、下游“卡脖子”问题，提高干线航道系统化治理水平，提升干线航道通航能力。统筹港口规划布局，优先发展枢纽港口，积极发展重点港口，适度发展一般港口，强化港口分工协作，坚决禁止港口码头无序建设。南向通道建设。重庆、成都、贵阳、昆明等大城市支持成渝城市群、黔中城市群、滇中城市群共建南向通道，提升西部地区对东南亚的交通能力。完善水铁大动脉交通网络。围绕建设长江大动脉，加快铁路建设步伐，优先实施铁路大动脉工程，形成与黄金水道功能互补、衔接顺畅的快速大能力铁路通道。大力发展联程联运。加快发展多式联运，鼓励发展铁水、公水、空铁等多式联运，增加集装箱和大宗散货铁水联运比重，提高公水、空铁联运效率，提升运输服务一体化水平。

2. 进一步深化大交通管理体制改革

强化国家对长江经济带的统筹领导，对城市群整个区域进行系统规划、协调与决策支持，在城市群综合运输一体化的前期规划工作中发挥统筹协调与顶层设计的作用。继续深化大部制改革，建立跨区域、跨方式、跨部门的协调发展机制，重点加强城市群交通运输厅与铁路局、铁路局和交通企业集团在规划、决策、运营、管理方面的协同机制与应急措施。强化交通运输主管部门与国土、住建、海关、工商等其他部门的沟通机制与联合执法机制，探索国铁与城际、城市轨道交通间、公路与城市道路间的融合发展机制。

3. 构建信息网络设施共建共享机制

创新运行管理体制，促进信息网络共享。构建综合交通信息服务体系。依托“大数据”和“互联网”等现代信息技术，完善道路运行、维护等信息采集系统和智能化交通系统，建设“一体化”的综合交通信息平台。鼓励第三方互联网企业利用综合交通信息向用户提供多样化的服务，实现交通由传统的“被动适应性”向“主动诱导性”转变。构建物流公共信息平台。整合市场主体、物流枢纽、口岸、电子政务等信息资源，创新物流组织模式。充分利用物流信息资源提供供应链物流，引导大型物流企业整合业务和资源，优化物流组织，拓展物流增值服务，进行流程再造。加强长江经济带全流域信息互动，建立铁公水联运物流服务中心，构建长江流域多式联运一体化机制。建立长江经济带城市群横向利益分享机制和利益补偿机制，共建共享区域交通公共设施。

（四）创新产业协作发展机制

进一步优化城市及城市群之间产业发展的基础和条件，创新产业协作机制，逐步推动新一轮的产业分工，促进长江经济带大科技产业、大分工产业体系建设。

1. 建立高科技产业合作机制

以资本市场为纽带，加强跨区域的产业技术联盟合作，推动城市之间高科技产业合作机制建设。一是建立资本市场服务机制。支持上海证券交易所与长江经济带省会城市、国家级高新技术区、国家自主创新示范区共建资本市场服务基地，推动资本与产业合作。二是建立跨区域的高新技术企业联盟。科技部与教育部牵头，联合地方政府科技和教育主管部门，支持地方战略性新兴产业技术联盟建立跨区域的产业技术联盟，共同实施“中国制造 2025”国家科技重大专项，建立工业“四基”[①] 产业技术服务体系，推动产业与知识产权、公共服务平台、产业技术、高科技人才交流等合作。三是科技资源共享。扩大长江经济带科技资源共享论坛影响力，支持各地研发公共服务平台签署战略合作协议，促进科研仪器设施和检验检测资源开放共享。

2. 完善制造业升级协作机制

加强制造业发展基础，完善跨区域制造业体系建设。一是建立产业链协作机制。工业和信息化部牵头，支持长江经济带城市建立产业链合作平台或协作区，重点推动电子信息、交通运输装备、装备制造、机械制造、纺织服装等产业链补链补短板，共享产业技术公共服务，搭建工业互联网平台。二是完善产业园区合作机制。支持地方政府进一步推动产业园合作共建园区，

① 工业“四基”：指核心基础零部件（元器件）、关键基础材料、先进基础工艺和产业技术基础。

重点支持长三角城市群和长江中游城市群开展高技术产业园合作，共建自主创新示范基地；支持成渝城市群开展劳动密集型产业园合作、互联网产业园合作，共建产业承接示范基地。三是制造业人才一体化机制。由人力资源和社会保障部牵头，支持长江经济带城市签署人才合作协议，实施人才服务中心服务标准化和信息标准化建设，建立专业技术人才职称、资格互认机制，共同组织“国内海外人才创新”“大国工匠”大赛。

（五）构建沿海、沿江、沿边与内陆全方位开放新机制

立足长江上中下游地区对外开放的不同基础和优势，因地制宜提升开放型经济发展水平，构建沿海、沿江、沿边与内陆全方位开放新格局。

1. 构建长江三角洲城市群的引领带动新机制

加快复制推广上海自贸区改革创新经验。将上海自贸区打造成服务贸易创新政策先行区。鼓励上海及长三角地区重点发展高端产业、高增值环节和总部经济，加快培育以技术、品牌、质量和服务为核心的竞争新优势，率先打造开放型经济国际标杆城市。推动长三角与中上游地区共同构建航运、加工贸易和金融合作链条。率先构建引领跨境电子商务和国际贸易发展的规则体系。加强长三角协调会与欧洲的世界城市群联系，推动长江中游城市群与国外大型城市群建立联系，在“一对一”国际友好城市基础上推动建立国际城市群合作。

2. 构建内陆开放型经济高地建设新机制

推动区域互动合作和产业集聚发展，打造重庆西部开发开放重要支撑和成都、武汉、长沙、南昌、合肥等内陆开放型经济高地。完善中上游口岸支点布局，支持在国际铁路货物运输沿线主要站点和重要内河港口合理设立直接办理货物进出境手续的查验场所，支持内陆航空口岸增开国际客货运航线、航班。例如，长江中游城市群应实行全面对外开放战略，加强与长三角、珠三角、京津冀及成渝城市群联系互动，建成我国东中西互动合作枢纽区，探索构建环长江中游城市群的新型开放与合作发展模式。

3. 构建长江上游地区城市群辐射东南亚南亚的联动合作新机制

加快推进成渝城市群、滇中城市群、黔中城市群与周边基础设施互联互通及跨境运输便利化。以重庆、成都、贵阳、昆明为枢纽，构建面向东南亚、南亚的进出口集散网络，促进加工贸易、保税物流、跨境电子商务等外贸发展。提升现有开放平台的外贸水平，着力促进与国外首都、大城市、海港城市之间的贸易联系。促进云南沿边金融综合改革试验区发展，推进相关重点开发开放试验区建设。

（六）推进公共服务与互助机制建设

推进基本公共服务合作发展，是长江经济带区域协调发展的重要内容。区域内基本公共服务合作发展的关键，在于创新体制机制。

1. 树立公共服务合作的意识

在政府服务过程中，要真正树牢“以人民为中心”的思想，自觉提高公共服务质量和效率。加强政府公共管理者的教育与培训，建立激励机制，通过服务伦理教育，提高公共服务意识与服务水平，高度重视群众反映的问题。充分考虑公民的需求与愿望，并按照公平的原则向全体社会成员提供高质量的公共服务，尽最大努力满足社会全体成员的公共需求，实现基本公共服务均衡化，以推动社会发展。

2. 加快重点领域的公共服务一体化

提升公共服务一体化水平，为城市群之间开展合作夯实发展基础。在智慧城市建设合作方面，建立完善社会信息、城市运行信息共享机制，加强危机应对的制度化合作，提升城市治理水平；地方政府应建立区域危机防减联合机构，结合区域实际联合制定和完善公共危机防治机制。在教育合作方面，把握上中下游产业技术工人需求特点、劳动力转移流动的规律，加强跨区域职业教育合作，建设一批跨区域职业教育集团；鼓励发展职业应用型本科；加强新型职业农民技术培训；完善统一规范的劳动用工和跨区域培训教育等工作机制；加强高等教育跨区域合作，联合开展协同创新，联合推进学科建设。在公共文化协同发展方面，加大跨地区公共文化资源整合力度，提升公共文化发展水平；弘扬长江流域特色文化，加强历史文化名城名镇名村、非物质文化遗产保护，改造设施落后的图书馆、艺术馆、博物馆等，推进数字图书馆、数字档案馆、数字博物馆等协同开发和共享。在医疗卫生联动协作方面，鼓励核心城市优质教育资源、医疗资源进行异地区域网络化合作，实施技能型医生、教师实行带薪访问、轮流执教、行医等制度，以更好地促进长江经济带高质量教育、医疗服务的网络化和一体化；鼓励医疗水平发达地区医院跨行政区划开办分院、合作办医；发展互联网远程医疗和各具特色的健康服务产业；建立跨区域双向转诊和同级医疗机构检查结果互认制度；建立区域互联互通的医疗卫生信息平台；通过合作共建、对口支援、远程医疗等措施，提升县级城市、贫困地区医疗卫生服务能力和水平。在完善区域社会保障体系方面，加大基本养老保险、基本医疗保险等社会保险关系转移接续政策的落实力度；采取积极措施，实现养老保险在省市、地区间的顺畅衔接；完善基本医疗保险管理措施，推进区域医疗服务有效衔接和医保跨省结算；取消附加在户籍制度上的教育、住房、医疗等社会保障福利。

3. 积极发展社会组织，促进公共服务供给的社会化

政府可以根据公共服务的特性，如纯公共物品、准公共物品等的不同划分，以合同承包、特许经营、委托代理、使用者付费等多种方式，支持社会公共服务机构发展，实现地方公共服务供给多元化、市场化及社会化。支持具备条件的公益性社会组织和非营利性企业承担社会性、公益性、服务性的公共服务职能。营造有利于各类投资主体公平、有序竞争的市场环境，考虑开放经营性场所和公共服务市场，消除社会资本进入障碍。

（七）建立和完善地方政府执行机制和利益协商机制

要从区域整体发展的角度推动地方政府改革，增强实质性的城市合作行动，促进城市之间共同发展的帕累托改进。

1. 调整地方政府的政绩考核目标

通过政绩考核推动城市协作机制全流程建设，尤其是执行机制的建设。在省级层面上，要针对地方城市制定生态环保、经济发展、社会发展的不同城市发展政绩考核目标体系。例如，长江流域沿江省会城市以生态经济为考核目标、非省会大城市以经济发展为考核目标、中小城市以生态和社会发展为考核目标。在地方政府层面上，增加区域生态协作、经济协作等考核目标，根据城市发展的目标分工，具体又划分生态、交通、产业等协作目标，确定市级部门为承担责任人。

2. 清理不合理的行政约束政策

各市市长要加快清理不合理的行政约束政策，破除行政垄断，建立市场准入负面清单，推动城市之间的协作更加公平，市场竞争有序有效。生态环保方面，统一市域内的环保标准，公开执法透明，为城市之间污染共防共治奠定政策基础。要素流通方面，推动建立城市之间基础信息共享机制，便利跨区域查询。交通方面，规范交通执法。开放合作方面，加大对企业的引导，削减对企业的不合理的财税补助，加强对违法企业的治理。公共服务方面，加强跨省级行政区的医疗生育保险、失业保险、住房公积金的联网与信息共享，便利异地使用。

3. 建立和完善利益协商机制

以现有的协作机制为载体，延伸其工作职责，逐步推动建立利益协商机制和执行机制。长三角城市群以“长三角区域合作办公室”为重点，建立跨区域水污染防治、产业科技合作、要素市场一体化等执行机制，加快推动经济一体化，基本公共服务共享，加快推动社会层面的经济合作。长江中游城市群，以《武汉共识》为基础，进一步推动武汉、合肥、南昌、长沙四个省会城市健全区域发展机制，带领长江中游城市推进生态环境保护、综合交通一体化、文化旅游等方面的规划协同、产业经济合作、要素市场开放。成渝城市群在已经形成的重庆市与四川省的政府合作协议基础上，由政府部门牵头，需要建立生态环境共治共防机制、区域经济规划协调机制、交通互联互通利益磋商机制，减少市场要素流通行政壁垒；需要进一步提升“川渝合作示范区”的影响力、带动力，建立企业项目合作机制，推动具有国家示范效应的生态产业经济合作。成渝城市群、黔中城市群、滇中城市群之间，由省级文化旅游主管部门牵头，以国有旅游企业为主导，建立定期会晤的大旅游合作机制，在旅游节、旅游服务、旅游交通、旅游精品开发、旅游营销等领域，开展共宣共建共享。三大城市群之间，需要建立生态补偿机制，加快建立全国碳交易所、排污权交易所等。

（八）建立和完善国家层面的统筹保障机制

进一步完善中央到地方的统筹协作机制，提升长江经济带发展的行政权力配置与机制约束能力。

1. 成立最高执行机制——国务院长江委员会

国务院长江委员会积极配合中央的决策机制“推动长江经济带发展领导小组”，强化国务院统筹执行能力。主要思路：加强国家部委的统一执行职能，削弱地方政府以经济利益为导向的独立管理执行职能。国务院长江委员会组织架构可以借鉴国务院三峡工程建设委员会、国务院南水北调工程建设委员会的管理机制组织架构（见表6－9）。

表6－9　国务院管辖的两大跨区域执行组织机制比较

	国务院三峡工程建设委员会	国务院南水北调工程建设委员会
主任	张高丽副总理	张高丽副总理
副主任	汪洋副总理	汪洋副总理
	国务院三峡工程建设委员会办公室主任	—
	国家发展和改革委员会主任	—
	重庆市市长	—
	湖北省省长	—
	中国长江三峡集团公司董事长	—

续表

	国务院三峡工程建设委员会	国务院南水北调工程建设委员会
成员/委员	环境保护部、住房和城乡建设部、水利部、人力资源和社会保障部、国土资源部、中国人民银行、国家林业局、中科院、银监会、能源局、文物局、国家电网公司、水利部长江水利委员会	国家发展改革委、水利部、科技部、公安部、财政部、国土资源部、环境保护部、住房和城乡建设部、交通运输部、审计署、南水北调办公室、国务院副秘书长、农业部、中国人民银行、国资委、国家林业局、国务院法制办、保监会、能源局、文物局、国家开发银行
	—	北京市市长、天津市市长、河北省省长、江苏省省长、山东省省长、河南省省长、湖北省省长、陕西省省长

数据来源：百度百科。

国务院长江委员会作为最高行政执行机制实行“3＋X＋13”组织架构，执行长江经济带发展领导小组的决策部署。长江委员会以国务院副总理为主任，“3”为副主任，由国务院秘书长、国家发展改革委和生态环境部①组成，“X”的成员是工业和信息化部、交通运输部、自然资源部、水利部、财政部、国有资产监督管理委员会、国家税务总局、国家市场监督管理总局等部委，“13”由11个省长（直辖市市长）、国家开发银行、中国长江三峡集团公司组成。

建立财政部管理的长江发展基金。11个省级政府的财政共同出资建立长江发展基金，发展基金由国务院长江委员会委托财政部管理，基金用于流域治理、生态补偿、产业合作、跨行政区基础设施、公共服务一体化等。

2. 建立部省（市）合作督导机制

进一步发挥长江经济带发展领导小组办公室的作用，由国家发展改革委和生态环境部牵头，建立部省（市）合作督导机制，督导各省（市）执行长江经济带城市群协作机制，指导省级地方政府或城市群之间的市级政府形成相互制约、相互监督的机制。把生态价值纳入省、市级政府的政绩考核体系，

① 把生态环境部纳入副主任，体现“共抓大保护”的原则。

重点生态流域区实行以生态为核心的政绩考核，取消单纯以 GDP 为核心的政绩考核体系。

加强中央部委督察机制与现有的地方合作机制对接。中央部委要与省级地方政府推动长江经济带发展领导小组建立定期工作协商机制，共同规划跨区域的重大工程项目或社会发展事业项目。中央部委要加强与长三角区域合作办公室、长江中游城市群省会城市合作协调会、川渝合作示范区（广安片区）、长江上游地区省际协商合作联席会等地方合作机制建立项目执行机制，共同推进重大项目建设。

3. 完善城市之间的地方政府联动机制

加强省级推动长江经济带发展领导小组之间的联系，推动建立城市群联动合作机制。一是建立城市群协作示范区。以生态治理、产业合作、交通合作、公共服务一体化等为目标，建立市场准入负面清单协同，建立利益磋商机制，支持企业建立跨区域产业联盟，支持中介组织建立跨区域的互联网服务平台。二是建立城市群联防联控机制。试点建立同流域、跨省级行政区的城市之间环境污染突发事件、公共安全、自然灾害联防联控机制。三是支持长江沿岸中心城市信息合作联盟等社会组织建立长江经济带发展高峰论坛。

专栏 6－3　城市群及城市协作示范区

以生态治理为目标：扬子江城市群生态协作示范区。

以交通互联互通为目标：长江上游地区南向通道、武汉城市群与重庆市合作示范区、长株潭城市群与黔中城市群合作示范区。

以产业合作为目标：扬子江城市群产业协作示范区、成渝城市群与长三角城市群产业合作示范区。

以公共服务一体化为目标：长三角城市群示范区、成渝城市群示范区。

4. 推进法治化进程

逐步推进区域城市协作的法治化，增强合作的约束力。一是出台《中华人民共和国长江保护法》。把长江流域生态环境保护纳入国家法律层面，增强长江流域生态保护的法律效力与威慑力。二是增强区域城市之间的司法合作。支持三大城市群建立司法合作机制，加强司法执行层面的合作，规范司法执法人员跨省执法行为，共同防范打击跨省违法犯罪行为。三是共建法治化营商环境。鼓励省会城市之间建立自由贸易试验区仲裁中心、知识产权法庭、金融资本投资等法治合作。

第七章

专　文

之一：

“十四五”时期重庆绿色高质量发展的策略与举措建议

重庆是长江上游生态屏障的最后一道关口，在全国生态格局中肩负着重大责任。从“建设长江上游重要生态屏障”到“筑牢长江上游重要生态屏障”，从“构建山清水秀美丽之地”到“加快建设山清水秀美丽之地”，再到“在推进长江经济带绿色发展中发挥示范作用”，习近平总书记2016年以来两赴重庆，对重庆绿色发展提出了更高要求、更多期盼。2021年，中央财经委员会第九次会议，习近平总书记提出把碳达峰、碳中和纳入生态文明建设整体布局，这对重庆推进绿色高质量发展既是机遇也是挑战。“十四五”重庆加快推动绿色低碳发展，全面提高资源利用效率，将绿色发展全面融入推进新时代西部大开发、共建“一带一路”、长江经济带绿色发展、成渝地区双城经济圈高质量发展，将有力助推重庆谱写高质量发展新篇章。

一、重庆绿色高质量发展现状及主要问题

近年来，全市坚持“共抓大保护、不搞大开发”“生态优先、绿色发展”方针，实施生态文明体制改革，绿色产业发展逐步壮大，以产业生态化、生态产业化为主的生态绿色经济体系加快构建，用“绿色”“生态”推动全市经济高质量发展。绿色发展体制机制加快健全完善，聚焦环境保护、生态修复领域，密集出台一系列法规条例和规范性文件，生态环境保护的制度根基持续筑牢，在全国首创提高森林覆盖率的横向生态补偿机制，河长制、林长制全面推进。绿色示范步伐加快，循环工业园区、绿色工业园区建设扎实推进，全市绿色工厂已超过百家，重庆经开区入选国家绿色产业示范基地。节

能减排效果显著，汽车、化工等重点行业加快低碳转型，工业节能减排成效明显，农业化肥农药减量化进展突出，连续多年超额完成国家能耗“双控”考核目标，顺利完成“十三五”单位GDP能耗下降16%的目标。绿色经济加快发展，环保产业连续4年以平均20%的速度强劲增长，绿色旅游、绿色餐饮、绿色物流等绿色服务业加快发展，生态资源多元化开发势头良好。

但从整体上看，全市绿色发展水平还不高，在长江经济带绿色发展中的示范带动作用还有待加强，主要体现在以下五个方面。

（一）产业绿色转型发展压力较大

一方面，重庆传统产业占比大，产业转型升级与污染排放水平偏高的矛盾较为突出。全市高耗能行业能源消费占比偏重，能源消费总量增长较快，从1997年的1742万吨标准煤持续增长到2019年的7687万吨标准煤，虽然能源消费的增速已低于全国平均水平，但天然气等清洁能源消费比例仍不高。从碳排放来看，全市产业优化升级与排放水平偏高矛盾突出，全市高耗能行业碳排放占全社会比重高达65%，但创造的GDP却不到15%，由于全市碳排放增量空间十分有限，重庆要如期实现碳达峰、碳中和目标将面临较大压力。另一方面，重庆绿色产业发展步伐有待加快，特别是绿色产业各类示范项目数量相对不足，还未在长江流域绿色产业发展领域发挥示范作用。目前，全市仅有重庆经开区入选全国31个绿色产业示范基地，而江苏省有常州经开区、苏州高新区、盐城环保高新区三家开发区入选。并且，全市绿色工厂目前也仅有115个，远低于沿海发达地区。

（二）生态修复与保护力度还需加强

重庆肩负长江上游重要生态屏障重任，但是自然灾害频发，岸线保护修复、山水林田湖草生态修复、自然保护区保护任务重。全市部分区（县）属于西南岩溶山地石漠化生态脆弱区，植被覆盖率较低，加上工业化、城镇化层次和水平还较低，洪涝、泥石流、滑坡、崩塌等自然灾害频发，水土流失和石漠化情况较为严重。岸线保护是长江流域重大任务之一，但近年来，全市岸线保护修复问题较为突出。前些年，部分地区违反自然保护地管理规定，出现违规建设港口码头、侵占破坏岸线，擅自侵占甚至支持破坏生态资源开发建设房地产等违规问题，在中央督察组的关注和指导下进行了切实整改，但还需进一步加大关注力度。以上这些都是重庆在强化生态修复与保护工作中必须高度重视的方面。

（三）生态发展空间格局还需进一步优化

科学的生产生活生态空间是重庆绿色高质量发展的重要保障。全市涉及4个国家重要生态功能区①，特别是渝东南、渝东北地区生态环境保护责任重大，一些地区难免会存在“三生空间”配比不合理等问题，短期内生态与发展空间的矛盾仍将存在。一方面，由于这些地区的可以开发、适宜利用的土地资源有限，用地指标紧张，导致项目落地建设难度较大，必须要舍弃一些经济效益高、对生态环境有一定影响的项目，势必减缓相对不发达地区的发展步伐。另一方面，自然保护区占区（县）国土面积的比例较大，一定程度上阻碍了区（县）发展，如某些区（县）有一半以上国土面积被划入自然保护区，由于生态红线的控制，生产生活空间受到一定程度挤压，如何处理好这些区域的脱贫攻坚成果巩固与乡村振兴战略实施的矛盾是当前需要关注的问题。

（四）环境基础设施建设还需大力提高

总体来看，全市环保基础设施还不够完善，特别是水环境治理和固体废物治理领域的环保基础设施短板较为明显，基层乡镇环保设施、农村环保设施等建设力度还需加大。水环境治理领域，一方面，城市污水管网建设短板明显，渝中区、沙坪坝区等中心城区管网建设年代久远，排水管网“带病”运行问题较突出，同时，综合管廊发展较为滞后，重建轻管现象依旧突出，城市管网运营水平和运营效率提升缓慢；另一方面，由于地方财政压力，渝

① 4个国家主要生态功能区具体是指三峡库区土壤保持重要区、秦巴山生物多样性保护与水源涵养重要区、武陵山区生物多样性保护与水源涵养重要区、大娄山区水源涵养与生物多样性保护功能区。

东南、渝东北等地区城市污水治理投资缺口较大，城乡污水管网建设步伐缓慢。固体废物治理领域，近年来，重庆积极开展垃圾分类和无废城市试点建设，在固体废物污染防治、资源循环利用等方面取得了不错的成绩，但随着全市城镇化进程加快，固废处置场地和处置能力的短板将日益突出。特别是在建和新建的危险废物处置项目略显不足，据测算，到 2022 年全市危险废物集中处置能力缺口超过 45 万吨，接近危险废物产生量的 50%。

（五）绿色发展理念还需进一步塑造

当前，重庆政府、企业、民众等各层面的绿色发展意识还有待加强。从政府层面看，部分区（县）贯彻落实“生态优先、绿色发展”理念还不到位，部分区（县）对中央环保督察提出的侵占自然保护区、污染周边环境问题整治不到位被约谈，一些区（县）在园区建设和产业引进方面，未严把环保关，导致园区环境问题突出，群众反映强烈。从企业层面看，受全球经济形势和国内环境影响，全市多数制造业企业面临利润、工业品价格“双降”的情况，担心技改投入无法达到预期收益，清洁生产、智能改造意愿不强。《重庆市发展智能制造实施方案（2019—2022 年）》实施时间近半，但目前智能化改造项目数量仅完成目标值的 40%。从民众层面看，老百姓的低碳出行、绿色环保意识还不够强，节能环保产品推广使用还不够，一些环境保护举措民众支持力度不够，全民绿色发展意识还需要进一步增强。

二、“十四五”时期重庆绿色高质量发展的战略要求及重点任务

重庆加快推动绿色低碳发展，全面提高资源利用效率，将绿色发展全面融入推进新时代西部大开发、共建“一带一路”、长江经济带绿色发展、成渝地区双城经济圈高质量发展，有利于推动重庆经济高质量发展和打造高品质生活新范例。为此，“十四五”时期重庆绿色高质量发展的战略要求及重点任务，应当从以下四大方面来思考和设计。

（一）大力助推长江经济带绿色高质量发展

站在中华民族长远利益角度谋划长江经济带发展，是新时代的责任和历

史使命。党中央对长江经济带发展的战略定位必须坚持“生态优先、绿色发展”“共抓大保护、不搞大开发”。这就要求坚持新发展理念，正确把握生态环境保护和经济发展的关系，把修复长江生态环境摆在压倒性位置，探索协同推进生态优先和绿色发展新路子。筑牢长江上游重要生态屏障，是重庆的责任所系、发展所需、民心所向，是当前和今后一个时期的重大政治任务。重庆坚持“生态优先、绿色发展”，通过构建绿色低碳循环发展经济体系，打造区域绿色高质量发展新样板，能够切实推动重庆在长江经济带绿色发展中起到应有的示范作用。

（二）努力打造成渝地区双城经济圈之绿色发展高地

重庆市和四川省同处长江上游，也是西部地区重要经济增长极，绿色发展是双方共同的利益所在。推动成渝地区双城经济圈建设，是保护长江上游和西部地区生态环境、维护国家生态安全的必然要求，要在推进生态环境联防联治上下功夫，强化长江上游生态大保护，切实改善区域环境质量。成渝两地正着力加快水污染联防联治、大气污染联防联控、危险废物跨省转移、环境执法、应急等方面联动协作，共同推进长江上游生态环境保护合作。成渝两地共谋绿色发展示范，大力助推循环经济、低碳产业、绿色产业和节能环保产业发展，加快形成绿色发展方式和生活方式，共同提升发展“绿色含量”。重庆坚持绿色高质量发展，筑牢长江上游生态安全屏障，能够为成渝地区双城经济圈打造绿色发展高地目标贡献重要力量。

（三）切实推动重庆跨入高质量发展快轨

习近平总书记多次调研视察重庆，关心重庆发展，相继提出“两点”定位、“两地”“两高”目标，发挥“三个作用”和推动成渝地区双城经济圈建设等重要指示，要求重庆“成为山清水秀美丽之地”、要“在推进长江经济带绿色发展中发挥示范作用”，为重庆在新时代展现新作为提供了根本遵循。重庆推动绿色高质量发展，正是落实习近平总书记对重庆提出绿色发展责任的具体举措，更是实现把生态环境保护和经济发展之间矛盾对立的关系转变为辩证统一的关系的现实探索。重庆坚持“生态优先、绿色发展”，强化“上游意识”，担起“上游责任”，体现“上游水平”，将生态文明建设加速融入重庆经济社会发展全过程和各环节，是促进我国现代化强国建设的重要助推力。重庆因地制宜发展绿色产业，把绿水青山变成金山银山，推动绿色产业化发展；通过大数据智能化引领改造传统产业，以工业转型引领产业转型，不断提升新型工业化水平，切实推动重庆跨入高质量发展快轨。

（四）要加快建设重庆高品质生活宜居地

习近平生态文明思想提出，坚持走生态优先、绿色发展之路，努力建设高品质生活宜居地，让人民群众在优美生态环境中拥有更多获得感。新时代坚持和发展中国特色社会主义，人民群众对美好环境更加向往，呼唤共享绿色高质量发展成果。着力推进“五大行动”计划，让重庆的天更蓝、地更绿、水更清、空气更清新；高水平建设生态园林城市，助推重庆加快建设高品质生活宜居地。重庆坚持绿色高质量发展，通过推进广阳岛片区长江经济带绿色发展示范、三峡库区绿色发展试点示范区等建设，建设人与自然和谐共生的现代化城市，满足人民群众对美好生活的向往，助推重庆加快建设高品质生活宜居地。

三、促进“十四五”时期重庆绿色高质量发展的重点策略与举措

针对重庆绿色高质量发展中的主要矛盾以及所面临的机遇和挑战，遵循重庆绿色高质量发展的战略任务要求，瞄准“十四五”经济社会发展规划以及 2035 年远景目标，课题组针对“十四五”及未来时期重庆推进绿色高质量发展的重点策略与举措，特提出以下五方面建议。

（一）推进绿色经济高质量发展

一是推进农业绿色化发展。优化现代山地特色高效农业生产布局，建立现代山地特色高效农业体系。着力转变农业生产方式和资源利用方式，推进农业资源持续利用。以种养业协调发展为重点，全面推行农业标准化生产，

强化全程质量控制。二是推进制造业绿色发展。推动信息管理系统集成应用，在汽车摩托车、材料、生物医药等传统制造业中加强试点示范与典型模式推广应用，普及数字化设备，打造智能工厂，促进传统制造业与大数据、移动互联网深度融合，实现制造过程智能化、绿色化升级。实施重点行业领域减污降碳行动，推进节能环保、清洁生产、清洁能源等绿色制造。推动建筑领域提升节能标准。三是推动服务业绿色化。顺应品质生活需求和消费升级趋势，引导生态旅游业、商贸、住宿、餐饮、居民服务业等生活性服务业向精细化、高品质、绿色化方向转型升级。推动节能环保服务业、绿色金融、交通运输及物流业等生产性服务业向专业化、高端化拓展，突出高技术、创新型服务模式。四是大力发展循环经济。促进第一、第二、第三产业融合，建立农业循环经济生态链，减少废弃物排放。推动企业间、行业间、产业间废弃物或副产物交换利用，促进工业经济循环链接，提高产业经济发展质量和效益。深度布局全市化工产业循环经济园区，促进危化品装置搬迁改造和退城入园。

（二）系统开展生态保护与修复

一是推进生态修复技术模式创新。重点推进“土地整治+生态农业生产”“岸线整治+城市品质提升”“矿山修复+地灾防治”“植被恢复+生态旅游”等“生态修复+”模式。推动绿色低碳技术实现重大突破，加快推广应用减污降碳技术，建立完善绿色低碳技术评估、交易体系和科技创新服务平台。二是推进生态修复实现路径探索。推进山水田林湖草综合治理，督促经营主体实施生态修复、市场主体参与生态修复。采取“基金+生态补偿”多元化资金支持，企业、政府、生态组织、金融机构通过设立生态治理、绿色发展等基金来募集社会资本。三是推进生态保护与修复重大工程示范。以生物多样性和水土保持为重点，做好生态保护与修复重大工程示范，进一步增强区域水源涵养、水土保持等生态功能，加快打造长江绿色生态廊道。提升生态碳汇能力，强化国土空间规划和用途管控，有效发挥森林、草原、湿地、海洋、土壤、冻土的固碳作用，提升生态系统碳汇增量。

（三）打造绿色发展空间新格局

统筹生态、生产、生活三大空间，坚持生态优先、绿色发展，促进经济社会发展全面绿色转型，建设人与自然和谐共生的现代化城市。一是打造重点生态文明示范空间。加快推进广阳岛片区长江经济带绿色发展示范建设，精心打造“长江风景眼、重庆生态岛”。优化生态安全格局，以三峡库区生态保护为中心，以生态保护红线、自然保护地为重点，加强三峡库区水土流失综合治理和消落带治理，打造三峡绿色发展新区。二是打造绿色产业发展示范生产空间。完善生态全产业链，大力发展新产业、新业态，加快建设农业现代化示范区，推进农村产业空间绿色转型。统筹要素资源配置，提升产业链供应链现代化水平，推进制造业高质量发展，打造绿色工业生产空间。推动生产性服务业向专业化和价值链高端延伸，推动各类市场主体参与服务供给，推动现代服务业同先进制造业、现代农业深度融合，加快推进服务业数字化，优化生态服务业生产空间。三是打造城乡融合发展示范生活空间。加快以人为核心的新型城镇化，推进城乡要素互联互通，打造绿色示范、结构优化、产城融合的城乡融合发展示范空间。推动脱贫攻坚和乡村振兴有效衔接，推进生态环境治理和保护，推动农村绿色生活空间建设。

（四）推进绿色发展体制机制创新

一是建立跨区域绿色发展融合互动机制。建立区域协同和联动机制，实现山、水、林、田、湖、草等跨区域污染治理、生态保护与修复。在一体化示范区建立土地使用权、排污权、用能权、产权、技术等要素综合交易平台，推进要素资源跨区域交易。建立统一的公共信用管理制度。二是建立完善管理制度体系。加快建立和完善法制完备、组织优化、多方参与、程序规范的生态环境治理体系。加快建立和实施国土空间开发保护制度、空间规划体系。完善资源公平交易、有偿使用和全面节约的制度。加快建立和完善能充分反映资源消耗、环境损害和生态效益的生态文明绩效评价考核和责任追究制度。

三是推进产权制度改革。建立和完善自然资源资产产权制度，推进生态资源市场化，推进产权制度改革。完善绿色低碳政策和市场体系，完善能源“双控”制度，完善有利于绿色低碳发展的财税、价格、金融、土地、政府采购等政策。探索开展碳排放权交易、排污权交易、水权交易、碳汇交易、生态标志产品交易等市场平台。大力发展生态资源要素交易，建立森林碳汇、碳交易所，发展绿色金融等。四是建立落地实施机制。完善国土空间、自然保护地、生态保护补偿、应对气候变化等方面的法律法规制度，提高法律的可诉性，建立和完善严格执法的法治机制。建立有效的市场机制。改进完善行政干预机制，不断提高行政干预机制的有效性和效率。建立和完善鼓励公众监督的社会机制。

（五）加强绿色人文理念塑造

一是倡导绿色低碳生活。鼓励绿色低碳出行，大力发展公共交通、自行车、步行通道等绿色交通，营造绿色低碳生活新时尚。建立完整高效的市域公交线网，大力推进主城都市区内部各区的互联互通，打造“一日生活圈”“一小时通勤圈”，打造公交优先的城市公交线网。二是倡导绿色生产及绿色消费。深化实施垃圾分类，注重垃圾分类投放、分类收集、分类运输、分类处理全流程系统化管理的智能化建设。强化企业绿色消费责任，积极推动绿色节能产品的需求整合，加大绿色环保产品的生产和开发力度。提倡绿色餐饮消费，反对奢侈浪费。三是培育形成绿色生态文明价值观。开展创建节约型机关、绿色家庭、绿色学校、绿色社区和绿色出行等行动，弘扬低碳节约节能社会新风尚。强化绿色考核评价制度建设，强化绿色监管和服务。四是积极开展绿色示范创建活动。在全域范围广泛开展绿色示范县、示范社区（镇村）、示范企业（家庭）等创建工作，在示范县、镇、村范围内积极探索生态文明实践模式，建立健全多元共治机制。

之二：

“十四五”时期促进重庆“产业生态化、生态产业化”示范发展思路与举措建议

“产业生态化、生态产业化”是习近平生态文明思想的重要体现，也是解决生产生活环境、增加生态产品供给、破解贫困地区发展困境的最直接手段。产业生态化和生态产业化是生态经济体系的重要组成部分，产业生态化是生态产业化的基础，生态产业化是巩固、扩大和转化产业生态化成果的保证。重庆作为长江上游重要生态屏障，担负着保护一江清水、维护三峡库区生态安全的重任，通过产业生态化、生态产业化示范发展，加快构建生态经济体系，破解长江经济带绿色发展难题，是新时期重庆完成习近平总书记对重庆绿色发展殷殷嘱托的使命和任务，也是重庆加快推动成渝地区双城经济圈建设，更好地在长江经济带绿色发展中发挥示范作用的应有之义。产业生态化与生态产业化关系见专图 2－1。

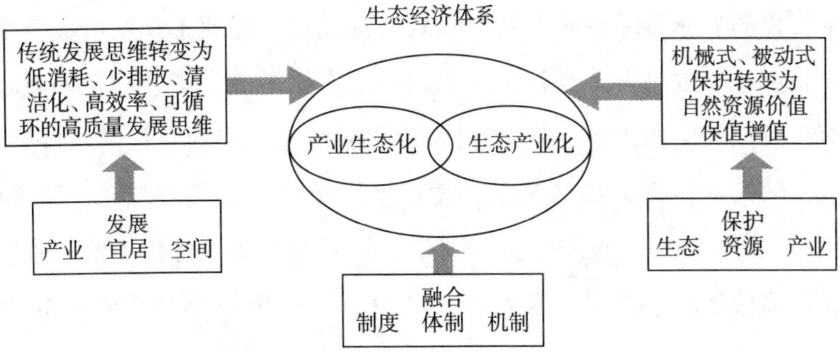

专图 2－1　产业生态化与生态产业化关系

一、重庆“产业生态化、生态产业化”示范发展的基础条件

近年来，重庆以改善生态环境质量为核心，深入推进五大环保行动，不断加强生态保护和环境治理，生态文明建设成效显著，产业绿色化转型加快，为“产业生态化、生态产业化”创造了良好的基础条件。

（一）“产业生态化、生态产业化”发展自然本底较好

重庆地处长江上游和三峡库区腹心地带，生态资源优势突出，产业生态化和生态产业化发展的自然禀赋较好。长江干流重庆段长达691千米，森林覆盖率高出全国平均水平27.1个百分点。动植物资源丰富、矿产资源富集，人文旅游资源多样，是国家重要的水源涵养、生物多样性保护、土壤保持生态功能区，生态文明指数居全国第三位。

（二）绿色经济发展初见成效

产业绿色低碳化转型步伐加快。规模以上工业企业综合能源消费量从2006年的0.69吨标准煤下降到2019年的0.2吨标准煤，累计创建国家级绿色园区3个、国家级绿色工厂35家，市级绿色园区和绿色工厂示范单位94家。绿色旅游、绿色餐饮、绿色物流等服务业绿色化步伐加快，已创建中国绿色饭店（餐饮）企业17家。农业化肥农药减量化成效明显，智慧农业、循环农业、设施农业等绿色农业新兴模式快速发展，建成126家市级智慧农业试验示范基地。生态资源经济发展加快。生态旅游业品牌效应逐渐显现，中心城区持续放大美丽山水、8D魔幻城市风貌亮点，成为热门网红旅游城市，渝东北三峡库区城镇群和渝东南武陵山区城镇群生态旅游观光、健康旅游、养生旅游、乡村旅游发展势头强劲。生态资源的农业化特色高效开发进程加快，优质高效粮油、柑橘、茶叶、中药材、生态种养等特色农业规模逐步壮大。

（三）“产业生态化、生态产业化”体制机制加快健全

党的十九大以来，重庆聚焦“生态优先、绿色发展”，大力推进生态体制

机制创新优化。生态保护管理制度体系持续完善优化，初步建立全域覆盖的“三线四系一单”生态环境分区管控体系。长江流域10年禁捕制度正式实施，区县横向生态补偿机制不断完善。自然资源资产产权制度体系加快建立健全，是全国西部地区唯一参与全国碳市场联合建设省市，拥有西部地区首个全国碳市场能力建设中心，发布了《重庆市自然资源资产产权制度改革实施方案》。绿色金融加快发展，正在积极争取国家气候投融资试点。

（四）生态合作与试点示范工程稳步推进

初步建立起成渝地区双城经济圈生态合作机制，签订了《共同推进长江上游生态环境保护合作协议》，初步实现生态环境保护联防联控。成功进入国家山水林田湖草生态保护修复工程试点和“无废城市”试点，出台了《长江上游生态屏障（重庆段）山水林田湖草生态保护修复工程试点》《重庆主城区“两江四岸”治理提升实施方案》，“一岛两江三谷四山”试点区域生态保护修复成效显著。

但是，我们也要认识到，重庆在推动“产业生态化、生态产业化”方面还存在一些障碍和不足。一是经济发展优先于生态保护的思想认识还未全面彻底改变，坚定生态优先发展的工作责任意识还不强，推进“产业生态化、生态产业化”的制度设计有待加强。二是产业生态化发展水平还不高，绿色发展水平与发达地区仍有较大差距，“绿水青山就是金山银山”的建设样板还比较少。三是川渝两地合作共同推进长江上游生态保护与地区发展的基础还比较薄弱，目前仅有合作协议，缺乏利益协调机制和制度约束机制，西南片区生态产业协作、产业生态合作水平处于较低水平。

二、“十四五”时期促进重庆“产业生态化、生态产业化”示范发展的思路及举措建议

“十四五”时期，我国生态文明建设将取得新进步，为大力推动2035年广泛形成绿色生产生活方式，基本实现美丽中国建设目标奠定坚实基础。从

总体思路上，促进重庆“产业生态化、生态产业化”示范发展应当按照“五位一体”总体布局，深入践行新发展理念，围绕构建“产业生态化、生态产业化”为主体的生态经济体系，加快落实市委、市政府决策部署，坚持生态优先、绿色发展，立足生态资源禀赋，厚植生态优势，遵循在发展中保护、在保护中发展的原则，以供给侧结构性改革为主线，加快推动传统产业改造升级，实现绿色低碳发展。积极探索建立生态产品价值实现机制，加快推动生态资源科学合理利用，让绿水青山产生巨大的经济效益。加快建立健全生态文明要素市场体系，促进“生态+”技术创新和模式创新，推动第一、第二、第三产业融合发展，形成“产业生态化、生态产业化”共生发展的生态经济发展新局面，加快建设国际化、绿色化、智能化、人文化现代城市，切实推动重庆山清水秀美丽之地建设取得重大进展，有力支撑重庆在长江经济带绿色发展中发挥示范作用。

力争到2025年，全域现代化生态产业体系初步构建，经济产业发展实现绿色化、高质量，生态资源利用实现集约化、高效益，构建起包括资源利用、污染防治、生态保护、经济效益等维度的“产业生态化、生态产业化”示范发展考核目标体系，“产业生态化、生态产业化”发展制度逐步完善、运行有效，率先将生态优势转化为经济社会发展优势，示范引领长江经济带绿色发展的作用初步发挥——为到2035年基本建成山清水秀美丽之地，成为经济强、百姓富、生态美、文化兴的现代化重庆奠定更加坚实的基础。

（一）突出工业转型升级，大力发展绿色制造业

一是加快推进传统制造业绿色升级。在传统制造业中加强试点示范与典型模式推广应用，引导企业更新数字化装备或利用智能化技术改造非数字化装备，促进传统制造业与大数据、互联网深度融合，实现制造过程智能化、绿色化升级。积极争取国家智能制造试点示范、智能制造综合标准化与新模式应用，打造一批市级数字化车间和智能工厂，促进智能产品的场景应用建设。全力推进制造业信息系统集成融合、云化改造和迁移，开展大规模个性化定制，开展网络化协同制造和远程运维服务。

二是大力发展绿色制造业。按照绿色、循环、低碳要求，重点发展节能环保、清洁生产、清洁能源等绿色工业。积极培育节能环保产业集群，积极突破节能环保关键技术，积极发展污水和污泥处理设备、大气污染防治设备（产品）、固体废弃物收运处理设备等，打造国内重要的节能环保装备研发生产基地。大力发展清洁生产，加大清洁原辅材料利用，大力开展生产过程的循环改造，鼓励使用节水和废水处理处置装置，注重生产过程清洁化改造。大力发展风电装备、光伏制造、氢能装备制造、页岩气装备制造等清洁能源制造。

（二）推动服务业绿色化，大力发展绿色服务业

一是引导生活性服务业向精细化、高品质、绿色化方向转型升级。顺应品质生活需求和消费升级趋势，推进服务主体生态化、服务过程清洁化。大力发展生态旅游业，结合文化历史、自然地理、人文特色等因素，深度挖掘最具特色、最有影响力的旅游资源，培育最具区域特色的旅游精品，推动“旅游+”纵深发展，构建全域生态旅游格局，打造国际一流生态旅游目的地。促进旅游业生态化发展，注重景区开发建设与资源环境保护相结合，加快推进绿色景区建设，利用信息化手段全面提升旅游服务水平，推进无纸化游览。大力推进商贸、住宿、餐饮、居民服务业等生活性服务业生态化发展，推广传统服务企业的清洁生产审计、ISO14000 环境管理体系认证、环境标志认证，继续推进绿色市场、绿色饭店、绿色餐厅、绿色酒店创建工作。

二是专业化、高端化打造绿色服务等生产性服务业。推动生产性服务业向专业化、高端化拓展，突出高技术、创新型服务模式。大力发展节能环保服务业，推行环保服务总承包和环境治理特许经营，开展环境污染第三方治理，发展环境投资、环境修复、环境监理、环境标志产品认证、环境金融等新兴环保服务，加强大气环境、水环境等领域建成环境监测技术研发及技术服务。大力发展绿色金融，引导融资租赁、资产证券化、信托公司加大对环保企业的融资支持力度。提档升级交通运输及物流业，推进运输节能改造，打造智慧物流大数据平台、多式联运智能化应用工程，促进绿色物流体系和物流标准化建设。

（三）加快发展方式转变，大力发展现代山地特色高效农业

一是推进农业资源持续生态化利用。以生态治理修复、种养业协调发展为重点，促进农业生产方式转变。推进生态综合治理，实施“千年良田”工程，石漠化治理、国土绿化、植树造林等工程，成片规模化推进宜机化改造和高标准农田建设，有序推进坡耕地水土流失综合治理，提高土壤生态水平。大力发展节水农业，因地制宜推进中型灌区续建配套、节水改造，加强小型农田水利建设，完善田间节水设施设备，积极推广抗旱节水品种，推广水肥一体化、深耕深松、循环水养殖等技术。实施化肥和农药零增长行动，深入实施测土配方施肥，支持发展高效缓（控）释肥等新型肥料，集成推广种肥同播等高效施肥技术，规范农民使用农药行为。实施农业废弃物资源化利用示范工程，大力推广间（套）作，支持因地制宜开展生态型复合种植。全面推行农业标准化生产，培育发展农产品团体标准。

二是差异化发展现代山地特色高效农业。优化现代山地特色高效农业生产布局。中心城区外围重点发展林果花卉和都市观光休闲农业。主城新区建设一批生态高效的标准化农产品生产基地。渝东北片区大力发展以特色资源转化、生态旅游为重点的特色生态经济。渝东南片区重点发展山地特色农业产业，培育高山休闲纳凉、乡村生态民俗文化旅游等独具特色的优势产业。促进农业结构不断优化升级，以粮经作物面积比调整到40∶60为目标加快调整种植业结构，以发展草食牲畜为重点调整畜牧业结构。

（四）推进建设“产业生态化、生态产业化”示范空间

一是打造全域生态文明示范空间。构建“一岛两江三谷四山”城市生态大格局，强化“上游意识”，担起“上游责任”，保护好长江母亲河，系统推进广阳岛与“两江四岸”“四山”的融合互动，形成“一岛两江三谷四山”

的重庆主城生态大格局和主骨架。构建三峡库区绿色示范生态空间，从流域视角优化库区（流域）治理范围，精准划定生态红线，探索构建库区GEP核算评价体系，构建三峡库区多层次风险地图。

二是构建城乡融合发展示范生活空间。推动高品质城乡生活空间重构，优化完善城镇体系，做强中心城区，建好郊区新城，促进现成扩容提质，建设一批特色小城镇，促进大中小城市和小城镇协同发展。打造绿色示范、结构优化、产城融合的城乡融合发展示范空间。推动农村绿色生活空间建设。按照产业兴旺、生态宜居、乡风文明、治理有效、生活富裕总要求，全面推进乡村“五个振兴”。推进农村生产生活绿色发展，开展农村绿色创建活动，推进农村生态环境治理和保护。

（五）强化“产业生态化、生态产业化”的创新支撑

一是强化生态技术研发创新平台支撑。围绕推动绿色技术和生态资源利用技术创新，建设一批生态技术研发平台。选择适宜地区建设基础性、长期性野外生态观测研究站等科研监测观测网络，推动各类绿色技术创新基地平台向社会开放共享。进一步提高绿色技术研发能力以及对外部技术资源、技术成果的选择、消化和吸收能力，强化生态技术创新合作。

二是强化绿色技术研发创新和生态资源利用技术创新。强化绿色技术研发及应用，围绕节能环保、清洁生产、清洁能源、生态保护与修复、城乡绿色基础设施、城市绿色发展、生态农业等领域，前瞻性布局一批研发项目，重点突破清洁生产、废弃物循环利用、污染处理等关键共性技术。推广零排放、零污染技术，实现部分资源完全循环利用。加大生态资源利用技术和生态修复技术的研发创新，实现更高水平的生态利用和生态修复。

三是推动生态产业的业态、商业模式创新。培育生态展示，在生态旅游、文化创意、康养等领域选取一批生态产业化示范项目，通过参与体验、观光旅游以及会议论坛等方式，开展生态产业化成果展示。积极争取生态权交易试点、碳汇交易试点，积极培育生态权益交易。

（六）营造适宜“产业生态化、生态产业化”的机制氛围

一是构建“产业生态化、生态产业化”发展体制机制。探索产业与生态协同发展机制，建立开发产业项目的负面清单管理制度，推动生产、生态、生活“三生融合”。建立健全生态资源市场化改革与分配制度，推进生态资源市场化、农村集体产权制度改革、实施市场认可的产品认证制度。坚持“谁受益、谁补偿”的原则，建立健全市场化的区域联动的生态补偿机制。重点从生态产品服务价值（使用价值）和生态产品交换价值两方面探索建立生态产品价值评估机制。强化生态共建和环境共保，统筹建立并实施双城经济圈及周边地区“三线一单”生态环境分区管控制度。强化排放主体、管理主体责任，完善生态环境监督管理体制。

二是健全组织保障和制度保障。设立以绿色发展为核心的政绩考核体系，在区县中试点推行新的考核评估办法。制定重庆“产业生态化、生态产业化”相关规划以及行动计划，制定绿色产业目录清单。组织修订《重庆市环境保护条例》，把生态建设、生态修复、绿色产业发展，以及国家级生态保护区、广阳岛生态区等重点生态功能区纳入法律保护范围。完善自然资源产权制度，以环境承载为上限，清晰界定产权边界，完善土地权、林权、水权等规章制度。完善生态领域科技创新人才培养机制。

三是提升全社会绿色认知水平。大力倡导绿色生产及绿色消费，广泛开展绿色生活行动，引导城乡居民形成勤俭节约、绿色低碳、文明健康的消费理念和生活方式。围绕“绿色生产、绿色包装、绿色流通、绿色经营、绿色消费”全产业链环节，加大媒体宣传力度，积极培育形成绿色生态文明价值观。广泛开展绿色示范县、示范社区（镇村）、示范企业（家庭）等创建工作。畅通民意通道，通过搭建互动交流平台，鼓励媒体和公众参与全市生态经济体系建设。

之三：

利用开发性金融促进重庆基础设施与生态环保领域发展的举措建议

完善的基础设施体系是一个国家和地区经济持续稳定发展的重要基础。党的十九大报告指出要加强基础设施网络建设，强化基础体系支撑，进一步发挥基础设施对国民经济发展的重要支撑作用，更好地满足经济发展和人民群众需要。与此同时，生态环保建设和广大人民群众切身利益休戚相关，既是建设美丽中国的重要保障，也是实现人与自然和谐共生的重要抓手。当前，重庆正在加快推动包括污染防治攻坚战、基础设施建设提升战略行动计划在内的“3+8”行动计划，促进全市发展上新台阶。开发性金融作为重要的政策性金融，在推动全市基础设施和生态环保建设方面具有不可替代的作用。因此，分析重庆基础设施和生态环保建设面临的突出矛盾，借鉴先进地区经验，提出利用开发性金融促进重庆市基础设施和生态环保建设的对策具有重要现实意义。

一、重庆市基础设施与生态环保建设面临的突出矛盾

近年来，重庆市积极推动基础设施与生态环保建设，取得了较大成就，有力地促进了全市经济增长。但是，重庆欠发达阶段、欠发达地区的基本市情没有改变，基础设施与生态环保建设存在的突出矛盾也没有得到根本解决，在加快推进基础设施建设提升战略行动计划实施、向绿色发展转型等方面，还需要大量可持续的资金支持。

（一）基础设施与生态环保建设总体滞后，对重庆发展的战略支撑不足

目前重庆还未建成现代化的基础设施体系，高铁对外大通道严重不足、高速公路网络不完善、干线公路等级偏低、农村村组公路通达通畅水平低、工程性缺水明显、输变电网络建设滞后等问题仍然存在，特别是农村地区的农林水利、交通通信、电网及清洁能源、污水处理、集中式供水、流通性基础设施等建设明显滞后。加上全市多年来经济高速增长积累的大气污染、水污染、三峡库区农村面源污染等生态环境问题亟待解决。重庆作为长江上游地区的直辖市，在加快发展的同时也肩负着保护长江母亲河的重任，习近平总书记对长江经济带明确提出了“共抓大保护、不搞大开发”，在发展中保护、在保护中发展的新要求。在此背景下，重庆必须在加快基础设施建设的同时，更加注重生态环保建设，以支撑重庆加快落实中央的殷切期望。

（二）基础设施和生态环保建设社会资本参与不够，资金缺口较大

长期以来，重庆基础设施和生态环保建设投资主要依靠政府投入，在吸引社会资本参与方面也做了相应努力，但是总体来看，社会资本参与基础设施和生态环保建设的力度还是较小。截至2018年2月28日，重庆市入选财政部PPP项目库的项目共有75个，投资规模2400亿元，其中环保PPP项目有21个，投资金额为163亿元，占比7%，而这些PPP项目中社会投资占比仍然很小。在当前新旧投融资动力机制正在转变的背景下，重庆要实施基础设施建设提升战略和生态优先绿色发展行动计划，将会出现较大的资金供给缺口，比如为了保护三峡库区水环境质量安全，重庆市财政投资数十亿元资金拟完成后续约6000千米的二、三级管网建设，初步估算投资缺口约70亿元。由此可以推断，资金的缺口或将使全市基础设施和生态环保建设进度放缓，势必会影响全市发展支撑，需要引起高度重视。

（三）受多重因素影响，基础设施与生态环保建设重大项目进展缓慢

近两年来，地方财政约束加强，金融去杠杆、强监管态势明显。2017年，国家进一步提升防范化解地方政府债务风险的警戒水平；2018 年，国家又进一步规范地方财政参与的融资项目，很多违规的 PPP 项目暂停实施或终止实施。在此背景下，基础设施建设作为财政一般预算支出的重要板块之一，获得政府财政支持力度将有所减弱。受此影响，全市基建投资与生态环保建设投资下行态势明显，一些重点项目因资金筹措受挫建设进度放缓。加上拆迁改造成本高、政府经济负担重、两江四岸管控、轨道线路控制以及城市土地利用规划调整等因素，全市部分重大基础设施项目开工进度和投资进度相对滞后。尽管因素众多，但归根结底还是建设资金不足，因此，如何通过投融资模式创新，继续保持基础设施和生态环保投入，推动重大项目加快实施，是当前需要认真面对的问题。

二、开发性金融对基础设施和生态环保领域建设的特殊功能及作用

在我国，开发性金融属于国家金融的范畴，具有明显的国家信用和“准财政”特点。开发性金融以服务国家发展战略为宗旨，以市场运作为基本模式，把融资优势和政府组织协调优势相结合，是政府意志、市场机制、资本市场紧密合作的重要力量，主要在基础设施、基础产业、生态安全等长期性、战略性领域发挥着重要的功能作用。各级地方政府也把开发性金融作为重大基础设施和生态环保建设的最重要的资金池。

当前发展面临的困难和外部风险挑战增多，经济运行稳中有变，经济下行压力加大，人民群众对美好生态环境的需求充满诉求，经济社会发展转型更加迫切。在此背景下，立足重庆发展战略，引导开发性金融进一步支持重庆基础设施建设和生态环境建设，补短板、强弱项、推发展，是重庆市经济稳增长的重要抓手，更是深入推进供给侧结构性改革的内在要求。

（一）有利于重庆投资稳增长

2018 年 1—9 月，重庆固定资产投资同比增长仅 7.2%，下滑了 2.9 个百

分点，投资对全市经济增长的支撑作用明显减弱，经济深度下行的风险加大。投资是重庆经济稳增长的重要支撑，准确把握中央宏观政策的方向和重点，对接国家战略，引导开发性金融发挥好龙头带动作用，加快推进交通、能源、水利及信息等重大基础设施建设进度，可以增加全市投资总额，稳定投资增长，有利于积极应对经济下行风险。

（二）有利于强化重庆生态文明建设

人民群众对生态环境的期望越来越高，发展不能以牺牲环境为代价。2018 年，石柱县、沙坪坝区、北碚区被生态环境部约谈，充分暴露出重庆在生态文明建设上的“软肋”。这就要求重庆要牢固树立新发展理念，加强生态环境整改与治理，积极引导开发性金融提升对国家生态建设的战略支持力度，尤其是支持长江流域治理，三峡库区重大生态屏障建设，高山生态恢复，大娄山、大巴山国家储备林基地等项目，促进全市生态文明建设上新台阶。

（三）有利于推动重庆发展转型

在新的发展背景下，积极引导开发性金融促进重庆经济向高质量发展，尤其是通过开发性金融加快智慧城市建设、促进低碳绿色经济加快发展、增加多层次高水平的公共服务供给，将会推动重庆经济、社会、生态协调发展，缔造人民群众高品质生活。

三、国内利用开发性金融支持基础设施与生态环保建设的成功案例

近年来，我国各省级政府与开发性金融机构合作力度和深度逐年增强，在稳增长、支持重大基础设施与生态环保建设等方面，都取得了积极成效，有许多典型案例。

（一）福建省：开发性金融支持应对经济下行挑战

福建省是我国东部地区重要的经济发展地带。2015 年初，福建省遭遇经济下行压力，于是主动与国家开发银行福建省分行合作，充分发挥开发性金

融优势作用，不断深化银政合作，加大对重点领域和薄弱环节的投融资支持力度。2015 年 1—8 月，福建省利用国开行福建省分行投资 627 亿元，重点支持了福建省内温福等 9 条高铁建设、发放高速公路贷款 100 亿元、支持漳州核电等能源工程中长期贷款全额意向等，开发性金融成为福建省经济逆势稳增长的重要金融力量。

（二）贵州省：开发性金融支持交通基础设施建设

贵州省作为西南陆路枢纽，在国家西南综合运输体系中占有重要地位，但由于地理地质条件复杂，加之经济长期欠发达格局，造成交通基础设施建设水平长期滞后，严重制约了贵州经济社会加快发展。而交通项目具有投资规模大、建设周期长、社会效益大但投资回报低的特点，使得该领域长期存在资金瓶颈约束。由此，针对贵州加快基础设施建设的迫切需求，作为开发性金融机构的国开行贵州省分行，充分发挥开发性金融综合服务优势，助力贵州突破基础设施建设瓶颈，实现交通建设跨越发展。该行主要通过表内外银团、信托、短融、保函等方式，累计向贵州交通建设投放资金 2459 亿元，占分行融资总量的 40%。“十三五”时期，支持贵广、沪昆、成贵等重大高铁项目，以及 70% 的高速公路建设，为贵州率先在西部实现“县县通高速”、构建综合立体交通体系发挥了重要的金融支撑作用。

（三）安徽省：开发性金融支持新安江流域生态修护

新安江横跨安徽和浙江两省，是华东地区重要战略水源地，是我国首个跨省流域生态补偿试点。国开行积极参与新安江流域水资源和生态环境综合治理，建立起新安江绿色金融模式，该经验被广泛地运用到环巢湖等地区生态环境保护中。2012 年，国开行与安徽省签署战略合作，截至 2017 年底，国开行通过贷款、债券等多种融资渠道累计向新安江流域一、二期项目贷款 87 亿元。重点支持为落实新安江生态补偿机制而实施的农村面源污染、城镇污水和垃圾处理、工业点源污染等整治项目，生态修复工程、能力建设项目，生态农业、生态旅游等生态保护脱贫项目。2017 年，国开行支持黄山市设立了“新安江绿色发展基金”，该基金是全国首个跨省流域绿色基金，主要投向生态治理和环境保护、绿色产业发展和生态旅游等重点领域，有效地引导社会资金参与新安江流域产业转型和绿色发展。

（四）黑龙江省：开发性金融支持国家储备林基地建设

黑龙江省是国家重点生态功能区。“十三五”期间，黑龙江针对森林、湿地、草原等重要生态系统不同程度遭到破坏，部分自然保护区基础设施薄弱等问题，加大重点生态功能区生态环境保护力度，大力建设绿色龙江。2017年3月，黑龙江省与国家开发银行、国家林业局签署战略合作协议，共同建设国家储备林基地。在未来5年，合作建设国家储备林和经济林2000万亩，国开行将在林业重大生态建设、林业产业发展、生态林扶贫等方面提供400亿元贷款，贷款8年内不用还款，30年内还清即可，政策很宽松。国家开发银行支持黑龙江省国家储备林基地建设概况见专表3-1。

专表3-1　国家开发银行支持黑龙江省国家储备林基地建设概况

序号	类别	主要领域
1	林业重大生态建设	国家公园、森林公园、湿地公园等保护与建设，天然林资源保护、“三北”重点防护林体系建设、森林质量提升、湿地保护修复、森林城市等
2	林业产业发展	木本粮油、特色经济林、北方特色中草药、林下经济、林木种苗、沙产业、林业生物产业、森林旅游休闲康养等
3	生态林扶贫等	林业生态扶贫及其他林业和生态建设项目

综上所述，从国内各地利用开发性金融支持基础设施和生态环保建设的成功案例中，可以进一步发现开发性金融具有突出的优势：开发性金融是深入推进供给侧结构性改革的重要金融资源，可显著提升公共品的供给质量和规模；此外，开发性金融外部正效应明显，能够有效引导基础设施建设与全面建成小康社会、精准扶贫、生态环保建设相结合，能够取得显著的社会综合效益。

四、进一步利用开发性金融促进重庆基础设施和生态环保建设的有关建议

在当前的形势下，重庆要积极引导开发性金融，着力支持基础设施和生态环保领域的短板和弱项，加快构建现代化基础设施体系。

（一）突出重点支持领域

基础设施涵盖了交通、水利、能源、信息等许多领域，开发性金融可以在各个领域进行支持。但“好钢要用在刀刃上”，因此，需要选择一些重点领域进行支持，发挥好龙头带动作用，引导其他社会资本更多投入到基础设施建设中，使基础设施建设投资成为当前全市稳投资的重要抓手。

一是支持促进全市高质量发展的战略性基础设施建设。在交通基础设施方面，重点是高速铁路、高速公路等，以及机场建设和城市轨道交通网，建成国际性综合交通枢纽；在水利基础设施方面，重点解决工程性缺水这个最大短板，为山清水秀美丽之地“用好水”；在能源基础设施方面，重点是风电场和天然气管网；在信息网络基础设施方面，重点是工业互联网云平台等，深入推进制造业两化融合。基础设施领域重大项目见专表3－2。

专表3－2　基础设施领域重大项目

序号	重点领域	重大项目
1	交通基础设施	高铁：渝湘高铁（重庆至黔江段）、渝昆高速铁路、渝西高速铁路、兰渝高速铁路（重庆西站至潼南段）、成渝中线高速铁路（重庆西站至大足段）； 高速公路：新建巫溪至镇坪（重庆段）高速公路（国家级）、奉节至建始（重庆段）高速公路（国家级）、万州至达州（重庆段）高速公路（国家级）、合川至璧山至江津高速公路（省级）、彭水至酉阳高速公路（省级）等，建设里程1230千米； 航空：拓展江北国际机场功能，形成“一大四小”机场格局； 城市轨道交通：新开工四号线二期、五号线北延线等
2	水利基础设施	补工程性缺水短板：开工建设渝西水资源配置工程、藻渡大型水库、观景口水利枢纽、金佛山水利工程等大型水利设施

续表

序号	重点领域	重大项目
3	能源基础设施	电站：石柱万宝风电项目、华能重庆奉节金凤山风电场、洛碛垃圾焚烧发电厂（主城区第四垃圾焚烧发电厂）等； 天然气管网：川气东送二线（重庆段）、涪陵白涛—南川水江输气管道等
4	信息基础设施	工业互联网基础设施等

二是支持国家生态安全屏障为重点的生态环保建设项目。生态环保建设领域主要包括：重大生态屏障工程，重点着眼于筑牢长江上游重要生态屏障，把修复长江生态环境摆在压倒性位置，建设高水平生态工程；“绿水青山”转化为“金山银山”试点示范，重点在于生态环境建设与农业面源污染治理、文化旅游、矿山企业改造、农村脱贫致富、美丽乡村的结合；城市污染防治攻坚，以城镇垃圾污染治理和环保企业技术改造为重点；城市生态建设，重点是海绵城市试点及城市滨江消落带治理等。生态环保领域重大项目见专表 3 -3。

专表 3 -3　生态环保领域重大项目

序号	重点领域	重大项目
1	重大生态屏障工程	生态修复：三峡库区土壤保持重要区、大巴山水源涵养区、武陵山水源涵养区、大娄山区水源涵养区； 国家储备林基地：大巴山、大娄山国家储备林基地建设
2	“绿水青山”转化为“金山银山”试点示范	璧山建设“绿水青山就是金山银山”实践创新基地、武隆创建生态文明示范名区、万州区和合川区绿色矿山建设、巫山打造中华名果“脆李”之乡、涪陵区创建国家生态文明建设示范区、忠县三峡橘乡田园综合体、万州国家农业公园等，以及农作物测土配方施肥技术推广、市级农作物产地环境保护监测和预警体系建设、大型畜禽规模养殖场粪污处理设施建设等农业面源污染治理示范项目
3	城市污染防治攻坚	城镇垃圾污染治理：垃圾焚烧发电厂、渝北洛碛垃圾填埋场、主城区垃圾处置中转站、餐厨垃圾处理项目、污水处理厂等； 环保企业技术改造：锰复合净水处理剂生产项目、新中天渝南循环经济项目、工业废气处理项目等
4	城市生态建设	海绵城市试点（主城片区、璧山区、秀山县等）、两江滨江消落带治理项目、城市湿地公园等

（二）强化投融资模式创新

开发性金融支持基础设施和生态环保建设，应根据项目的不同特性采用不同的投融资模式，以推动项目实施，提升全市基础设施和生态环保设施水平。

一是对于投资回收期长、投资回报率偏低的交通类基础设施项目，开发性金融可以采取 PPP 模式、银团融资、融资租赁等模式参与。一方面，开发性金融可以联合社会资本，运用特许经营、股权合作等方式，采取 PPP 模式进行支持。另一方面，可以建立由开发性金融牵头的银团融资模式，联合商业银行、保险机构和国外的主权投资基金等，组建银团，对交通基础设施进行投资建设和运营。再者，对于轨道交通等项目，还可采用“BOT + 物业 + 融资租赁”模式，即开发性金融可与重庆城市交通开发投资（集团）有限公司以及社会资本组建合资公司，以特许经营方式开展设计、建设、营运等，同时开展相应融资租赁业务，弥补资金不足短板。

二是对于投资回报率相对较高的供水、供电、供气等基础设施项目，开发性金融可以提供贷款、基金投入等方式参与。一方面，开发性金融可以与当地供水、供电、供气等企业集团进行合作，实施中长期贷款，使项目可以通过土地增值变现、收费权质押的方式多渠道融资，撬动社会资本进入。另一方面，开发性金融机构还可以充分发挥其政府信用优势，筹措市场资金发起基础设施投资基金，进一步将金融服务思路扩展至股权投资和资产管理范围，推动全市基础设施建设并扩展至产业发展等方面，以推动重庆实现更好发展。

三是对于生态环保建设项目，开发性金融可以通过提供贷款、基金投资以及融资租赁等方式参与。针对生态恢复、流域治理等区域性生态治理项目，开发性金融可通过“BOT + 政府购买服务”的投融资模式支持和参与，为相关特许经营公司提供贷款融资。针对生活餐厨垃圾、医疗废弃物、垃圾发电等固体废旧物处理项目，开发性金融可以股权融资模式参与，即通过设立环保投资基金将资金直接投资到环保企业（或项目）上，从企业（或项目）年度净利润中获得相应股利分红。同时，针对全市环保企业的技术和设备升级需求，开发性金融还可以设计出针对环保设备的融资租赁产品，优先支持固废处理、污水处理、大气污染治理、余热发电等环保领域的企业开展设备租赁融资业务。

（三）做好政策支持和配套

开发性金融在支持基础设施建设的过程中不免要遇到一些政策制约，建议市级层面联合多方完善政策的支持和配套，以推动开发性金融更好服务重庆基础设施建设。

一是加大开发性金融与积极的财政政策配合力度。贯彻落实国家积极的财政政策，提升开发性金融投资在重庆重大项目投资中的比重，加快推进列入年度工作计划的重大工程项目建设进度，尤其是进度缓慢的重大项目。逐步调整金融资源与财政资源错配，支持开发性金融向重大项目提供长期信贷意向协议，配合财政资金进入生态环保等高质量发展领域。

二是利用开发性金融引导社会资金参与混合制企业发展。在开发性金融监管政策范围内，促进开发性金融与社会资金联合，在重大交通项目、生态环境项目等领域，推进混合制改革，创新融资模式。支持绿色信贷投放，加快国家储备林基地建设。

三是加快推进绿色金融发展。建议相关市级金融机构联合开发性金融机构共同设立绿色发展基金，吸引社会资金投资绿色产业。积极支持先进环保技术企业绿色信贷、绿色债券等金融产品发展。大力推进重庆碳排放权交易市场与国内其他碳排放权交易市场合作，促进形成全国统一的碳配额和碳排放权交易市场。

参考文献

[1]中共中央文献研究室．习近平关于社会主义生态文明建设论述摘编[M]．北京:中央文献出版社,2017.

[2]中共中央宣传部．习近平新时代中国特色社会主义思想三十讲[M]．北京:学习出版社,2018.

[3]中共中央宣传部理论局．新中国发展面对面[M]．北京:学习出版社,2019.

[4]陶文达．发展经济学[M]．成都:四川人民出版社,1992.

[5]增长的极限[M]．李宝恒,译．成都:四川人民出版社,1994.

[6]张坤民．可持续发展论[M]．北京:中国环境科学出版社,1997.

[7]胡涛,等．中国的可持续发展研究——从概念到行动[M]．北京:中国环境科学出版社,1995.

[8]世界环境与发展委员会．我们共同的未来[M]．夏坤堡,等,译．北京:世界知识出版社,1989.

[9] 中国21 世纪议程中心．论中国的可持续发展[M]．北京:海洋出版社,1994.

[10]钟述孔．21 世纪的挑战与机遇 [M]．北京:世界知识出版社,1992.

[11]吴泽．地理环境与社会发展[M]．北京:棠棣出版社,1950.

[12]王振德．地理环境、人口和社会发展的关系[M]．北京:新知识出版社,1955.

[13]王振,周海旺,王晓娟．长江经济带发展报告(2018—2019 年)[M].

北京:社会科学文献出版社,2020.

[14]刘燕华,李秀彬. 脆弱生态环境与可持续发展[M]. 北京:商务印书馆,2007.

[15]王桂新.21 世纪中国西部地区的人口与开发[M]. 北京:科学出版社, 2005.

[16]杜发春. 三江源生态移民研究[M]. 北京:中国社会科学出版社,2014.

[17]李宁. 宁夏吊庄移民[M]. 北京:民族出版社,2003.

[18]陕西省地方志编纂委员会. 陕西省志十四卷(水土保持志)[M]. 西安:陕西人民出版社,2000.

[19]杨庆育. 三峡库区建设与重庆和谐发展[M]. 重庆:重庆出版社,2007.

[20]马述林,张海荣. 重庆发展改革研究报告(2012—2015)[M]. 重庆:重庆大学出版社,2016.

[21]高佳琛. 长江经济带绿色发展水平评价及空间效应研究[D]. 武汉:中南财经政法大学,2019.

[22]王晶. 鄱阳湖生态经济区产业生态化研究[D]. 南昌:江西财经大学,2013.

[23]张小明. 西部地区生态移民研究[D]. 咸阳:西北农业科技大学,2008.

[24]姚译然. 上海市健康人力资本投资对经济发展的影响研究[D]. 上海:上海工程技术大学,2019.

[25]王伟中. 中国 21 世纪议程: 迎接挑战的战略决策与实践探索[J]. 中国科学院院刊,2012,27(3):274 - 278 .

[26]郭日生. 全球实施《21 世纪议程》的主要进展与趋势[J]. 中国人口·资源与环境,2011,21(10):21 - 26 .

[27]荀丽丽,包智明. 政府动员型环境政策及其地方实践——关于内蒙古

S 旗生态移民的社会学分析[J]. 中国社会科学,2007(5):440 - 451.

[28]周华坤,赵新全. 三江源区生态移民的困境与可持续发展策略[J]. 中国人口·资源与环境,2010(3):185 - 188.

[29]余兴厚,熊兴. 居民资源禀赋、主体认知与基本公共服务满意度——基于三峡库区 829 份调查问卷的实证分析[J]. 西部论坛,2018(5):99 - 108.

[30]梁福庆. 三峡工程库区生态移民研究[J]. 中国科技论坛,2007(10):29 - 32.

[31]谭国太. 三峡库区生态移民的理论与实践[J]. 重庆行政,2010(4):79 - 82.

[32]王宏新,付甜,张文杰. 中国易地扶贫搬迁政策的演进特征——基于政策文本量化分析[J]. 国家行政学报,2017(3):48 - 53.

[33]宋豪,何伟. 生态文明视域下的扶贫搬迁效益研究——重庆高山生态扶贫搬迁的探索与实践[J]. 重庆行政,2014(10):22 - 24.

[34]王一鸥. 统筹推进生态优先绿色发展——以岳阳市为例[J]. 湖南社会科学,2021(1):1 - 6.

[35]李明. 创建新时代铜仁绿色发展先行示范区思考[J]. 知行铜仁,2018(4):49 - 52.

[36]姜杉钰,王峰,张凤仪. 英国地质调查局支撑减碳工作的经验与启示[J]. 中国国土资源经济,2021(3):19 - 22 + 83.

[37]庄贵阳,窦晓铭,魏鸣昕. 碳达峰碳中和的学理阐释与路径分析[J]. 兰州大学学报(社会科学版),2022(1):57 - 68.

[38]杜祥琬. 试论碳达峰与碳中和[J]. 人民论坛·学术前沿,2021(7):22 - 27 + 143.

[39]王斌,李玉娥,蔡岸冬,刘硕,任天婧,张嘉琪. 碳中和视角下全球农业减排固碳政策措施及对中国的启示[J]. 气候变化研究进展,2022(1):110 - 118.

[40]胡鞍钢. 中国实现 2030 年前碳达峰目标及主要途径[J]. 北京工业

大学学报(社会科学版),2021(1):1-15.

[41]潘小海,伍勇旭,李东. 双碳发展对我国的影响及应对策略[J]. 技术经济,2021(9):172-180.

[42]裴庆冰. 典型国家碳达峰碳中和进程中经济发展与能源消费的经验启示[J]. 中国能源,2021(9):68-73.

[43]周宏春. 实现"碳达峰、碳中和"如何做到抓铁有痕[J]. 质量与认证,2021(5):31-33.

[44]市场监管总局,工业和信息化部,国家发展改革委,生态环境部,商务部,海关总署,国家知识产权局. 关于提升水泥产品质量 规范水泥市场秩序的意见[EB/OL]. (2021-05-21). http://www.gov.cn/zhengce/zhengceku/2021-05/26/content_5612468.htm.

[45]国务院办公厅. 关于加快转变农业发展方式的意见[N]. 中华人民共和国农业部公报,2015-08-20.

[46]重庆市人民政府. 关于印发重庆市推动制造业高质量发展专项行动方案(2019—2022年)的通知[N]. 重庆市人民政府公报,2019-05-24.

[47]程必定. 论区域经济增长[J]. 管理世界,1988(8):135-147.

[48]曹磊. 浅谈生态环境保护与经济发展之间的关系[J]. 中国集体经济,2020(8):179.

[49]杨成光. 可持续发展视角下的生态城市建设研究[J]. 人民论坛,2013(8):235-237.

[50]李忠,党丽娟. 生态产品价值实现的国际经验与启示[J]. 资源导刊,2019(9):52-53.

[51]石方方,王习明. 打造生态价值实现机制试验区——海南国家生态文明试验区的定位[J]. 今日海南,2019(8):32-34.

[52]李高. 生态产业化典型案例及其经验启示[J]. 山西农经,2018(3):64.

[53]虞慧怡,张林波,等. 生态产品价值实现的国内外实践经验与启示

[J]. 环境科学研究,2019(8):687－690.

[54]黄克谦,蒋树瑛,陶莉,高有典. 创新生态产品价值实现机制研究[J]. 开发性金融研究,2019(8):82－88.

[55]国务院. 关于印发2030年前碳达峰行动方案的通知[N]. 中华人民共和国国务院公报,2021－11－10.

[56]重庆市人民政府. 关于加快建立健全绿色低碳循环经济体系的实施意见[N]. 重庆市人民政府公报,2021－11－30.

[57]关于推动城乡建设绿色发展的意见[N]. 人民日报,2021－10－22.

[58]中共四川省委. 关于以实现碳达峰碳中和目标为引领推动绿色低碳优势产业高质量发展的决定[N]. 四川日报,2021－12－09.

[59]中共中央关于制定国民经济和社会发展第十四个五年规划和二〇三五年远景目标的建议[N]. 人民日报,2020－11－04.

[60]高世楫. 着力构建绿色发展的体制机制[N]. 中国经济时报,2018－12－18.

[61]文传浩. 努力在推进长江经济带绿色发展中发挥示范作用[N]. 重庆日报,2019－08－29.

[62]重庆市委关于制定重庆市国民经济和社会发展第十四个五年规划和二〇三五年远景目标的建议[N]. 重庆日报,2020－12－03.

[63]唐良智. 加快建设山清水秀美丽之地[N]. 经济日报,2018－07－31.

[64]唐良智. 重庆市人民政府工作报告[N]. 重庆日报,2020－01－19.

[65]联合国环境规划署. 迈向绿色经济——实现可持续发展和消除贫困的各种途径[R]. 2011.

[66]习近平. 共谋绿色生活,共建美丽家园[R]. 2019.

[67]中共中央办公厅,国务院办公厅. 中共中央办公厅、国务院办公厅印发关于创新体制机制推进农业绿色发展的意见[EB/OL]. (2017－09－30). http://www.gov.cn/zhengce/2017－09/30/content_5228960.htm.

[68]农业农村部办公厅. 农业农村部办公厅关于印发2020年农业农村绿

色发展工作要点的通知[EB/OL].(2020-03-02). http://www.moa.gov.cn/ztzl/2020gzzd/gsjgzyd/202003/t20200304_6338176.htm.

[69]农业农村部．农业农村部关于印发农业绿色发展技术导则(2018—2030年)的通知[EB/OL].(2018-07-02). http://www.gov.cn/gongbao/content/2018/content_5350058.htm.

[70]中国共产党四川省委员会．中共四川省委关于以实现碳达峰碳中和目标为引领推动绿色低碳优势产业高质量发展的决定[EB/OL](2021-12-10). http://www.scindustry.org/page100？article_id=383&pagenum=9.

[71]四川省人民政府办公厅,重庆市人民政府办公厅．四川省人民政府办公厅 重庆市人民政府办公厅关于印发成渝现代高效特色农业带建设规划的通知(川办发〔2021〕67号)[EB/OL].(2021-11-23). http://www.cq.gov.cn/zwgk/zfxxgkml/szfwj/qtgw/202112/t20211228_10245747.html.

[72]重庆市人民政府．重庆市人民政府关于印发重庆市推进农业农村现代化“十四五”规划(2021—2025年)的通知(渝府发〔2021〕22号)[EB/OL].(2021-08-24). http://www.cq.gov.cn/zwgk/zfxxgkml/szfwj/qtgw/202109/t20210910_9685856.html.

[73]重庆市人民政府．重庆市人民政府关于加快建立健全绿色低碳循环经济体系的实施意见(渝府发〔2021〕31号)[EB/OL].(2021-10-11). http://www.cq.gov.cn/zwgk/zfxxgkml/szfwj/xzgfxwj/szf/202110/t20211025_9886445.html.

[74]李世波．高山生态扶贫搬迁工程中的问题及对策[EB/OL].(2017-05-10). https://www.cndca.org.cn/mjzy/ztzl/hdlzt/tpgjmzjd__mjzxd/_1190724/1154896/index.html.